[Wissen für die Praxis]

Weiterführend empfehlen wir:

Handbuch für Personalräte Länderrecht
ISBN 978-3-8029-8070-1

Vorsitz im Personalrat
ISBN 978-3-8029-1012-8

Deutsches Beamten-Jahrbuch Baden-Württemberg
ISBN 978-3-8029-1165-1

TVöD Kommunen Kommentar
ISBN 78-3-8029-7910-1

Weitere Titel unter: www.WALHALLA.de

Wir freuen uns über Ihre Interesse an diesem Buch. Gerne stellen wir Ihnen zusätzlich Informationen zu diesem Programmsegment zur Verfügung.

Bitte sprechen Sie uns an:

E-Mail: WALHALLA@WALHALLA.de
http://www.WALHALLA.de

Walhalla Fachverlag · Haus an der Eisernen Brücke · 93042 Regensburg
Telefon (09 41) 56 84-0 · Telefax (09 41) 56 84-111

WALHALLA

Helmuth Wolf

Leitfaden für Personalräte Baden-Württemberg

So geht Personalratsarbeit

3., aktualisierte Auflage

Bibliografische Information der Deutschen Nationalbibliothek
Die Deutsche Nationalbibliothek verzeichnet diese Publikation in der Deutschen Nationalbibliografie; detaillierte bibliografische Daten sind im Internet über www.dnb.de abrufbar.

Zitiervorschlag:
Helmuth Wolf, Leitfaden für Personalräte Baden-Württemberg
Walhalla Fachverlag, Regensburg 2024

Hinweis: Unsere Werke sind stets bemüht, Sie nach bestem Wissen zu informieren. Alle Angaben in diesem Buch sind sorgfältig zusammengetragen und geprüft. Durch Neuerungen in der Gesetzgebung, Rechtsprechung sowie durch den Zeitablauf ergeben sich zwangsläufig Änderungen. Bitte haben Sie deshalb Verständnis dafür, dass wir für die Vollständigkeit und Richtigkeit des Inhalts keine Haftung übernehmen.
Bearbeitungsstand: April 2024

Satz: Fotosatz Buck, 84036 Kumhausen
Produktion: Walhalla Fachverlag, 93042 Regensburg
Umschlaggestaltung: grubergrafik, Augsburg
Printed in Germany
ISBN 978-3-8029-1874-2

Schnellübersicht

Das Landespersonalvertretungsgesetz Baden-Württemberg

Die Personalvertretungsgesetze des Bundes und der Länder dienen dem kollektiven Schutz der Beschäftigten der öffentlichen Verwaltung. Geprägt wird das Personalvertretungsrecht durch den gesetzlich normierten Gedanken der partnerschaftlichen Stellung von Personalvertretung und Dienststelle. Das Bundesverfassungsgericht bezeichnet das Personalvertretungsrecht in einer seiner Entscheidungen als ein „wichtiges Mittel zur Wahrung der Menschenwürde und der Persönlichkeitsentfaltung in der Dienststelle" (BVerfGE 28, 314).

In der heutigen Verwaltung sind die personalvertretungsrechtlichen Partner, das heißt die Dienststelle und die Personalvertretung, Akteure einer gemeinsamen Managementaufgabe (Lorse, PersV 4.2008, 124 ff.). Grundlegende Entwicklungen lassen sich nur gemeinsam mit den Beschäftigten und deren Interessenvertretung gestalten. Um eine Akzeptanz der Beschäftigten für Veränderungen zu erreichen, muss eine aktive Einbeziehung der Personalvertretungen gewährleistet sein. Das reine Abhandeln von Beteiligungstatbeständen ist in einer modernen Verwaltung nicht mehr der ausschließliche Wesenskern der Zusammenarbeit.

Diese Veränderungen im Aufgabenspektrum von Dienststelle und Personalvertretung sind unter anderem bedingt durch die Änderungen im Dienst- und Tarifrecht, die einem ständigen Wandel unterliegende, sich verändernde Struktur der Verwaltung durch die Einführung von Elementen betriebswirtschaftlicher Steuerung und die Dezentralisierung der Budgetverantwortung. Insbesondere die digitale Verwaltung und deren Auswirkungen auf die Beschäftigten spielt eine zunehmend wichtigere Rolle. Es handelt sich hierbei um die Transformation unserer bisherigen „automatisierten Gesellschaft" in eine „digitale Gesellschaft".

Die sich fortentwickelnden Anforderungen an die öffentliche Verwaltung erfordern von Dienststelle und Personalvertretung ein hohes Maß an Handlungsbereitschaft und einen gemeinsamen Willen. Dienststelle und Personalvertretung müssen die neuen Aufgabenstellungen bewältigen und auf rechtliche, soziale, wirtschaftliche und ökologische Veränderungen reagieren. Sich ändernde Organisationsstrukturen und Verfahrensabläufe müssen gemeinsam gestaltet werden.

Die Gesamtheit der Vorschriften des Personalvertretungsrechts und das komplexe Umfeld bestimmen dieses personalvertretungsrechtliche Miteinander. Der kompetente Umgang mit dem Gesetz, den Kommentierungen und der Rechtsprechung fördert die Zusammenarbeit zwischen Dienststellenleitung und Personalrat. Sie bestimmt wesentlich die internen Entscheidungsstrukturen der Verwaltungen.

Dieses Praxis-Handbuch soll dazu eine Hilfe sein. Es berücksichtigt in den Erläuterungen die aktuellen Tendenzen inklusive wichtiger zu berücksichtigender Rechtsprechung. Im Anhang ist das aktuelle Landespersonalvertretrungsgesetz Baden-Württemberg (Stand: 31. 12. 2023) abgedruckt, so dass Erläuterungen und Vorschriftentext im Zusammenhang gelesen werden können.

Helmuth Wolf

Hinweis: Zur besseren Lesbarkeit wird in dem vorliegenden Buch auf die gleichzeitige Verwendung männlicher und weiblicher Sprachformen verzichtet. Es wird das generische Maskulinum verwendet, wobei alle Geschlechter gleichermaßen gemeint sind.

Abkürzungen

a. a. O.	am angegebenen Ort
Abs.	Absatz
Anm.	Anmerkung
ArbGG	Arbeitsgerichtsgesetz
BAG	Bundesarbeitsgericht
BAGE	Entscheidungssammlung des Bundesarbeitsgerichts
BB	Betriebsberater
BetrVG	Betriebsverfassungsgesetz
BGB	Bürgerliches Gesetzbuch
BGBl.	Bundesgesetzblatt
BHO	Bundeshaushaltsordnung
Bln	Berlin
BPersVG	Bundespersonalvertretungsgesetz
BPersVWO	Wahlordnung zum Bundespersonalvertretungsgesetz
BVerfG	Bundesverfassungsgericht
BVerfGE	Entscheidungssammlung des Bundesverfassungsgerichts
BVerwG	Bundesverwaltungsgericht
BVerwGE	Entscheidungssammlung des Bundesverwaltungsgerichts
bzw.	beziehungsweise
DB	Der Betrieb
dbb	beamtenbund und tarifunion
DGB	Deutscher Gewerkschaftsbund
DÖD	Der öffentliche Dienst
DÖV	Die öffentliche Verwaltung
f.	folgende
ff.	fortfolgende
GG	Grundgesetz für die Bundesrepublik Deutschland

HessVGH	Hessischer Verwaltungsgerichtshof
i. V. m.	in Verbindung mit
KSchG	Kündigungsschutzgesetz
LAG	Landesarbeitsgericht
Leits.	Leitsatz
LPVG	Landespersonalvertretungsgesetz Baden-Württemberg
n. v.	nicht veröffentlicht
NZA-RR	Neue Zeitschrift für Arbeitsrecht – Rechtsprechungs-Report
OVG	Oberverwaltungsgericht
PersR	Der Personalrat
PersV	Die Personalvertretung
PVB	Personalvertretungsrecht Bund
RiA	Recht im Amt
RVG	Rechtsanwaltsvergütungsgesetz
SGB	Sozialgesetzbuch
SGB VII	Sozialgesetzbuch – Siebtes Buch (Gesetzliche Unfallversicherung)
SGB IX	Sozialgesetzbuch – Neuntes Buch (Rehabilitation und Teilhabe von Menschen mit Behinderungen)
StGB	Strafgesetzbuch
TVöD	Tarifvertrag für den öffentlichen Dienst
VG	Verwaltungsgericht
VGH	Verwaltungsgerichtshof, Verfassungsgerichtshof
vgl.	vergleiche
VwGO	Verwaltungsgerichtsordnung
VwVfG	Verwaltungsverfahrensgesetz
ZBR	Zeitschrift für Beamtenrecht
ZfPR	Zeitschrift für Personalvertretungsrecht
ZPO	Zivilprozessordnung

Einführung in das Personalvertretungsrecht: Grundlagen und Grundsätze

1

Bildung von Personalvertretungen (§ 1 LPVG)

Der Geltungsbereich des Landespersonalvertretungsgesetzes Baden-Württemberg (LPVG) ist in § 1 geregelt. Danach sind Personalvertretungen zu bilden in den Verwaltungen und Betrieben

- des Landes
- der Gemeinden
- der Gemeindeverbände
- der sonstigen, der Landesaufsicht unterstehenden Körperschaften, Anstalten und Stiftungen des öffentlichen Rechts
- sowie in den Gerichten des Landes.

Dienststellen im Sinne von § 5 LPVG sind, soweit nicht in den Sondervorschriften für besondere Verwaltungszweige in dem Teil 12 bis 16 etwas anderes bestimmt ist, die einzelnen Behörden, Stellen und Betriebe der in § 1 LPVG genannten juristischen Personen sowie die Gerichte, die Hochschulen, das Karlsruher Institut für Theologie (KIT) und die Schulen. Verfügt ein Eigenbetrieb in der Regel über nicht mehr als fünfzig Beschäftigte, gilt er nicht als Dienststelle im Sinne des § 5 Abs. 1 LPVG. Die dort tätigen Beschäftigten gelten als Beschäftigte der Verwaltungsbehörde der Gemeinde oder des Gemeindeverbands.

Der Gesetzgeber stellt die Bildung von Personalräten mit der Regelung in § 10 Abs. 1 LPVG sicher. In Dienststellen mit in der Regel mindestens fünf Wahlberechtigten, von denen drei Beschäftigte wählbar sein müssen, ist sie zwingend vorgeschrieben. Erfüllt eine Dienststelle des Landes diese Voraussetzungen nicht, wird sie von der übergeordneten Dienststelle im Einvernehmen mit der Stufenvertretung einer benachbarten Dienststelle zugeteilt, wenn die Mehrheit der wahlberechtigten Beschäftigten in geheimer Abstimmung dem zustimmt. Den Beschäftigten bleibt es dennoch selbst überlassen, ob sie eine Personalvertretung wählen wollen. Das Gesetz fordert zwar mithilfe der Vorschriften des § 13 ff. LPVG zur Wahl von Personalvertretungen auf, übt aber keinen Zwang aus. Eine allgemeine Interesselosigkeit oder ein bewusster Verzicht der Beschäftigten kann dazu führen, dass keine Personalvertretung gebildet wird. Folge daraus wäre, dass die im Landespersonalvertretungsgesetz normierten Rechte und Befugnisse der Personalvertretung nicht ausgeübt werden können. Für die in der Dienststelle tätigen Beschäftigten hätte dies erhebliche Nachteile. Die Beschäftigten müssten ihre Interessen selber durchsetzen und wahren.

Der Gesetzgeber hat im Übrigen in der Gesamtheit darauf verzichtet, „Zwangsmittel" vorzusehen. Eine Durchsetzung des Willens sowohl der Dienststelle als auch des Personalrats soll über die Einigungsstelle erfolgen. Daneben hat das Personalvertretungsgesetz den handelnden Organen und Personen den Rechtsweg eröffnet. Zu Entscheidungen über Streitigkeiten nach dem Personalvertretungsgesetz sind die Verwaltungsgerichte aufgerufen. Das Personalvertretungsrecht ist dem öffentlichen Recht zugeordnet und wird dem Dienstrecht zugerechnet.

Darüber hinaus gibt es für besondere Verwaltungszweige entsprechende Sondervorschriften:

- für die Justizverwaltung (§ 95 LPVG)
- für die Polizei und das Landesamt für Verfassungsschutz (§§ 96, 97 LPVG)
- für Dienststellen, die bildenden, wissenschaftlichen und künstlerischen Zwecken dienen (§§ 98 bis 103 LPVG)
- für die Forstverwaltung (§ 104 LPVG)
- für den Südwestrundfunk (§§ 105 bis 112 LPVG)

In diesen Sondervorschriften trifft der Gesetzgeber an einigen Punkten abweichende oder ergänzende Regelungen und trägt so den Besonderheiten dieser Verwaltungszweige Rechnung. Diese vorstehend aufgeführten, für den jeweiligen Verwaltungszweig geltenden Bestimmungen sind von den Personalverantwortlichen und Personalvertretungen neben den grundlegenden Regelungen des Personalvertretungsgesetzes zu beachten.

Begriffsbestimmung

Personalvertretungen

Unter dem Oberbegriff „Personalvertretungen" fasst der Gesetzgeber die im Folgenden aufgeführten Personalräte zusammen.

1

„Örtlicher" Personalrat

Der („örtliche") Personalrat ist die Personalvertretung in den einzelnen Dienststellen, der von den Beschäftigten der jeweiligen Dienststelle gewählt wird.

Bezirkspersonalrat (§ 55 Abs. 1 LPVG)

Im Geschäftsbereich mehrstufiger Verwaltungen des Landes werden bei den Behörden der Mittelstufe Bezirkspersonalräte gebildet. Behörden der Mittelstufe sind Verwaltungsstellen, die einerseits einer obersten Dienstbehörde unmittelbar unterstellt sind, denen andererseits aber Dienststellen nachgeordnet sind. Die Mitglieder des Bezirkspersonalrats werden von den Beschäftigten des Geschäftsbereichs der Mittelbehörde sowie den Beschäftigten der Mittelbehörde selbst gewählt (§ 55 Abs. 2 LPVG). In der Dienststelle „Mittelbehörde" ist darüber hinaus von den dortigen Beschäftigten ein Personalrat zu wählen.

Die jeweilige Größe des Bezirkspersonalrats richtet sich nach den Bestimmungen des § 55 Abs. 2 i. V. m. § 10 Abs. 2 und 5 LPVG. Jede Gruppe erhält mindestens einen Vertreter. Besteht der Bezirkspersonalrat aus mehr als neun Mitgliedern, so erhält jede Gruppe mindestens zwei Vertreter (§ 55 Abs. 3 i. V. m. § 54 Abs. 3 LPVG). Der Bezirkspersonalrat hat höchstens elf Mitglieder. Für die Wahl gelten die Bestimmungen der §§ 8 bis 10 Abs. 2 und 5, 11 Abs. 1 bis 3, §§ 12 bis 16 Absatz 1, § 17 Abs. 1, 2 und 4, §§ 18 bis 45 Abs. 1 Satz 1 und Abs. 4, §§ 46 bis 48 und 54 Abs. 3 und 4 Nr. 1 bis 3 LPVG unter Maßgabe der Regelungen des § 55 Abs. 3 Nr. 1 bis 3 LPVG entsprechend. Die in § 9 Abs. 2 Satz 1 Nr. 2 bis 4 LPVG genannten leitenden Beschäftigten sowie die unmittelbaren Mitarbeiter dieser Beschäftigten, die als Personalsachbearbeiter Entscheidungen vorbereiten, sind nicht wählbar. § 9 Abs. 2 LPVG gilt nur für die Beschäftigten der Dienststelle, bei der der Bezirkspersonalrat zu errichten ist.

Hauptpersonalrat (§ 55 Abs. 1 LPVG)

Im Geschäftsbereich mehrstufiger Verwaltungen des Landes werden bei den obersten Dienstbehörden Hauptpersonalräte gebildet. Oberste Dienstbehörde ist diejenige Behörde, der im Instanzenzug keine andere Dienststelle mehr übergeordnet ist.

Die Mitglieder des Hauptpersonalrats werden von den Beschäftigten des Geschäftsbereichs der obersten Dienstbehörde und den Beschäftigten der obersten Dienstbehörde selbst gewählt (§ 55 Abs. 2 LPVG). Für den Bereich der Dienststelle „Oberste Dienstbehörde" ist daneben – ebenfalls von den bei ihr selbst Beschäftigten – ein Personalrat zu wählen.

Die jeweilige Größe des Hauptpersonalrats richtet sich nach den Bestimmungen des § 55 Abs. 2 i. V. m. § 10 Abs. 1 und 5 LPVG. Jede Gruppe erhält mindestens einen Vertreter. Besteht der Hauptpersonalrat aus mehr als neun Mitgliedern, so erhält jede Gruppe mindestens zwei Vertreter (§ 55 Abs. 3 i. V. m. § 54 LPVG). Der Hauptpersonalrat hat höchstens 19 Mitglieder.

Auch hier gelten für die Wahl die Bestimmungen der §§ 8 bis 10 Abs. 2 und 5, 11 Abs. 1 bis 3, §§ 12 bis 16 Absatz 1, § 17 Abs. 1, 2 und 4, §§ 18 bis 45 Abs. 1 Satz 1 und Abs. 4, §§ 46 bis 48 und 54 Abs. 3 und 4 Nr. 1 bis 3 LPVG unter Maßgabe der Regelungen des § 55 Abs. 3 Nr. 1 bis 3 LPVG entsprechend. Die in § 12 Abs. 2 LPVG genannten leitenden Beschäftigten sowie die unmittelbaren Mitarbeiter dieser Beschäftigten, die als Personalsachbearbeiter Entscheidungen vorbereiten, sind nicht wählbar. § 9 Abs. 2 LPVG gilt nur für die Beschäftigten der Dienststelle, bei der der Hauptpersonalrat zu errichten ist.

Nach § 55 Abs. 3 i. V. m. § 43 Abs. 1 LPVG führen die Mitglieder des Personalrats ihr Amt unentgeltlich als Ehrenamt. Die einzelnen Schutzbestimmungen werden im Kapitel über die „Rechte zum Schutz der persönlichen Stellung der einzelnen Mitglieder" ausführlich behandelt.

Gesamtpersonalrat (§ 54 Abs. 1 LPVG)

Neben den Personalräten ist in den Fällen des § 5 Abs. 3 LPVG ein Gesamtpersonalrat zu bilden. Auf Antrag der Mehrheit der betroffenen wahlberechtigten Beschäftigten oder von Amts wegen können Außenstellen, Nebenstellen und Teile einer Dienststelle nach § 5 Abs. 1 LPVG oder einer nach § 5 Abs. 3 LPVG zusammengefassten Dienststelle zu einer selbstständigen Dienststelle im Sinne des Landespersonalvertretungsgesetzes erklärt oder zusammengefasst werden. Dies erfolgt unter Berücksichtigung der dienstlichen Belange und der Belange der Beschäftigten durch den Leiter der Hauptdienststelle oder der zusammengefassten Dienststelle. Der Personalrat ist vor einer solchen Entscheidung anzuhören. Für eine Aufhebung der Verselbstständigung gilt das entsprechende Verfahren. Vor der Aufhebung sind der Personalrat der Dienststelle nach § 5 Abs. 3 Satz 4 LPVG, der Personalrat der Hauptdienststelle und der Gesamtpersonalrat anzuhören. Die personalvertretungsrechtliche Verselbstständigung oder ihre Aufhebung werden jeweils für den folgenden Wahlzeitraum wirksam.

Neben den dann als Folge der Verselbstständigung zu wählenden einzelnen „(örtlichen)" Personalräten ist zwingend ein Gesamtpersonalrat zu bilden. Der Gesamtpersonalrat wird von den wahlberechtigten Beschäftigten der (Gesamt-)Dienststelle gewählt.

Nicht alle Regelungen des Landespersonalvertretungsgesetzes finden für die Stufenvertretungen und den Gesamtpersonalrat Anwendung. In den jeweiligen speziellen gesetzlichen Regelungen (§§ 54 Abs. 4 und 5 und 55 Abs. 3 und 4 LPVG) findet sich immer ein Verweis über die entsprechende Anwendung der einzelnen Paragrafen des Gesetzes. Für Amtszeit und Mitgliedschaft der Stufenvertretung und des Gesamtpersonalrats gelten die gleichen gesetzlichen Bestimmungen wie für die örtlichen Personalvertretungen. Die Bestimmungen des Landespersonalvertretungsgesetzes über die Geschäftsordnung und die Rechtsstellung der Personalratsmitglieder gelten mit einigen Abweichungen entsprechend. Die Regelungen über die Personalversammlung finden keine Anwendung. Die Zuständigkeit der Stufenvertretungen und des Gesamtpersonalrats bestimmt sich nach § 91 LPVG. Für die Befugnisse und Pflichten des Gesamtpersonalrats und der Stufenvertretungen finden die §§ 68 bis 90 LPVG entsprechende Anwendung.

Arbeitsgemeinschaften von Personalvertretungen (§ 56 LPVG)

Soweit dies zur Wahrnehmung der Befugnisse und Pflichten der einzelnen Personalvertretung förderlich ist, können die Personalvertretungen derselben Verwaltungsstufe oder desselben Verwaltungszweigs Arbeitsgemeinschaften bilden, um dort gemeinsam betreffende Angelegenheiten zu behandeln. Das Gleiche gilt für die Personalvertretungen mehrerer Verwaltungen und Betriebe juristischer Personen nach § 1 LPVG. Der Arbeitsgemeinschaft gehört jeweils der Vorsitzende der beteiligten Personalvertretungen an. Abweichend davon kann die Personalvertretung aber auch durch Beschluss ein anderes Personalratsmitglied entsenden. In besonders begründeten Fällen können im Einvernehmen mit der Dienststelle auch mehrere Mitglieder entsandt werden. Die Arbeitsgemeinschaft bestimmt aus ihrer Mitte einen Vorsitzenden und Stellvertreter. Für die Rechte und Pflichten der Mitglieder sowie die Geschäftsführung der Arbeitsgemeinschaft gelten die in § 55 Abs. 3 LPVG genannten gesetzlichen Regelungen entsprechend. Die Arbeitsgemeinschaft gibt sich eine Geschäftsordnung. Die Kosten sind von den Mitgliedern bei der jeweiligen Dienststelle des entsendenden Personalrats geltend zu machen.

Die Personalräte in Universitätskliniken können eine Arbeitsgemeinschaft bilden, der bis zu zwei Mitglieder jedes Personalrats eines Universitätsklinikums angehören. Bei jedem Universitätsklinikum ist auf Antrag des dort gebildeten Personalrats ein Mitglied für bis zu zehn Arbeitsstunden in der Woche von seiner dienstlichen Tätigkeit für die Wahrnehmung von Aufgaben der Arbeitsgemeinschaft freizustellen. Auch eine Aufteilung des Freistellungsumfangs auf zwei Mitglieder (Teilfreistellung) ist zulässig.

Die Arbeitsgemeinschaften von Personalräten können keine Entscheidungen anstelle der Personalvertretungen treffen. Sie fördern den Meinungs- und Informationsaustausch in sie gemeinsam betreffenden Angelegenheiten. Mit dieser Regelung hat der Gesetzgeber der bisher schon häufig geübten Praxis Rechnung getragen. Oft bestanden solche Arbeitsgemeinschaften bereits ohne konkrete gesetzliche Legitimation.

Arbeitsgemeinschaft der Vorsitzenden der Hauptpersonalräte (§ 57 LPVG)

Die Vorsitzenden der Hauptpersonalräte bei den obersten Landesbehörden bilden eine Arbeitsgemeinschaft (ARGE-HPR). Sofern bei einer obersten Landesbehörde kein HPR besteht, übernimmt der Vorsitzende des Personalrats bei der obersten Landesbehörde diese Aufgabe. An den Sitzungen der ARGE-HPR können ein Vertreter der zu einer Arbeitsgemeinschaft zusammengeschlossenen Schwerbehindertenvertretungen bei den obersten Landesbehörden sowie die Vorsitzenden der Personalräte der Dienststellen des Landtags von Baden-Württemberg teilnehmen. Die Arbeitsgemeinschaft ist nach § 57 Abs. 3 LPVG in den dort genannten Fällen anzuhören. Die Anhörung erfolgt durch die in der Angelegenheit federführend zuständige oberste Dienstbehörde. Sie hat rechtzeitig und umfassend zu erfolgen, die erforderlichen Unterlagen sind der ARGE-HPR vorzulegen. Die Arbeitsgemeinschaft kann verlangen, dass das federführende Ressort die Angelegenheit mit ihr erörtert. Soweit nicht einvernehmlich andere Fristen vereinbart worden sind, übermittelt die Arbeitsgemeinschaft ihre Stellungnahme der federführend zuständigen obersten Dienstbehörde innerhalb von drei Wochen. Darüber hinaus kann die Arbeitsgemeinschaft auch über den Geschäftsbereich einer obersten Dienstbehörde hinausgehende Angelegenheiten beraten, die für die Beschäftigten von allgemeiner Bedeutung sind. Zu solchen Angelegenheiten kann sie Stellungnahmen abgeben und Vorschläge machen.

Der Gesetzgeber hat mit dieser Regelung für die Arbeitsgemeinschaft eine Rechtsgrundlage geschaffen und die Beteiligung in Form einer Anhörung konkretisiert. Da die Arbeitsgemeinschaft über keine hinreichende Legitimation durch Wahl verfügt, können konkrete Mitbestimmungsrechte nicht wahrgenommen werden. Es ist aber sichergestellt, dass die Arbeitsgemeinschaft über ressortübergreifende Angelegenheiten unterrichtet wird, die die Beschäftigten unmittelbar belasten und die, wenn es sich nicht um ressortübergreifende Angelegenheiten handeln würde, eine förmliche Beteiligung auslösen würden. Der Gesetzgeber trägt hier der aktuellen Entwicklung Rechnung, die dazu geführt hat, dass Angelegenheiten vielfach ressortübergreifend geregelt werden. Aufgrund des im Personalvertretungsrecht geltenden Partnerschaftsprinzips blieben solche Angelegenheiten bisher beteiligungsfrei. Durch die im Gesetz verankerte Anhörung der ARGE-HPR vor Entscheidungen

1. der Landesregierung, welche für die Beschäftigten des Landes in den Geschäftsbereichen der obersten Dienstbehörden unmittelbar belastende Regelungen enthalten,

2. oberster Dienstbehörden, welche auch Beschäftigte in den Geschäftsbereichen anderer oberster Dienstbehörden des Landes betreffen,

schließt der Gesetzgeber diese Lücke.

Sondervertretungen

Ausbildungspersonalrat (§ 58 LPVG)

Nach Abs. 1 Nr. 1 kann das für die Ordnung der Ausbildung zuständige Ministerium für die Auszubildenden in öffentlich-rechtlichen Ausbildungsverhältnissen, Beamte im Vorbereitungsdienst und für Beschäftigte in der dem Vorbereitungsdienst entsprechenden Berufsausbildung durch Rechtsverordnung bestimmen, dass Ausbildungspersonalräte gebildet werden. Die Bildung ist dann aufgrund der jeweiligen Regelung für einzelne oder mehrere Dienststellen oder für einzelne Ausbildungsbereiche möglich. Der Erlass der Rechtsverordnung durch das zuständige Ministerium erfolgt im Einvernehmen mit dem Innenministerium. Die Amtszeit des Ausbildungspersonalrats kann auf eine kürzere Dauer als fünf Jahre festgesetzt werden. Die Mindestamtszeit beträgt ein Jahr. Die Bestimmungen des LPVG für die Wahl, die Amtszeit, die Rechte und Pflichten, die Geschäftsführung und die Aufgaben des Ausbildungspersonalrats finden unter Berücksichtigung des § 56 Abs. 3 LPVG Anwendung. Nach § 56 Abs. 4 LPVG sind Beschäftigte, die den Ausbildungspersonalrat wählen können, nicht wahlberechtigt für den Personalrat, den Gesamtpersonalrat, eine Stufenvertretung und die Jugend- und Auszubildendenvertretung.

Jugend- und Auszubildendenvertretung (§ 59 LPVG)

Eine Jugend- und Auszubildendenvertretung ist immer dann zu bilden, wenn einer Dienststelle, bei der eine Personalvertretung gebildet ist, in der Regel mindestens fünf Beschäftigte angehören, die für die Vertretung wahlberechtigt sind. Es muss sich also um Beschäftigte handeln, die das 18. Lebensjahr noch nicht vollendet haben oder die sich in einer beruflichen Ausbildung befinden. Wählbar sind, soweit sich aus den §§ 58 und 96 LPVG nichts anderes ergibt, Beschäftigte, die am Wahltag noch nicht das 26. Lebensjahr vollendet haben. Die Altersgrenze gilt nicht für diejenigen Beschäftigten, die sich in einer beruflichen Ausbildung befinden.

§ 9 Abs. 1 Nr. 1 und Abs. 2 gelten entsprechend. In der Landesverwaltung werden für den Geschäftsbereich mehrstufiger Verwaltungen, in denen Stufenvertretungen bestehen, bei den Mittelbehörden Bezirksjugend- und Auszubildendenvertretungen und bei den obersten Landesbehörden Hauptjugend- und Auszubildendenvertretungen gebildet. Eine Gesamt-Jugend- und Auszubildendenvertretung ist zu bilden, wenn in den Fällen des § 5 Abs. 3 LPVG mehrere Jugend- und Auszubildendenvertretungen bestehen.

Die Jugend- und Auszubildendenvertretung hat keine eigenständigen Beteiligungsrechte. Sie kann nur gemeinsam mit der Personalvertretung tätig werden. Die Wahrnehmung der allgemeinen Aufgaben nach § 63 Abs. 1 LPVG ist der Jugend- und Auszubildendenvertretung eigenständig übertragen. Dabei handelt es sich um die folgenden allgemeinen Aufgaben:

- Maßnahmen, die den Beschäftigten im Sinne von § 59 LPVG dienen, insbesondere in Fragen der Berufsbildung und der Übernahme der zu ihrer Berufsausbildung Beschäftigten in ein Arbeits- oder Dienstverhältnis, beim Personalrat zu beantragen.
- Darüber zu wachen, dass die zugunsten der Beschäftigten im Sinne von § 59 LPVG geltenden Gesetze, Verordnungen, Tarifverträge, Dienstvereinbarungen, Verwaltungsanordnungen, Unfallverhütungsvorschriften und sonstigen Arbeitsschutzvorschriften durchgeführt werden.
- Anregungen und Beschwerden von Beschäftigten im Sinne von § 59 LPVG, insbesondere in Fragen der Berufsbildung, entgegenzunehmen und, falls sie berechtigt erscheinen, beim Personalrat auf eine Erledigung hinzuwirken; die Jugend- und Auszubildendenvertretung hat die betroffenen Beschäftigten im Sinne von § 59 LPVG über den Stand und das Ergebnis der Verhandlungen zu informieren.
- Maßnahmen, die der Gleichstellung von weiblichen und männlichen Beschäftigten im Sinne von § 59 LPVG dienen, beim Personalrat zu beantragen.

- Die Eingliederung von Beschäftigten im Sinne von § 59 LPVG mit Migrationshintergrund in die Dienststelle sowie das Verständnis zwischen Beschäftigten im Sinne von § 59 LPVG unterschiedlicher Herkunft zu fördern und entsprechende Maßnahmen beim Personalrat zu beantragen.
- Maßnahmen, die dem Umweltschutz, dem Klimaschutz oder der sorgsamen Energienutzung in der Dienststelle dienen, beim Personalrat zu beantragen.

Sie hat neben der Personalvertretung darauf zu achten, dass alle Bestimmungen, von denen die Beschäftigten ihres Vertretungsbereiches betroffen sind, eingehalten werden. Nach § 63 Abs. 2 LPVG kann ein Mitglied der Jugend- und Auszubildendenvertretung an Vorstellungsgesprächen zur Besetzung ausgeschriebener Ausbildungsplätze teilnehmen. Auf Wunsch eines von ihr vertretenen Beschäftigten kann ein Mitglied an Personalgesprächen mit entscheidungsbefugten Vertretern der Dienststelle teilnehmen. Die Jugend- und Auszubildendenvertretung ist zur Durchführung ihrer Aufgaben vom Personalrat rechtzeitig und umfassend zu unterrichten. Die §§ 59 bis 66 LPVG enthalten die für die Jugend- und Auszubildendenvertretungen maßgeblichen gesetzlichen Bestimmungen.

Übergangspersonalrat (§ 113 LPVG)

Ein Übergangspersonalrat ist zu bilden, wenn Dienststellen im Sinne von § 5 Abs. 1 LPVG vollständig in eine andere Dienststelle eingegliedert oder zu einer neuen Dienststelle zusammengeschlossen werden. Ihm gehören bei einer Eingliederung der Personalrat der aufnehmenden Dienststelle, die Vorstände und die nicht einem Vorstand angehörenden stellvertretenden Vorsitzenden der Personalräte der eingegliederten Dienststellen an. Bei einem Zusammenschluss gehören dem Übergangspersonalrat die Vorstände und die nicht einem Vorstand angehörenden stellvertretenden Vorsitzenden der Personalräte der zusammengeschlossenen Dienststellen an. Besteht ein Gesamtpersonalrat, treten in den Übergangspersonalrat statt der Mitglieder des Personalrats die entsprechenden Mitglieder des Gesamtpersonalrats ein. Bei einer Eingliederung tritt der Übergangspersonalrat an die Stelle des Personalrats oder, wenn ein solcher besteht, des

1

Gesamtpersonalrats der aufnehmenden Dienststelle. Mit der Neuwahl eines Personalrats endet die Amtszeit des Übergangspersonalrats. Sie endet spätestens mit Ablauf eines Jahres von dem Tag an gerechnet, an dem er gebildet worden ist.

Mit der Regelung in § 113 Abs. 3 LPVG hat der Gesetzgeber die personalvertretungsrechtliche Vertretung für die Fälle sichergestellt, in denen aus Teilen des Geschäftsbereichs eines Ministeriums oder mehrerer Ministerien ein neues Ministerium gebildet wird. Bis zur Wahl eines neuen Personalrats ist der Personalrat des Ministeriums zu beteiligen, von dem die meisten Beschäftigten übergegangen sind. Dies gilt längstens für die Dauer von sechs Monaten nach Bekanntmachung der Landesregierung über den Neuzuschnitt der Ministerien. Die weiteren Regelungen des § 113 Abs. 3 LPVG sind hierbei zu berücksichtigen.

Schwerbehindertenvertretung (§ 177 SGB IX)

In Dienststellen mit mindestens fünf nicht nur vorübergehend beschäftigten schwerbehinderten Menschen sind eine Vertrauensperson der schwerbehinderten Menschen und ein Stellvertreter zu wählen. Die Vertrauensperson muss nicht selbst zu den schwerbehinderten Menschen gehören, aber die Voraussetzungen für das passive Wahlrecht besitzen und von dem genannten Beschäftigtenkreis gewählt werden. Die Aufgaben und die Beteiligung der Vertrauensperson regelt § 178 SGB IX. Die Vertrauensperson hat nach § 32 Abs. 5 LPVG das Recht, an jeder Sitzung des Personalrats beratend teilzunehmen, hat aber aufgrund des eigenständigen Beteiligungsverfahrens nach dem SGB IX kein Stimmrecht.

Beauftragte für Chancengleichheit

Die Beauftragte für Chancengleichheit kann zur Beratung einzelner Tagesordnungspunkte an der Sitzung des Personalrats teilnehmen. Nach § 32 Abs. 6 LPVG geschieht dies dann, wenn der Erörterungsgegenstand auf ihren Antrag hin auf die Tagesordnung gesetzt worden ist oder der Personalrat dies im Einzelfall beschließt. Die Beauftragte für Chancengleichheit kann Anregungen zur Behandlung von Angelegenheiten geben, die besonders die Gleichstellung von Frauen und Männern betreffen.

Die Teilnahme kann nur zu einzelnen Tagesordnungspunkten und nur an der Beratung erfolgen. Der Beschluss des Personalrats ist nur für den Einzelfall vorgesehen. Ein generelles Teilnahmerecht an der Sitzung hat der Gesetzgeber nicht eingeräumt.

Behandlung von Verschlusssachen (§ 94 LPVG)

Verschlusssachen sind grundsätzlich in verschiedene Geheimhaltungsgrade eingestuft. Danach ist eine Verschlusssache folgende Stufen eingestuft: Streng geheim, Geheim, VS – Vertraulich oder VS – Nur für den Dienstgebrauch.

Wird der Personalrat mit beteiligungspflichtigen Angelegenheiten, die als Verschlusssache mindestens des Geheimhaltungsgrades „VS – Vertraulich" eingestuft sind, befasst, sind die gesetzlichen Regelungen des § 94 LPVG zu beachten. An die Stelle des Personalrats tritt ein Ausschuss. Die mitwirkenden Personalratsmitglieder müssen nach den dafür geltenden Bestimmungen ermächtigt sein, Kenntnis von Verschlusssachen des in Betracht kommenden Geheimhaltungsgrades erhalten zu dürfen. Im mehrstufigen Verwaltungsaufbau werden bei Dienststellen, die einer Mittelbehörde nachgeordnet sind, keine Ausschüsse gebildet. An ihre Stelle tritt der Ausschuss des Bezirkspersonalrats.

Vertretung der Dienststelle gegenüber dem Personalrat

Im Landespersonalvertretungsgesetz ist anders als in den meisten anderen Landesgesetzen und auch beim Bund eine konkrete Regelung über eine Vertretung der Dienststelle gegenüber dem Personalrat nicht getroffen worden.

Hinweise finden sich aber in § 68 Abs. 1 LPVG „Der Leiter der Dienststelle oder sein Beauftragter" sowie in § 9 LPVG, in dem der Kreis der nicht wählbaren Beschäftigten genannt ist. Es entspricht aber der Systematik des Personalvertretungsrechts, dass im Regelfall der Leiter der Dienststelle die Aufgaben nach dem Personalvertretungsrecht wahrnimmt. Es ist jedoch in jedem Fall sicherzustellen, dass dem Personalrat aufseiten der Dienststelle der kompetenteste, das heißt der in der Sache zur Entscheidung befugte Gesprächs- und Verhandlungspartner gegenübersteht. Im Falle einer Vertretung muss es sich somit um einen mit entsprechender „Entscheidungsbefugnis" ausgestatteten Beschäftigten handeln.

1

Rechtsstellung der Personalvertretung

Das Personalvertretungsrecht regelt die Aufgaben und Befugnisse der Personalvertretung sowie den kollektivrechtlichen Schutz von Personen, die in den öffentlichen Dienst eingegliedert sind.

Die Personalvertretungen sind das durch Wahlen gebildete Repräsentationsorgan der Beschäftigten. Geprägt wird das personalvertretungsrechtliche Amt durch die Funktion, die Gesamtheit der Beschäftigten gegenüber der Dienststelle zu repräsentieren und im Rahmen des Personalvertretungsgesetzes zu vertreten. Die Personalvertretungen sind demnach verpflichtet, die Interessen der Beschäftigten insgesamt oder auch Einzelner gegenüber der Dienststelle und deren Organen wahrzunehmen. Sie sind aber nicht bloßes Vollstreckungsorgan der Beschäftigten und unterliegen auch nicht deren Weisungen. Die Beteiligung als Mittel des kollektiven Schutzes gegenüber der Dienststelle dient dazu, die berechtigten Belange der Beschäftigten mit den dienstlichen Erfordernissen in Einklang zu bringen (BVerwG vom 12. 9. 1983, PersV 1985, 163; BVerwG vom 1. 6. 1987, ZBR 1987, 346). Sie findet jedoch regelmäßig dort ihre Grenze, wo die Aufgabenerfüllung der Dienststelle – insbesondere die Dienstausübung im eigentlichen Sinne – im Vordergrund steht (BVerwG vom 6. 2. 1991, PersR 1991, 138). In der Wahrnehmung ihrer Aufgaben ist die Personalvertretung ferner frei von Weisungen seitens der Dienststelle, vorgesetzten Dienststellen, Stufenvertretungen und Gewerkschaften. Die Personalvertretungen üben ihr Amt im Rahmen der vom Gesetz bestimmten Aufgaben frei und unabhängig aus. Aus dem im Gesetz normierten Partnerschaftsprinzip ergibt sich, dass die Zuständigkeit der Personalvertretung der Zuständigkeit der Dienststelle folgt. Die Rechtshandlungen der Personalvertretung werden den Beschäftigten zugerechnet, woraus folgt, dass neu gewählte Gremien an die Beschlüsse und Erklärungen ihrer Amtsvorgänger gebunden sind. In der Praxis ist dies überwiegend in zwei Bereichen von Bedeutung: Neu gewählte Personalvertretungen sind an abgeschlossene Dienstvereinbarungen gebunden und verpflichtet, ein eingeleitetes Einigungsverfahren zu Ende zu führen.

Die Personalvertretungen gehören zum organisatorischen Aufbau der Verwaltung und sind aus dieser Stellung heraus Institutionen des öffentlichen Rechts, die aufgrund öffentlichen Dienstrechts gebildet werden (vgl. BPersVG; Ilbertz/Widmaier, § 1 Anm. 30). Ein Hinweis auf den öffentlich-rechtlichen Charakter findet sich bereits in § 2 Abs. 1 LPVG, wonach die Personalvertretung zur Erfüllung der dienstlichen Aufgaben mit der Dienststelle zusammenarbeitet. Der Personalrat wird nach dem Gesetz an Entscheidungen beteiligt, die einen öffentlich-rechtlichen Charakter tragen (HessVGH vom 18. 4. 1983, DÖV 1984, 118; Thiele, DÖD 1989, 201, 205; Becker, RiA 1988, 1; Ilbertz/Widmaier, a. a. O.).

Die Personalvertretungen sind Einrichtungen des öffentlichen Rechts, aber keine Behörden im Sinne der Verwaltungsverfahrensgesetze (BVerwG vom 1. 12. 1982, BVerwGE 66, 291, RiA 1984, 120). Die Personalvertretungen sind ein internes Organ der jeweiligen Dienststelle, das lediglich innerhalb dieser verselbstständigt und dienststellenintern im Rahmen des Personalvertretungsrechts mit eigenen Aufgaben und Befugnissen ausgestattet ist (BVerwG vom 24. 11. 1986, ZBR 1987, 220 = PersV 1987, 422).

Nach einer Entscheidung des Bundesverwaltungsgerichts (BVerwG vom 6. 3. 1959, BVerwGE 8, 202) können die Personalvertretungen nicht Vermögensträger sein und besitzen auch keine eigene Rechtspersönlichkeit. Sie können weder rechtsgeschäftliche Erklärungen abgeben noch Verträge abschließen. Haben sich Personalrat und Dienststelle über ein Budget geeinigt, entscheidet der Personalrat im Rahmen des Budgets eigenverantwortlich. Die Personalvertretungen sind berechtigt, einen Anwalt mit der Wahrnehmung ihrer Interessen im personalvertretungsrechtlichen Beschlussverfahren vor den Verwaltungsgerichten zu beauftragen. Insoweit besitzen sie allerdings eine Teilrechtsfähigkeit. Die Personalvertretungen sind keine juristischen Personen, können aber in beschränktem Umfang nach außen handelnd auftreten und besitzen insoweit Parteifähigkeit im Verfahren vor den Verwaltungsgerichten.

§

Teilrechtsfähigkeit des Personalrats für den Auftrag an einen Rechtsanwalt zur Durchführung des Beschlussverfahrens (BVerwG vom 9. 3. 1992 – 6 P 11/90)

Dem Personalrat steht eine Teilrechtsfähigkeit zu, die ihn in Beschlussverfahren, in denen es um die Durchsetzung, Klärung oder Wahrung seiner personalvertretungsrechtlichen Befugnisse geht, zum Abschluss eines Vertrages mit dem hinzugezogenen Rechtsanwalt befähigt. Geht es um die Durchsetzung, Klärung oder Wahrung der ihm nach dem Personalvertretungsgesetz zustehenden Rechte und ist dem Personalrat die Beteiligtenfähigkeit zuerkannt, so spricht schon dies grundsätzlich dafür, hinsichtlich der dabei zugrunde gelegten materiell-rechtlichen Position eine Teilrechtsfähigkeit anzunehmen. Da eine mit personalvertretungsrechtlichen Befugnissen ausgestattete Stelle als Beteiligte auch rechtsmittelbefugt ist und die Rechtsbeschwerde im Beschlussverfahren nur unter Inanspruchnahme eines Rechtsanwalts erhoben und begründet werden kann (§ 94 Abs. 1 ArbGG), muss mithin davon ausgegangen werden, dass der Gesetzgeber ihr zumindest insoweit auch die Fähigkeit verliehen hat, einem Rechtsanwalt Prozessvollmacht zu erteilen. Besteht insoweit eine entsprechende Teilrechtsfähigkeit, so muss eine rechtskundige Vertretung auch schon zu einem früheren Zeitpunkt möglich sein.

Aufgaben der Gewerkschaften im Rahmen des Personalvertretungsrechts

2

2

Der Gewerkschaftsbegriff in der öffentlichen Verwaltung

Nach einer Grundsatzentscheidung des Bundesverwaltungsgerichts sind Gewerkschaften auf freiwilliger Grundlage gebildete Vereinigungen unselbstständig beschäftigter Personen, die mit dem Ziel und Zweck handeln, die dienstlichen, wirtschaftlichen und sozialen Interessen gegenüber dem Dienstherrn zu fördern und zu regeln (BVerwG vom 23. 11. 1962, BVerwGE 15, 168 = ZBR 1963, 394 = PersV 1963, 159).

Man muss hier zwischen dem Gewerkschaftsbegriff im Arbeitsrecht und dem des Personalvertretungsrechts unterscheiden. Das Personalvertretungsrecht gilt auch für Beamtinnen/Beamte, denen die Teilnahme an einem Arbeitskampf nicht gestattet ist und deren Organisationen – sofern sie ausschließlich Beamte vertreten – auch keine Tarifverträge abschließen können. Infolgedessen gehören die Bereitschaft zum Arbeitskampf und die Tariffähigkeit nicht zu den Voraussetzungen, die eine Gewerkschaft im Sinne des Personalvertretungsrechts in der öffentlichen Verwaltung ausmachen. Auch reine Beamtenorganisationen sind daher Gewerkschaften. Dies gilt umso mehr, wenn sie Beamte und Arbeitnehmer organisieren. Demnach sind Gewerkschaften alle auf überbetrieblicher Grundlage errichtete Vereinigungen. Diese Organisationen müssen über eine größere, bedeutsame Anzahl an Mitgliedern verfügen sodass sie von einem Wechsel der Mitglieder unabhängig sind. Ein weiteres Erfordernis ist eine gewisse „Verbandsmacht" = Durchsetzungskraft bzw. Mächtigkeit. Durchsetzungskraft in diesem Sinne besitzen folgerichtig solche Organisationen, die über eine größere Mitgliederzahl und eine leistungsfähige Organisation verfügen sowie frei gebildet, unabhängig auf überbetrieblicher Grundlage organisiert sind (Ilbertz/Widmaier, BPersVG § 9 Rn. 34 unter Hinweis auf BVerwG vom 25. 7. 2006, PersV 2007, 112). Enthält eine Vereinigung sowohl Arbeitnehmer als auch Beamte als Mitglieder, muss sich die Durchsetzungskraft auf jede dieser Mitgliedergruppen erstrecken (BAG vom 6. 7. 1965, BAGE 4, 351). Das Personalvertretungsrecht gesteht an verschiedenen Stellen im Personalvertretungsgesetz den Gewerkschaften Befugnisse zu, die ansonsten eben nur einer größeren Anzahl von Beschäftigten oder aber dem

Dienststellenleiter zustehen. Dies ist eben nur dann gerechtfertigt, wenn die Gewerkschaft eine gewisse Mächtigkeit hat. Auch ein Verband, der die dienstrechtlichen Belange der Beschäftigten gegenüber dem Dienstherrn vertritt, ist eine Gewerkschaft im Sinne des Personalvertretungsgesetzes (OVG Münster vom 5. 2. 1983, CB 32/82).

Der Gewerkschaftsbegriff lässt sich daher nach dem Personalvertretungsrecht wie folgt definieren: „Gewerkschaften sind alle auf überbetrieblicher Grundlage errichteten Berufsorganisationen, die auf einem freiwilligen Zusammenschluss ihrer Mitglieder beruhen, von einem Wechsel ihrer Mitglieder unabhängig sind und deren Zweck darauf gerichtet ist, die Mitglieder gegenüber ihrem Dienstherrn bei der Gestaltung der dienstrechtlichen Beziehungen zu vertreten und sich für ihre wirtschaftlichen Belange einzusetzen" (vgl. BPersVG; Ilbertz/Widmaier, § 9 Anm. 34; Grabendorff, ZBR 1965, 195; HessVGH vom 2. 12. 1987, ZfPR 1990, 140).

Als in der Dienststelle vertreten gelten alle Gewerkschaften bereits dann, wenn ihnen auch nur ein Beschäftigter der Dienststelle als Mitglied angehört.

Die Spitzenorganisationen der Gewerkschaften

Die großen Spitzenorganisationen in der Bundesrepublik Deutschland sind der beamtenbund und tarifunion (dbb) und der Deutsche Gewerkschaftsbund (DGB).

Die Spitzenorganisationen selbst sind keine „in der Dienststelle" oder „im Personalrat vertretenen Gewerkschaften" im Sinne des Personalvertretungsgesetzes. Die Spitzenorganisationen haben keine natürlichen Personen als Mitglieder, sondern Mitgliedsgewerkschaften und vertreten daher die Interessen der ihnen angeschlossenen Gewerkschaften und Verbände. Sie haben nicht die Vertrautheit mit den Problemen der jeweiligen Dienststellen und der dort tätigen Dienstkräfte, die das Personalvertretungsgesetz fordert. Diese Anforderungen erfüllen die den Spitzenorganisationen angeschlossenen Fachgewerkschaften/-verbände.

2

Die Aufgaben und Befugnisse der Gewerkschaften nach dem LPVG

Den Gewerkschaften sind vom Gesetzgeber eine Reihe von Befugnissen zugewiesen worden:

- Vertrauensvolle Zusammenarbeit mit Dienststelle und Personalvertretung (§ 2 Abs. 1 LPVG)
- Recht auf Zugang zu den einzelnen Dienststellen (§ 2 Abs. 2 LPVG)
- Antragsrechte hinsichtlich der Wahl und der Bestellung von Wahlvorständen (§ 16 Abs. 2 und 3 LPVG)
- Möglichkeit, Wahlvorschläge zu machen (§ 11 Abs. 1 LPVGWO)
- Anspruch auf Übersendung der Niederschrift über die Feststellung des Wahlergebnisses (§ 18 LPVG)
- Wahlanfechtungsrecht (§ 21 Abs. 1 LPVG)
- Antragsrecht auf Ausschluss eines Mitglieds aus der Personalvertretung oder auf eine Auflösung der Personalvertretung (§ 24 Abs. 1 LPVG)
- Beratende Teilnahme je eines Beauftragten einer im Personalrat vertretenen Gewerkschaft an den Sitzungen der Personalvertretung, wenn ein Viertel der Mitglieder oder die Mehrheit der Vertreter einer Gruppe dies beschließt (§ 32 Abs. 3 LPVG)
- Recht auf Übersendung eines Auszugs aus der Sitzungsniederschrift, soweit Gewerkschaftsbeauftragte teilgenommen haben (§ 38 Abs. 2 LPVG)
- Recht auf Einschaltung zur Verständigung, wenn zwischen
  - der Mehrheit der Vertreter einer Gruppe,
  - der Mehrheit der Mitglieder der Jugend- und Ausbildungsvertretung oder
  - der Schwerbehindertenvertretung

  und der Gesamtheit der Personalvertretung eine Meinungsverschiedenheit über die Beeinträchtigung wichtiger Interessen der Beschäftigten einer Gruppe durch einen Beschluss der Personalvertretung entstanden ist und der Beschluss auf die Dauer von einer Woche ausgesetzt ist (§ 37 Abs. 1 LPVG)
- Antrag auf Einberufung einer Personalversammlung, wenn im vorhergegangenen Kalenderjahr keine Personalversammlung

und keine Teilversammlung durchgeführt worden sind (§ 50 Abs. 3 LPVG)

- Beratende Teilnahme von Beauftragten der in der Dienststelle vertretenen Gewerkschaften an der Personalversammlung (§ 53 Abs. 2 Nr. 1 LPVG)

Wichtig: Die Aufzählung der Befugnisse (Rechte) im Personalvertretungsgesetz ist abschließend und erschöpfend. In der Wahrnehmung ihrer Aufgaben unterliegen die Beauftragten der Gewerkschaften selbstverständlich auch den Regelungen über die Schweigepflicht (§ 7 Abs. 1 LPVG). Den Gewerkschaften sind vom Gesetzgeber, soweit es die Möglichkeiten zur Bildung von Personalvertretungen und ihr Teilnahmerecht an Personalversammlungen betrifft, eigenständige Rechte eingeräumt worden. Des Weiteren haben die Gewerkschaften gegenüber den Leitern der Dienststellen und den Personalräten nur beratende und unterstützende Funktion. Sie sollen durch ihre besondere Sachkunde und Erfahrungen an der sachkompetenten Wahrnehmung personalvertretungsrechtlicher Aufgaben mitwirken (BVerwG vom 27. 4. 1979, ZBR 1979, 310). Die Gewerkschaften haben sich jeder Beeinflussung zu enthalten und auch kein Recht, sich in die Zusammenarbeit zwischen Personalvertretung und Dienststelle einzuschalten. Es bleibt den Personalvertretungen oder den Dienststellen überlassen, ob sie mit den Gewerkschaften zusammenarbeiten wollen. Eine Pflicht zur Zusammenarbeit ist aus § 2 Abs. 1 LPVG nicht abzuleiten.

2

Personalratsamt und Gewerkschaftsmitgliedschaft / Gewerkschaftsmandat

Koalitionsfreiheit

Auseinandersetzungen zwischen den Gewerkschaften dürfen nicht in die Personalvertretungen hineingetragen werden. Die Zusammenarbeit aller hat dem Wohl der Dienstkräfte und der Erfüllung der dienstlichen Aufgaben zu dienen.

Die Freiheit der gewerkschaftlichen Betätigung als Ausfluss der Koalitionsfreiheit nach Art. 9 Abs. 3 GG wird durch die Übernahme eines Personalratsamtes grundsätzlich nicht eingeschränkt (BVerwG vom 23. 2. 1979, ZBR 1979, 377). Auch der Bundesgesetzgeber hat deutlich gemacht, dass die rein gewerkschaftliche Tätigkeit in der Dienststelle nicht eingeschränkt wird (§ 2 Abs. 3 LPVG).

Trennung von Gewerkschaftsmandat und Personalratsamt

Die Mitglieder des Gremiums haben nach einer Entscheidung des Bundesverwaltungsgerichts „nicht die Interessen der Gewerkschaften, sondern die ihrer Gruppen und darüber hinaus aller Beschäftigten in gleicher Weise zu vertreten, auch wenn sie als Angehörige einer bestimmten Gewerkschaft in den Personalrat gewählt wurden". Es ist immer auf die Trennung von Gewerkschaftsmandat und Personalratsamt zu achten. Die Mitglieder der Personalvertretung müssen sich so verhalten, dass das Vertrauen der Verwaltungsangehörigen in die Objektivität und Neutralität ihrer Amtsführung nicht beeinträchtigt wird. Der Personalrat und seine Mitglieder müssen alles vermeiden, was geeignet ist, die Stellung des Personalrats als Repräsentant der Gesamtheit der Beschäftigten und als neutraler Sachwalter ihrer Interessen zweifelhaft erscheinen zu lassen.

Neutralitätsgebot

Das Neutralitätsgebot des Personalvertretungsrechts schreibt vor, dass ein Personalratsmitglied nicht in dieser Funktion für eine Gewerkschaft unter Ausnutzung von Druck werben darf. Nach ständiger Rechtsprechung des Bundesverwaltungsgerichts handelt es sich dann um eine zum Ausschluss aus dem Personalrat führende Pflichtverletzung, wenn die Werbung nachhaltig war und in diesem Zusammenhang Druck auf den Umworbenen ausgeübt worden ist. Das Merkmal der Nachhaltigkeit ist bei einem „wiederholten Zureden und dauernden Einwirken auf den Beschäftigten" erfüllt (BVerwG vom 6. 2. 1979, PersV 1980, 196). Sind die gewählten Mittel objektiv geeignet, das Vertrauen eines Beschäftigten in Objektivität und Neutralität der Amtsführung eines Personalratsmitglieds zu zerstören oder zu erschüttern, ist von einem ausgeübten Druck auszugehen. Der Begriff des „Drucks" steht in engem Zusammenhang mit der nachhaltigen Werbung und verstärkt diese durch den offenen oder auch versteckten Hinweis auf die Möglichkeiten, die die Ausübung des Amtes eines Personalratsmitglieds bietet (BVerwG vom 22. 8. 1991, ZBR 1992, 57 = PersV 1992, 158).

Das Personalratsmitglied hat einen deutlichen Trennungsstrich zu seinem Amt zu ziehen. Eine ausdrückliche oder auch nur stillschweigende Anknüpfung an die einem Personalratsmitglied zustehenden Einflussmöglichkeiten ist zu vermeiden. In der Praxis allerdings dürfte dies unter Umständen recht schwierig sein. Es ist davon auszugehen, dass häufig der Angesprochene von sich aus den Werbenden mit dessen personalvertretungsrechtlichem Amt in Verbindung bringt.

Um eine unzulässige Form der Werbung handelt es sich auch dann, wenn gewerkschaftliches Werbe- und Informationsmaterial in den Räumen des Personalrats ausgelegt wird (OVG Lüneburg vom 29. 9. 1972, PersV 1973, 50). Gibt eine im Personalrat vertretene gewerkschaftliche Fraktion ein Informationsblatt mit Hinweisen auf ihre Arbeit und Erfolge heraus, so ist dies zulässig. Die Information hat aber sachlich zu erfolgen. Sie darf sich nicht gegen einzelne Personalratsmitglieder wenden und keine herabsetzenden oder herabwürdigenden Äußerungen enthalten. Diffamierungen, Unterstellungen oder Verleumdungen sind nicht statthaft. Letztendlich entscheidend sind die jedem Einzelfall zugrunde liegenden konkreten Umstände. Die Pflicht zur gewerkschaftsneutralen, objektiven Amtsführung geht im Konfliktfall immer vor.

Rechte und Pflichten des Personalrats und seiner einzelnen Mitglieder

Grundsätze der Zusammenarbeit (§ 2 LPVG)

Nach dem Leitmotiv des Personalvertretungsrechts, das als tragender Grundsatz im Abs. 1 normiert worden ist, sollen Dienststelle und Personalvertretung unter Beachtung der Gesetze und Tarifverträge partnerschaftlich und vertrauensvoll zum Wohle der Beschäftigten und zur Erfüllung der der Dienststelle obliegenden Aufgaben zusammenarbeiten. Hierbei wirken sie mit den in der Dienststelle vertretenen Gewerkschaften und Arbeitgebervereinigungen zusammen. Der sich aus dieser Vorschrift ergebende **Grundsatz der vertrauensvollen Zusammenarbeit** ist somit unmittelbar geltendes zwingendes Recht und bewusst vom Gesetzgeber allen weiteren Bestimmungen vorangestellt. Die beiden vom Gesetzgeber definierten Ziele der Zusammenarbeit stehen gleichrangig nebeneinander (BVerwG vom 20. 8. 1962, ZBR 1963, 35; BVerwG vom 25. 6. 1984, PersV 1984, 500 = ZBR 1985, 26). So darf der Aufgabenerfüllung der Dienststelle in einem Konfliktfall folglich nicht automatisch der Vorrang eingeräumt werden (BVerwG vom 25. 6. 1984, PersV 1984, 500). Andererseits kann der Personalrat nicht ausschließlich das Wohl der Beschäftigten in den Vordergrund stellen. Er trägt auch Verantwortung für die Aufgabenerfüllung der Dienststelle.

Gleichberechtigte Partner

Vertrauensvolle Zusammenarbeit wird erreicht durch persönliche Kontakte, eine freimütige, offene Aussprache und durch gegenseitiges Vertrauen. Vertrauen darf nicht nur vom anderen Partner gefordert werden, sondern muss diesem auch entgegengebracht werden. Sie wird ausgestaltet durch eine partnerschaftliche Zusammenarbeit (nicht Gegnerschaft) zwischen Dienststelle und Personalvertretung. Beide personalvertretungsrechtlichen Partner haben gemeinsam die ihnen gestellten Aufgaben zu erfüllen. Trotz unterschiedlicher Aufgabenstellung werden Personalvertretung und Dienststelle nach dem Gesetz zu Partnern, die zur gegenseitigen Offenheit verpflichtet sind. Die Personalvertretung steht der Dienststellenleitung als gleichberechtigter Partner gegenüber (BVerwG vom 3. 10. 1983, ZBR 1984, 150 = PersV 1985, 506). Der Personalrat ist der Repräsentant der Beschäftigten gegenüber der Dienststelle und nicht deren sozialer Gegenspieler.

Ohne Einhaltung dieses Verhaltensgebots für Dienststellenleitung und Personalvertretung ist eine gedeihliche Zusammenarbeit im Interesse der Aufgabenerfüllung der Dienststelle und der dort tätigen Beschäftigten nicht möglich. Das Personalvertretungsrecht ist nicht auf Konflikt und Kampf, Streit und Auseinandersetzung, sondern auf gleichberechtigte Partnerschaft und Gesprächsbereitschaft angelegt. Der Grundsatz der vertrauensvollen Zusammenarbeit enthält die Befriedungsfunktion des Personalvertretungsrechts.

Ernster Wille zur Einigung

Ein weiterer Grundsatz ergibt sich aus § 68 Abs. 1 LPVG, wonach der Leiter der Dienststelle und die Personalvertretung über strittige Fragen mit dem ernsten Willen zur Einigung verhandeln müssen. Sie haben jeweils Vorschläge zur Beilegung von Meinungsverschiedenheiten zu machen. Beide müssen auf der Grundlage dieses Gebots bereit sein, die Meinung des anderen und den jeweiligen gesetzlichen Aufgabenbereich zu respektieren, um einvernehmliche Lösungen von Streitfragen anzustreben. Dies bedeutet, dass eine Personalvertretung auch den öffentlichen Interessen der Dienststelle Vorrang geben muss. Der Dienststellenleiter muss aber auch das Wohl der Beschäftigten im Auge behalten.

Vertrauensvolle Zusammenarbeit

Der Grundsatz der „vertrauensvollen Zusammenarbeit" enthält zugleich die Ausgestaltung eines allgemeinen Beteiligungsrechtes, soweit im Einzelfall nicht andere förmliche Beteiligungsrechte eingreifen. Für die Praxis bedeutet das, dass Dienststelle und Personalvertretung auch solche Angelegenheiten erörtern können, die nicht der konkreten Beteiligung der Personalvertretung unterliegen.

Zu den Elementen der vertrauensvollen Zusammenarbeit zählen:

- Partnerschaft
- Vertrauen, Offenheit, Ernsthaftigkeit, gegenseitiger Respekt und Kontinuität

- Verschwiegenheitspflicht
- Keine einseitige Interessenvertretung
- Vertretung der Dienstkräfte und gleichzeitig Zusammenwirken zur Erfüllung der öffentlichen Aufgaben
- Friedenspflicht
- Vierteljahresgespräch
- Neutralität
- Anrufung außenstehender Stellen nur hilfsweise
- Rechtzeitige und umfassende Unterrichtung
- Recht und Billigkeit

3

Auch die Entscheidung des Bundesverfassungsgerichts (BVerfG vom 24. 5. 1995 – 2 BvF 1/92) und die daraus resultierenden Regelungen im Landespersonalvertretungsgesetz führen zu keinem anderen Ergebnis. Es verbleibt im Rahmen der verfassungsrechtlichen Vorgaben bei einer vertrauensvollen Zusammenarbeit im Sinne von Partnerschaft und Gleichberechtigung. Die Rechtsprechung des Bundesverwaltungsgerichts lässt erkennen, dass in den Fällen, in denen es ein Letztentscheidungsrecht der obersten Dienstbehörde gibt, die vertrauensvolle Zusammenarbeit gestärkt zu erfolgen hat. Die Vorgaben führen bei der vertrauensvollen Zusammenarbeit gerade nicht zu einer Abwertung der Stellung der Personalvertretungen. Das Handeln auf gleicher Augenhöhe und der gegenseitige Respekt haben auch weiterhin zu erfolgen. Eine Verlagerung zugunsten der Dienststelle ist nicht erfolgt. Die Gleichberechtigung endet durch die Begrenzung des rechtlichen Einflusses der Personalvertretungen, allerdings mit dem Letztentscheidungsrecht der obersten Dienstbehörde.

Verletzungen des Grundsatzes

Die Verletzung des Grundsatzes der vertrauensvollen Zusammenarbeit zwischen Dienststelle und Personalrat kann im Rahmen eines personalvertretungsrechtlichen Beschlussverfahrens durch das Verwaltungsgericht festgestellt werden. Ein so festgestellter Verstoß kann sowohl für das einzelne Personalratsmitglied, für den Leiter der Dienststelle als auch für den Personalrat als Gremium Rechtsfolgen haben. Ein Verstoß aufseiten der Personalvertretung oder eines der Mitglieder kann die Voraussetzungen des § 24 Abs. 1 LPVG erfüllen und zu einem Ausschluss aus dem Personalrat oder zur Auflösung der Personalvertretung durch Gerichtsbeschluss führen. Die Personalvertretung ihrerseits hat bei Verstößen des Dienststellenleiters die Möglichkeit, die vorgesetzte Dienststelle einzuschalten und um Unterstützung zu bitten. Verstöße des Dienststellenleiters können eine Dienstpflichtverletzung darstellen, die zu disziplinarrechtlichen Konsequenzen führen kann (HessVGH vom 30. 3. 1988 – HPV TL 495/84, n. v.).

Allgemeine Aufgaben und Grundsätze

Friedenspflicht (§ 68 Abs. 2 LPVG)

Der Dienststellenleitung und der Personalvertretung sind alle Handlungen untersagt, die ein gedeihliches Miteinander innerhalb der Dienststelle stören. Das Verbot, „alles zu unterlassen, was geeignet ist, die Arbeit und den Frieden der Dienststelle zu beeinträchtigen", richtet sich unmittelbar an die Dienststellenleitung und den Personalrat als Gremium. Es richtet sich mittelbar an alle Personen, die für die Dienststellenleitung und den Personalrat handeln. Es kommt dabei nicht darauf an, dass die Handlungen den Frieden tatsächlich stören. Vielmehr reicht es aus, dass sie geeignet sind, dieses zu tun. Beiden personalvertretungsrechtlichen Partnern ist zur Wahrung des Arbeitsfriedens Zurückhaltung auferlegt.

Dabei ist es allerdings nicht zu beanstanden, wenn ein Personalratsmitglied die Interessen eines oder der Beschäftigten mit Nachdruck und sachlicher Schärfe vertritt. Die Friedenspflicht gestattet durchaus eine sachliche Kritik, die mit einer entsprechenden Schärfe in der Redewendung vorgebracht wird (Bundesdisziplinargericht vom 17. 8. 1993, PersR 1994, 28).

Verstöße gegen die Friedenspflicht können aufseiten der Personalvertretung oder deren Mitglieder den Tatbestand des § 24 Abs. 1 LPVG erfüllen. Bei Verstößen der Dienststellenleitung oder durch deren Beauftragte hat die Personalvertretung die Möglichkeit, die vorgesetzte Dienststelle einzuschalten und zu bitten, im Wege der Dienstaufsicht tätig zu werden. Folge kann eine dienstrechtliche oder disziplinarische Maßnahme sein.

Möglich ist auch, das Verwaltungsgericht anzurufen und in einem personalvertretungsrechtlichen Beschlussverfahren eine einstweilige Verfügung auf Unterlassung zu erwirken.

Neutralitätspflicht (§ 69 Abs. 1 Satz 2 LPVG)

Dienststelle und Personalvertretung haben alle Handlungen zu unterlassen, die bei den Beschäftigten begründete Zweifel an der Neutralität und Objektivität der Amtsführung entstehen lassen könnten. Das Gebot bindet die Dienststelle und die Personalvertretung gleichermaßen. Die Behandlung aller nach Recht und Billigkeit und das Gleichbehandlungsgebot werden der Dienststelle und der Personalvertretung in ihrem Tätigwerden gleichermaßen auferlegt.

Schweigepflicht (§ 7 LPVG)

Die Schweigepflicht bindet alle Personen, die Aufgaben und Befugnisse nach dem Personalvertretungsgesetz wahrnehmen, somit nicht nur Vertreter der Dienststelle und die Mitglieder der Personalvertretung. Vertrauen zwischen den handelnden Personen kann sich nur dort entwickeln, wo sichergestellt ist, dass man mit den erhaltenen Informationen verantwortungsvoll umgeht und grundsätzlich Stillschweigen gewahrt wird. Dies gilt insbesondere, wenn die handelnden Personen im Zusammenhang mit der Wahrnehmung der Beteiligungsrechte Informationen über persönliche Umstände oder Daten erhalten haben.

Umfang der Schweigepflicht

Sind Angelegenheiten und Tatsachen im Rahmen der Aufgabenwahrnehmung nach dem Personalvertretungsgesetz bekannt geworden, so unterliegen sie der Schweigepflicht. Insgesamt unterliegen der Schweigepflicht also nicht nur die persönlichen Daten und Angelegenheiten einzelner Beschäftigter, sondern alle Informationen, „die über die reine Faktenbekanntgabe hinausgehen“, sowie die Darstellung komplexer Sachverhalte (Bieler, ZfPR 1995, 62, 63; vgl. BPersVG, Ilbertz/Widmaier, § 10 Anm. 9). Der Gesetzgeber legt allen nach dem Personalvertretungsgesetz handelnden Personen ein Gebot der absoluten Verschwiegenheit über alle Dinge auf, die ihnen in Ausübung der Aufgaben und Befugnisse bekannt geworden sind. Es ist dabei nicht erforderlich, dass sie ausdrücklich als vertraulich bezeichnet worden sind.

Wichtig: Die Pflicht der Verschwiegenheit besteht auch über die Amtszeit hinaus.

Personalratsintern muss sich jedes Personalratsmitglied darauf verlassen können, dass seine Meinungsäußerungen, insbesondere wenn sie mit der Meinungsbildung in Zusammenhang stehen, nicht nach außen getragen werden. Nach den Umständen des Einzelfalls kann sich die Schweigepflicht des Personalratsmitglieds auch auf das vermutete Abstimmungsverhalten im Personalrat bei geheimer Abstimmung beziehen. Gerade der Schutz der freien Willensbildung gebietet die grundsätzliche Einbeziehung auch dieser personalratsinternen Vorgänge in die Schweigepflicht (BVerwG vom 11. 1. 2006 – 6 PB 17/05).

Ein Beschäftigter, der sich an den Personalrat gewandt hat, muss sich auf die Verschwiegenheit der Personalratsmitglieder verlassen können, wenn er um die Vertraulichkeit des Wortes gebeten hat. Dies gilt insbesondere auch gegenüber der Dienststellenleitung. Aus dem Grundsatz der vertrauensvollen Zusammenarbeit lässt sich seitens der Dienststelle kein Anspruch ableiten, personalratsinterne Äußerungen oder Namen von Beschäftigten offenzulegen, die den Personalrat angesprochen haben. Gibt ein Personalratsmitglied vertrauliche Informationen gegenüber der Dienststellenleitung rücksichtslos preis, so handelt es sich um einen schweren Vertrauensbruch, der ihn für das Personalratsamt ungeeignet erscheinen lässt (LAG München vom 15. 11. 1977, BB 1979, 732 = DB 1978, 895). Folgerichtig ist nach der Rechtsprechung ein Personalratsmitglied, das gegen die Vertraulichkeit des Wortes verstößt, für die Ausübung des Amtes nicht geeignet. Die Dienststelle muss aus den Grundsätzen der Zusammenarbeit heraus solche Konfliktsituationen vermeiden und sollte entsprechende Informationen nicht abfragen.

Gegenseitige Offenheit innerhalb des Gremiums

Schweigepflicht besteht jedoch nicht gegenüber den übrigen Mitgliedern der Personalvertretung. Nur so kann sichergestellt werden, dass eine umfassende Information aller Mitglieder gewährleistet ist und alle den gleichen Informationsstand haben.

In sehr engen Grenzen gibt es hiervon Ausnahmen. Hat ein Personalratsmitglied mit Zustimmung des Beschäftigten Einsicht in die Personalakte erhalten oder hat ein Personalratsmitglied von der Dienststelle die Namen derjenigen Beschäftigten mitgeteilt bekommen, denen ein betriebliches Eingliederungsmanagement anzubieten ist, so unterliegt dies auch der Verschwiegenheit gegenüber den anderen Mitgliedern des Gremiums (BVerwG, Beschluss vom 4. 9. 2012 – 6 P 5.11). In diesen Fällen beschränkt sich die Information der anderen Mitglieder auf diejenigen Auskünfte, die für die ordnungsgemäße Beschlussfassung zwingend erforderlich sind.

Ein Ersatzmitglied, das für ein verhindertes ordentliches Personalratsmitglied an einer Sitzung teilnimmt, muss über die Angelegenheiten informiert werden, zu denen es zur Beschlussfassung aufgerufen ist.

Die Jugend- und Auszubildendenvertretung muss die erforderlichen Informationen von der Dienststelle oder von der Personalvertretung erhalten, wenn sie Aufgaben nach dem Gesetz wahrnimmt. Nehmen die Schwerbehindertenvertretung oder die Beauftragten für Chancengleichheit Aufgaben wahr, können im Interesse einer sinnvollen Zusammenarbeit die zur Wahrnehmung der Aufgaben erforderlichen Informationen weitergegeben werden.

Verschlusssachen

Etwas anderes gilt nur, wenn ein einzelnes Personalratsmitglied auf Wunsch eines Beschäftigten Einsicht in die Personalakte oder durch die Dienststelle in Verschlusssachen mindestens der Geheimhaltungsstufe „VS – Vertraulich" erhalten hat. Soweit eine Angelegenheit, an der eine Personalvertretung zu beteiligen ist, als Verschlusssache der vorstehend genannten Geheimhaltungsgrade eingestuft ist, finden die Regelungen des § 94 LPVG Anwendung.

Schweigepflicht gegenüber Dienststelle, Einigungsstelle, Gewerkschaften

Ferner gilt die Schweigepflicht nicht gegenüber der Dienststelle, Dienstbehörde, der obersten Dienstbehörde sowie anderen Personalvertretungen, wenn die Vertraulichkeit von Verhandlungen und Besprechungen nicht verletzt wird und es zur ordnungsgemäßen Wahrnehmung der Aufgaben erforderlich ist. Bereits aus den Grundsätzen der Zusammenarbeit ergibt sich eine Verpflichtung zur Offenheit. Wird die Einigungsstelle angerufen oder ein personalvertretungsrechtliches Beschlussverfahren vor den Verwaltungsgerichten durchgeführt, so gilt auch hier die Schweigepflicht nicht. Die gesetzliche Regelung des § 7 Abs. 1 Satz 2 Nr. 1 bis 8 LPVG enthält eine abschließende Aufzählung der Fälle, in denen die Schweigepflicht nicht gilt.

Nehmen Beauftragte von Gewerkschaften an einer Personalratssitzung teil, so unterliegen diese wiederum der Schweigepflicht. Es können den Gewerkschaften Informationen über allgemein interessierende Fragen sozialer und organisatorischer Art mitgeteilt werden. Werden allerdings personenbezogene Daten einzelner Beschäftigter in einer Personalratssitzung erörtert, dann können Gewerkschaftsbeauftragte nicht teilnehmen.

Offenkundige Daten

Nicht auf Personen beziehbare oder jedermann zugängliche bzw. allgemein bekannte Angelegenheiten oder Tatsachen werden von der Schweigepflicht nicht umfasst. Solange Personen nicht genannt werden und keine Identifikation möglich ist, wird man die Schweigepflicht generell verneinen können. Jedermann bekannte oder jedermann zugängliche offenkundige Daten werden nach der Entscheidung des Bundesverfassungsgerichts zur „Informationellen Selbstbestimmung" nicht von der Schweigepflicht erfasst. So ist eine Personalvertretung nicht daran gehindert, allgemein über ihre Tätigkeit z. B. am „Schwarzen Brett" oder durch Informationsblätter zu berichten. Die Beschäftigten erwarten Informationen über die vom Personalrat geleistete Arbeit. Ferner ist die Personalvertretung verpflichtet, in der Personalversammlung einen Tätigkeitsbericht zu erstatten.

Verstoß

Verstößt ein Personalratsmitglied gegen die Schweigepflicht, so kann ein Ausschluss aus der Personalvertretung durch Gerichtsbeschluss erfolgen. Es wird sich im Regelfall, insbesondere wenn es wissentlich oder vorsätzlich geschieht, um eine grobe Pflichtverletzung im Sinne des § 24 Abs. 1 LPVG handeln. In Literatur und Rechtsprechung wird die Frage nach der Schwere der Schuld unterschiedlich bewertet. Nach einer Entscheidung des Verwaltungsgerichts Ansbach ist die Frage nach der Schwere der Schuld unerheblich, der schuldhafte Verstoß ist bereits ausreichend (VG Ansbach vom 5. 7. 1976, PersV 1977, 226). Das Bundesverwaltungsgericht hat in seiner Entscheidungspraxis eine entsprechende Rechtsposition eingenommen.

Gibt ein Personalratsmitglied Informationen über das Abstimmungsverhalten einzelner Personalratsmitglieder an eine Gewerkschaftszeitschrift weiter, so kann es im Wege des Erlasses einer einstweiligen Verfügung ausgeschlossen werden. In einem solchen Fall ist es dem Personalrat nicht zuzumuten, den rechtskräftigen Ausgang des Hauptsacheverfahrens abzuwarten (OVG Lüneburg vom 15. 12. 1997 – 18 M 4676/97, n. v.).

Wird der Straftatbestand der §§ 203 und 353b StGB erfüllt, so kommt eine strafrechtliche Verfolgung in Betracht. Beamte können zusätzlich disziplinarrechtlich verfolgt und Arbeitnehmer fristlos entlassen werden. Für die fristlose Entlassung ist allerdings Voraussetzung, dass für den Arbeitgeber eine weitere Beschäftigung nicht mehr zumutbar ist.

Entbindung von der Schweigepflicht

Auf Antrag des Personalrats kann die Dienststelle im Einzelfall Personalratsmitglieder von der Schweigepflicht entbinden. Die nach beamtenrechtlichen oder nach tarifvertraglichen Vorschriften zu erteilende Aussagegenehmigung ist von dieser Regelung nicht erfasst. Eine solche Genehmigung ist beispielsweise erforderlich, wenn ein Personalratsmitglied als Zeuge vor Gericht oder von einem Landtags- oder Ermittlungsausschuss befragt werden soll.

Überwachungs-, Schutz- und Förderungsaufgaben (§§ 69, 70 LPVG)

Neben der Zusammenarbeit mit der Dienststelle obliegt der Personalvertretung eine Reihe wichtiger allgemeiner Aufgaben, bei denen es sich um Überwachungs-, Schutz- und Förderungsaufgaben handelt. Dies sind Regelungen über die generelle Aufgabenstellung der Personalvertretung. Daneben besteht die Verpflichtung der Dienststelle, die Personalvertretung zu unterrichten.

Allgemeine Aufgaben sind:

- Bestellung eines Wahlvorstands (§ 16 Abs. 1 LPVG)
- Erstattung eines Tätigkeitsberichts (§ 52 Abs. 1 LPVG)
- Überwachung, „dass alle in der Dienststelle tätigen Personen nach Recht und Billigkeit behandelt werden" (§ 69 Abs. 1 LPVG)
- sich für die Wahrung der Vereinigungsfreiheit der Beschäftigten einzusetzen (§ 69 Abs. 3 LPVG)
- Maßnahmen, die der Dienststelle, ihren Angehörigen oder im Rahmen der Aufgabenerledigung der Dienststelle der Förderung des Gemeinwohls dienen, zu beantragen (§ 70 Abs. 1 Nr. 1 LPVG)
- darüber zu wachen, dass die zugunsten der Beschäftigten geltenden Gesetze, Verordnungen, Tarifverträge, Dienstvereinbarungen, Verwaltungsanordnungen, Unfallverhütungs- und sonstigen Arbeitsschutzvorschriften durchgeführt werden sowie den Anforderungen an die Barrierefreiheit nachgekommen wird (§ 70 Abs. 1 Nr. 2 LPVG)
- auf die Verhütung von Unfall- und Gesundheitsgefahren zu achten, die für den Arbeitsschutz zuständigen Stellen durch Anregung, Beratung und Auskunft zu unterstützen und sich für die Durchführung des Arbeitsschutzes einzusetzen (§ 70 Abs. 1 Nr. 3 LPVG)
- Anregungen und Beschwerden von Beschäftigten und der Jugend- und Auszubildendenvertretung entgegenzunehmen und, falls sie berechtigt erscheinen, durch Verhandlung mit der Dienststelle auf ihre Erledigung hinzuwirken (§ 70 Abs. 1 Nr. 4 LPVG)
- die Eingliederung und berufliche Entwicklung schwerbehinderter Beschäftigter und sonstiger Hilfsbedürftiger, insbesondere älterer Personen zu fördern (§ 70 Abs. 1 Nr. 5 LPVG)
- an der weiteren Entwicklung der interkulturellen Kompetenz der Verwaltung mitzuwirken und die Eingliederung von Beschäftigten mit Migrationshintergrund in die Dienststelle

sowie das Verständnis zwischen Beschäftigten unterschiedlicher Herkunft zu fördern (§ 70 Abs. 1 Nr. 6 LPVG)

- mit der Jugend- und Auszubildendenvertretung zur Förderung der Belange der von ihr vertretenen Beschäftigten eng zusammenzuarbeiten (§ 70 Abs. 1 Nr. 7 LPVG)
- Einrichtungen und Angebote der Dienststelle zur Kinderbetreuung anzuregen und vorzuschlagen (§ 70 Abs. 1 Nr. 8 LPVG)
- Wahrung der Interessen der Beschäftigten in Telearbeit sowie auf einem sonstigen Arbeitsplatz außerhalb der Dienststelle (§ 70 Abs. 1 Nr. 9 LPVG)
- Maßnahmen zu beantragen, die der Gleichstellung von Frauen und Männern dienen (§ 70 Abs. 1 Nr. 10 LPVG)
- Maßnahmen zu beantragen, die dem Umweltschutz, dem Klimaschutz oder der sorgsamen Energienutzung in der Dienststelle dienen (§ 70 Abs. 1 Nr. 11 LPVG)

Von besonderer Bedeutung sind hier der Überwachungsauftrag des § 70 Abs. 1 Nr. 2 LPVG und der Grundsatz von „Recht und Billigkeit" des § 69 Abs. 1 LPVG. Eine Personalvertretung kann ihr Wächteramt nur dann wahrnehmen, wenn sie frühzeitig und umfassend informiert wurde.

Reicht die Personalvertretung schriftlich Anträge oder Vorschläge aus dem Katalog der allgemeinen Aufgaben nach § 70 Abs. 1 LPVG ein, so soll der Leiter der Dienststelle innerhalb von drei Wochen schriftlich dazu Stellung nehmen. Sofern ihm eine Einhaltung der Frist nicht möglich ist, hat er einen schriftlichen Zwischenbescheid zu erteilen. Im Falle der Ablehnung der vom Personalrat schriftlich gestellten Anträge oder gemachten Vorschläge hat er diese schriftlich zu begründen.

Formelle Beteiligungsrechte

Die Regelungen über die formellen Beteiligungsrechte gehören zu den zentralen Bestimmungen des Personalvertretungsrechts und sind von besonderer Bedeutung für die Aufgaben der Personalvertretung. Das formelle Beteiligungsverfahren kennt die Formen der uneingeschränkten Mitbestimmung, der eingeschränkten Mitbestimmung, der Mitwirkung und der Anhörung.

Im Einzelnen sind das die folgenden Bestimmungen:

- Allgemeiner Überblick über Umfang und Durchführung (§§ 73, 76 bis 79, 80, 82 bis 83, 86 und 89 LPVG)
- Angelegenheiten, in denen der Personalrat ein volles (uneingeschränktes) Mitbestimmungsrecht hat (§ 74 LPVG)
- Angelegenheiten, in denen der Personalrat ein eingeschränktes Mitbestimmungsrecht hat (§ 75 LPVG)
- Ausnahmen von bzw. Einschränkungen in der Beteiligung (§§ 71 Abs. 2, 4 und 4a, 72 Abs. 2 bis 4 LPVG)
- Angelegenheiten, bei denen der Personalrat ein Mitwirkungsrecht hat (§ 81 LPVG)
- Initiativrecht des Personalrats (§ 84 LPVG)
- Anhörung des Personalrats (§§ 86, 87 LPVG)

Sonstige Beteiligungsrechte

Sonstige Rechte und Pflichten aus der Beteiligung der Personalvertretung regeln Angelegenheiten bzw. begründen Ansprüche, die nicht den formellen Beteiligungsrechten zuzuordnen sind:

- Teilnahmerecht an Arbeitsgruppen zur Vorbereitung von Organisationsentscheidungen, die beteiligungspflichtige Maßnahmen zur Folge haben (§ 71 Abs. 2 LPVG)
- Teilnahmerecht an Vorstellungs- und Eignungsgesprächen (§ 71 Abs. 3 LPVG)
- Auf Verlangen des Beschäftigten Teilnahmerecht an Personalgesprächen mit entscheidungsbefugten Vertretern der Dienststelle (§ 71 Abs. 4 LPVG)
- Auf Verlangen des Beschäftigten Teilnahmerecht an allgemeinen Besprechungen zur Abstimmung einheitlicher Beurteilungsmaßstäbe (§ 71 Abs. 4 LPVG)
- Teilnahmerecht an Prüfungen (§ 71 Abs. 5 LPVG)
- Dienststellenbegehung und Aufsuchen den Arbeitsplatz von Beschäftigten: Nach vorheriger Unterrichtung des Leiters der Dienststelle hat der Vorsitzende oder ein beauftragtes Mitglied der Personalvertretung jederzeit das Recht, die Dienststelle zu begehen und, sofern die Beschäftigten zustimmen, diese an ihrem Arbeitsplatz aufzusuchen, wenn zwingende dienstliche Gründe nicht entgegenstehen (§ 71 Abs. 6 LPVG)

- Einbindung im Rahmen des Arbeitsschutzes (§ 71 Abs. 7 LPVG)
- Mitwirkung an und Information durch den Wirtschaftsausschuss (§ 72 LPVG)

Dienstbefreiung

Die Mitglieder der Personalvertretung müssen Zeit in Form von Dienstbefreiung erhalten, um das ihnen durch Wahl zugefallene Amt ordnungsgemäß wahrnehmen zu können (§ 43 Abs. 2 Satz 1 i. V. m. § 45 Abs. 1 Satz 1 LPVG).

Soweit es zur ordnungsgemäßen Durchführung der Aufgaben erforderlich ist, gewährt das Personalvertretungsgesetz den Personalratsmitgliedern Dienstbefreiung ohne Minderung der Arbeitsentgelte oder Dienstbezüge. Die Ausübung der Personalratstätigkeit geht dem planmäßigen Dienst vor (OVG Münster vom 26. 10. 1956, ZBR 1957, 93, Mitglieder des Wahlvorstands), denn sie dient der vom Gesetz geforderten ordnungs- und sachgemäßen Erfüllung der dem Personalrat übertragenen Aufgaben (BVerwG vom 16. 10. 1997, ZBR 1978, 242 = PersV 1979, 112). Personalratsaufgaben sollen grundsätzlich während der Arbeitszeit durchgeführt werden.

Voraussetzungen für einen Rechtsanspruch auf Dienstbefreiung

Das Gesetz sieht unter zwei Voraussetzungen einen Rechtsanspruch auf Dienstbefreiung vor: Diese muss für die ordnungsgemäße Durchführung von Personalratsaufgaben oder die ordnungsgemäße Wahrnehmung von Personalratsbefugnissen erforderlich sein und die Mitglieder des Personalrats mussten die Dienstbefreiung aus ihrer Sicht für notwendig ansehen dürfen.

Liegen diese Voraussetzungen vor, dann bedarf es keiner Zustimmung oder Einwilligung der Dienststellenleitung oder der sonstigen Vorgesetzten (BAG, AP 4 zu § 37 BetrVG; BAG vom 6. 8. 1981, AP 39 zu § 37 BetrVG; LAG BW vom 1. 6. 1976, DB 1976, 1820; LPersVG RLP, Ruppert/Lautenbach/Winter § 39 Anm. 24).

Der rechtlichen Regelung ist mittelbar zu entnehmen, dass das einzelne Personalratsmitglied auf eine solche Dienstbefreiung Anspruch hat. Dieses entbindet aber nicht von den arbeitsvertraglichen oder dienstrechtlichen Verpflichtungen. Es ist selbstverständlich, den jeweiligen Vorgesetzten von einer Abwesenheit im Rahmen der Personalratstätigkeit in Kenntnis zu setzen. Obwohl bei Vorliegen der rechtlichen Voraussetzungen die Verpflichtung zur Arbeitsleistung kraft Gesetzes entfällt, besteht vonseiten des Personalratsmitglieds eine Abmeldepflicht. Nur wenn der Dienststelle dieser Umstand bekannt ist, ist sie in der Lage, für die erforderliche Zeit für eine Vertretung zu sorgen.

Wichtig: Die Mitglieder der Personalvertretungen sind allerdings aufgerufen, die Dringlichkeit der beruflichen Tätigkeit und der Personalratsarbeit gegeneinander abzuwägen. Dabei hat das einzelne Mitglied zu prüfen, ob es die Inanspruchnahme der Dienstbefreiung aufgrund der gegebenen Sachlage nach pflichtgemäßem Ermessen und unter vernünftiger Würdigung aller objektiven Umstände für erforderlich ansehen darf. Ist die Wahrnehmung der dienstlichen Aufgabe im Ausnahmefall unabweisbar dringend erforderlich, so ist ihr der Vorzug zu geben (vgl. für das BetrVG: BAG vom 11. 6. 1997, Leits. ZBVR 1998, 73 = ZTR 1997, 524).

Personalratsaufgaben während der Arbeitszeit

Das einzelne Personalratsmitglied erledigt die ihm übertragenen Personalratsaufgaben während der üblichen Arbeitszeit. Für diesen Zeitraum ist es von der Erbringung der Arbeitsleistung befreit, muss aber im entsprechenden Umfang Personalratstätigkeit verrichten. Bei der Zuteilung des Arbeitspensums ist die Dienststelle gehalten, die Personalratstätigkeit eines Beschäftigten adäquat zu berücksichtigen (vgl. für das BetrVG: BAG vom 27. 6. 1990, BAGE 65, 230 = BB 1991, 759 = DB 199, 973).

Dienstliche Aufgaben

Die Verpflichtung zur Freistellung erledigt sich nicht dadurch, dass die zur Wahrnehmung der Aufgaben erforderliche freie Zeit gewährt wird. Die Dienststelle kann sich nicht darauf beschränken, das Personalratsmitglied für die Zeit, in der es Personalratstätigkeit verrichtet, von seiner dienstlichen Tätigkeit freizustellen, um diesem anschließend das volle Arbeitspensum abzuverlangen, das auf eine Diensttätigkeit ohne Personalratszugehörigkeit zugeschnitten worden ist. Das Personalratsmitglied würde dadurch von der Dienststelle in die Zwangslage gebracht, die ihm übertragenen dienstlichen Aufgaben oder die Personalratstätigkeit zu vernachlässigen. Das Personalratsmitglied müsste sich folglich zwischen einem dienst- oder arbeitsrechtlichen Vergehen und einem Pflichtverstoß entscheiden. Aus dem Grundsatz der vertrauensvollen Zusammenarbeit heraus muss die Dienststelle solche Konfliktsituationen vermeiden und die ordnungsgemäße Wahrnehmung personalvertretungsrechtlicher Aufgaben sicherstellen. § 43 Abs. 2 Satz 1 LPVG erteilt zwar nicht kraft Gesetzes automatisch eine Dienst- und Arbeitsbefreiung, der Vorschrift ist aber mittelbar zu entnehmen, dass dem einzelnen Personalratsmitglied hier ein gesetzlicher Anspruch zusteht. In einzelnen Fällen kann durchaus auch ein Verstoß gegen § 6 LPVG vorliegen. Das dort festgeschriebene Behinderungsverbot schließt grundsätzlich jede Form der Erschwerung oder Beeinträchtigung, Störung oder Belastung aus. Aus dem Sinngehalt des Gesetzes ist eindeutig abzuleiten, dass der Gesetzgeber nicht gewollt hat, dass die Mitglieder des Personalrats Freizeit für ihre Tätigkeit in Anspruch nehmen müssen.

Ist die Erledigung der Personalratstätigkeit während der Arbeitszeit ausnahmsweise nicht möglich, so besteht Anspruch auf Freizeitausgleich. Dabei ist auf die individuelle Arbeitszeit des Personalratsmitglieds abzustellen (BAG vom 16. 2. 2005 – 7 AZR 95/04).

Nimmt ein Personalratsmitglied missbräuchlich Dienstbefreiung in Anspruch, können sich daraus, sofern die personalvertretungsrechtliche Pflichtverletzung auf den dienst- bzw. arbeitsrechtlichen Bereich übergreift, arbeits- oder dienstrechtliche Konsequenzen ergeben (vgl. BPersVG, Ilbertz/Widmaier, § 46 Anm. 7). Ferner kann es sich um einen Pflichtverstoß im Sinne des § 24 Abs. 1 LPVG handeln. Im Rahmen der vertrauensvollen Zusammenarbeit müssen der Vertreter der Dienststelle und das Personalratsmitglied ernsthaft darum bemüht sein, die dienstlichen Pflichten und die personalvertretungsrechtlichen Aufgaben in Einklang zu bringen (Bieler, ZfPR 1997, 56).

Recht auf Freistellung (§ 45 LPVG)

Unter Freistellung im Sinne des Abs. 1 ist die Form der Dienstbefreiung zu verstehen, die nicht in eigener Verantwortung kurzfristig in Anspruch genommen, sondern von der Dienststelle generell gewährt wird. Da für die Teilnahme an der Personalratssitzung Dienstbefreiung generell erteilt ist (BVerwG vom 22. 4. 1987, ZBR 1987, 247 = PersV 1988, 133), sind bei der Ermittlung des Freistellungsumfangs nach § 45 Abs. 2 LPVG außerhalb des Freistellungsschlüssels nach § 45 Abs. 1 Satz 2 LPVG alle anderen Tätigkeiten, insbesondere die laufende Geschäftsführung, zu berücksichtigen. Die von ihrer dienstlichen Tätigkeit freigestellten Personalratsmitglieder entlasten die Arbeitsorganisation desjenigen Bereiches, in denen sie als Beschäftigte zur Wahrnehmung einer dienstlichen Aufgabe eingesetzt waren. Somit müssen sie die Personalratstätigkeit nicht mehr zulasten der Diensttätigkeit oder, wie in der Praxis oft üblich, vom Gesetzgeber aber nicht gewollt, nebenher und zusätzlich erledigen. Dem Willen des Gesetzgebers kann aber nur Rechnung getragen werden, wenn hierfür gleichzeitig zusätzliche Stellen geschaffen werden.

Auswahl der freizustellenden Mitglieder

Der Personalrat entscheidet durch Beschluss, welches seiner Mitglieder freigestellt werden soll. In der Auswahl der für eine Freistellung vorzuschlagenden Mitglieder ist der Personalrat nicht frei. Er hat die Vorschrift des § 45 Abs. 4 LPVG zwingend zu berücksichtigen. Dabei sind zunächst die von den Gruppenvertretern gewählten Vorstandsmitglieder und dann die übrigen Vorstandsmitglieder zu berücksichtigen. Bei den weiteren Freistellungen sind die im Personalrat vertretenen Wahlvorschläge nach den Grundsätzen der Verhältniswahl zu berücksichtigen. Bei dieser Berechnung sind die bereits vorstehend genannten Vorstandsmitglieder anzurechnen. Kommt nur eine Freistellung in Betracht oder steht dem Personalrat nur eine stundenweise Freistellung zu, ist es zweckmäßig, den Vorsitzenden wegen seiner besonderen Funktion und des damit verbundenen Arbeitsanfalles freizustellen.

Freistellungsschlüssel

Der Zahlenkatalog für Freistellungen gilt nur für die örtlichen Personalvertretungen. Die Aufschlüsselung enthält Mindestzahlen, die den Normalfall regeln. Daher kann eine Dienststellenleiterin/ein Dienststellenleiter bei einem den Freistellungsschlüssel ausschöpfenden Antrag nicht einwenden, dass diese Freistellung nicht erforderlich sei (OVG Münster vom 15. 4. 1991, RiA 1992, 149; OVG Lüneburg vom 5. 10. 1993, PersR 1993, 568). Die Personalvertretung ihrerseits ist verpflichtet, die vom Gesetz eingeräumte Zahl der Freistellungen auszunutzen, um eine möglichst hohe Effektivität der Personalratsarbeit zu erreichen (BVerwG vom 26. 10. 1977, ZBR 1978, 242 = PersV 1979, 112). Verzichtet eine Personalvertretung ohne besonderen Grund auf eine ihr zustehende Freistellung, kann dies unter Würdigung der Umstände des Einzelfalls eine Pflichtverletzung im Sinne des § 24 Abs. 1 LPVG darstellen.

Der Gesetzgeber hat allerdings die Möglichkeit eingeräumt, dass im beiderseitigen Einvernehmen von dem Zahlenkatalog des § 45 Abs. 2 LPVG abgewichen werden kann. Die Regelfreistellung ist danach insoweit flexibilisiert worden. Einvernehmlich können zwischen Personalrat und Dienststelle Abweichungen vereinbart werden. Dabei kommt sowohl eine höhere als auch eine niedrigere Anzahl an Freistellungen in Betracht. Diese Abweichungen können sowohl im Einzelfall als auch durch Dienstvereinbarung geregelt werden.

Verbot der Anrufung außenstehender Stellen

Außenstehende Stellen dürfen erst angerufen werden, wenn keine Einigung innerhalb der Dienststelle mehr möglich ist (§ 68 Abs. 3 LPVG). Dazu gehören alle Stellen außerhalb der Dienststelle, die Streitschlichtungsfunktion haben.

Beispiele:
Vorgesetzte Dienststellen, Verwaltungsgerichte, Einigungsstellen

Aus dem Gebot der vertrauensvollen Zusammenarbeit ergibt sich für Dienststellenleitung und Personalvertretung die Verpflichtung, alle Konfliktfälle so zu behandeln, dass eine dienststelleninterne Lösung möglich ist.

Sach- und Rechtsauskünfte dienen der Beratung der Personalvertretung und sind daher selbstverständlich nicht verwehrt. Gewerkschaften und Arbeitgebervereinigung sind ebenso wenig außenstehende Stellen wie die/der Landesbeauftragte für den Datenschutz, denn diese Stellen üben Beratungsfunktionen aus. Sie werden nicht, wie z. B. die Verwaltungsgerichte, zur Beilegung von Streitigkeiten angerufen. In Wahrnehmung seiner Aufgaben im Rahmen des Arbeitsschutzes ist der Personalrat berechtigt, die für den Arbeitsschutz und die Arbeitssicherheit zuständigen Behörden oder Träger der Unfallverhütung in Anspruch zu nehmen.

3

Das Verbot der Anrufung außenstehender Stellen richtet sich sowohl an die Dienststellenleitung als auch an die Personalvertretung.

§

Verbot der Anrufung außenstehender Stellen; Beratung durch einen Rechtsanwalt (OVG Berlin vom 3. 3. 1999 – OVG 60 PV 16/97) zum Landespersonalvertretungsgesetz Berlin

Beabsichtigt der Personalrat, zu seiner Beratung einen Rechtsanwalt hinzuzuziehen oder ihn zu beauftragen, das personalvertretungsrechtliche Beschlussverfahren einzuleiten, so muss dem ein ernsthafter Einigungsversuch mit dem Leiter der Dienststelle vorangehen. Dies ergibt sich zum einen schon aus dem in § 2 Abs. 1 PersVG Bln enthaltenen Grundsatz der vertrauensvollen Zusammenarbeit zwischen Dienststelle und Personalvertretung und zum anderen aus § 70 Abs. 3 PersVG Bln, wonach Dienststelle und Personalrat andere Stellen erst anrufen dürfen, nachdem eine Einigung nicht erzielt worden ist. Zuvor haben Dienststelle und Personalrat über strittige Fragen mit dem ernsten Willen zur Einigung zu verhandeln und Vorschläge für die Beilegung von Meinungsverschiedenheiten zu machen (vgl. § 70 Abs. 1 Satz 3 PersVG Bln).

Recht auf Durchführung von Entscheidungen (§ 88 LPVG)

Soweit nichts anderes vereinbart war, führt die Dienststelle nach Abschluss des Beteiligungsverfahrens die Angelegenheit in angemessener Frist durch (§ 88 Abs. 1 LPVG). Wird nach Beteiligung und Zustimmung der Personalvertretung eine Maßnahme von der Dienststelle nicht unverzüglich durchgeführt, so hat sie den Personalrat unter Mitteilung der hierfür vorliegenden Gründe zu informieren (§ 88 Abs. 2 LPVG). Wird z. B. nach erfolgter Beteiligung ein Rechtsverstoß erkennbar oder ist eine wesentliche Änderung der tatsächlichen Voraussetzungen eingetreten, kann eine Dienststelle ausnahmsweise gehindert sein, die Maßnahme umzusetzen. Die Vorschrift enthält insoweit keinen Zwang, die Maßnahme durchzuführen. Es handelt sich um eine Zuständigkeitsregelung.

Wird die Maßnahme, ohne dass hierfür nachvollziehbare Gründe vorliegen, gar nicht oder nicht zum vereinbarten Zeitpunkt durchgeführt oder zumindest eingeleitet, wird man der Personalvertretung das Recht zusprechen müssen, das Verwaltungsgericht anzurufen. Der Gesetzgeber hat zwar eine solche Aussage nicht explizit getroffen, anderenfalls würde aber die Regelung des § 88 Abs. 1 LPVG leerlaufen. Eine Vollzugspflicht kann sich beispielsweise aus dem Abschluss einer Dienstvereinbarung, einer Entscheidung der Einigungsstelle oder des Verwaltungsgerichtes ergeben. Ferner gilt die Vollzugspflicht, wenn der Personalrat von seinem Initiativrecht Gebrauch gemacht hat und die Dienststelle dem Antrag zugestimmt hat (vgl. Wolber, „Vollzugspflicht der Dienststelle in Mitbestimmungsangelegenheiten?", RiA 1984, 228).

Maßnahmen, die ohne die gesetzlich vorgeschriebene Beteiligung oder unter Verstoß gegen wesentliche Verfahrensvorschriften durchgeführt werden, sind unzulässig. Soweit rechtliche Bestimmungen dem nicht entgegenstehen, sind unzulässigerweise durchgeführte Maßnahmen zurückzunehmen.

Durchführung von Entscheidungen (OVG Berlin vom 14. 4. 1997 – OVG PV [Bln] 15/94)

Die Durchführung von Entscheidungen steht allein dem Dienststellenleiter im Rahmen seiner Befugnisse zu. Das gilt auch für die Durchführung von Entscheidungen, an denen der Personalrat beteiligt war oder die gemeinsam mit ihm getroffen worden sind. Die Beteiligung des Personalrates ist auf die innerdienstliche Willensbildung beschränkt, während der mit Außenwirkung verbundene Vollzug der Entscheidung allein dem Dienststellenleiter obliegt. Der Personalrat kann grundsätzlich nicht als Vollzugsorgan dienstlicher Entscheidungen auftreten.

Pflicht zur Unterlassung von einseitigen Eingriffen in den Dienstbetrieb

Der Personalvertretung ist es untersagt, durch einseitige Handlungen in den Dienstbetrieb einzugreifen (§ 88 Abs. 3 LPVG). Sie ist nicht befugt, eigenmächtig Anordnungen der Dienststellenleitung zu widerrufen, abzuändern oder an ihrer Stelle zu treffen. Insoweit besteht hier das ausschließliche Direktionsrecht der Leiterin bzw. des Leiters der Dienststelle.

Die Personalvertretung darf auch dann nicht in den Dienstbetrieb eingreifen, wenn sie der Auffassung ist, dass gegen geltendes Recht verstoßen wird. Sie hat die Möglichkeit, die Rücknahme der Maßnahme zu verlangen oder die vorgesetzte Dienststelle zu bitten, im Wege der Dienstaufsicht tätig zu werden.

Verstößt ein Personalratsmitglied oder die Personalvertretung als Gremium gegen diese gesetzliche Bestimmung, so kann der Tatbestand des § 24 Abs. 1 LPVG erfüllt sein. Das hätte den Ausschluss des Personalratmitglieds oder die Auflösung der Personalvertretung durch Gerichtsbeschluss zur Folge.

Pflicht zur Wahrnehmung der Aufgaben im Interesse aller Beschäftigten

Der Personalrat und seine Mitglieder müssen alles vermeiden, was geeignet ist, die Stellung des Personalrats als Repräsentanten der Gesamtheit der Beschäftigten und als neutralen Sachwalter ihrer Interessen zweifelhaft erscheinen zu lassen. Geprägt wird das Amt eines Personalrats nach der Rechtsprechung durch die Funktion, die Gesamtheit der Beschäftigten gegenüber der Dienststelle zu repräsentieren. Die Mitglieder der Personalvertretung müssen sich so verhalten, dass das Vertrauen der Beschäftigten in die Objektivität und Neutralität ihrer Amtsführung nicht beeinträchtigt wird.

Pflicht zur gewissenhaften Erfüllung der übertragenen Aufgaben (§ 24 LPVG)

Die einzelnen Mitglieder und der Personalrat als Gremium sind zur gewissenhaften Ausübung der ihnen vom Gesetz übertragenen Aufgaben verpflichtet. Bei grober Pflichtverletzung oder grober Vernachlässigung der gesetzlichen Befugnisse besteht die Möglichkeit des Ausschlusses von einzelnen Mitgliedern oder der Auflösung des Personalrats durch Gerichtsbeschluss (§ 24 Abs. 1 LPVG).

Ausschluss einzelner Mitglieder

Ein einzelnes Personalratsmitglied kann bei Nachweis des persönlichen Verschuldens ausgeschlossen werden. Das Verschulden ist nicht auf Vorsatz oder grobe Fahrlässigkeit beschränkt. Leichte Fahrlässigkeit ist bereits ausreichend. Voraussetzung für den Ausschluss aus einer Personalvertretung ist eine grobe Pflichtverletzung eines Personalratsmitglieds. Eine solche Pflichtverletzung ist gegeben, wenn der Verstoß objektiv schwerwiegend und subjektiv schuldhaft ist, ein mangelndes Pflichtbewusstsein erkennen lässt oder auf die Tätigkeit der Personalvertretung von nicht unbedeutendem Einfluss ist (BVerwG vom 24. 3. 1997 – 6 B 92/96 = ZfPR 1997, 112). Stellt der Personalrat einen solchen Ausschlussantrag, ist er berechtigt, nicht aber verpflichtet, dem betroffenen Personalratsmitglied vor Beschlussfassung Gelegenheit zur Äußerung zu geben (BVerwG vom 11. 1. 2006 – 6 PB 17.05).

Auflösung der Personalvertretung

Für die Auflösung der Personalvertretung reicht der Nachweis des objektiven Pflichtverstoßes aus. Von der Auflösung durch das Verwaltungsgericht sind auch diejenigen Personalratsmitglieder betroffen, die für den Verstoß nicht verantwortlich sind.

Eine grobe Verletzung der gesetzlichen Pflichten wird immer ein Handeln voraussetzen. Bei einer groben Vernachlässigung der gesetzlichen Befugnisse handelt es sich dagegen eher um eine Art Untätigkeit.

Antragsberechtigt sind je nach Tatbestand ein Viertel der Wahlberechtigten, eine in der Dienststelle vertretene Gewerkschaft, die Dienststelle oder die Personalvertretung (siehe auch Personalvertretungsrechtliches Beschlussverfahren, Verfahren der 1. Instanz, Verfahrensvoraussetzungen).

Ist über einen Ausschluss eines Personalratsmitglieds bis zum Ende seiner Amtszeit noch nicht rechtskräftig entschieden, so ist das Gerichtsverfahren mit der Wirkung für die folgende Amtszeit fortzusetzen, wenn das betroffene Mitglied für die folgende Amtszeit erneut gewählt worden ist.

Schutz der persönlichen Stellung des Personalratsmitglieds

4

Recht auf ungehinderte Ausübung der Aufgaben und Befugnisse (§ 6 Abs. 1 LPVG)

Mit der Schutzvorschrift in § 6 Abs. 1 LPVG will der Gesetzgeber die Unabhängigkeit der Personen sicherstellen, die nach dem Personalvertretungsgesetz handeln. Gleichzeitig wird die ungehinderte Ausübung der Tätigkeit gewährleistet. Jede Behinderung der Personalratsarbeit wird durch diese Vorschrift verboten.

Behinderung der Wahrnehmung der Aufgaben und Befugnisse

Zur Erfüllung des Tatbestandes der Behinderung im Sinne des Personalvertretungsgesetzes genügt bereits die objektive Behinderung. Ein Verschulden muss nicht dargetan werden, denn die Unzulässigkeit ergibt sich bereits aus der Tatsache, dass eine objektive Behinderung vorliegt. Bereits aus dem Grundsatz der „vertrauensvollen Zusammenarbeit" lässt sich ableiten, dass eine unbeabsichtigte Behinderung unverzüglich zu beheben ist. Wird die Behinderung nicht behoben, besteht die Möglichkeit, die vorgesetzte Dienststelle zu bitten, im Wege der Dienstaufsicht tätig zu werden.

Wird ein Personalratsmitglied wegen eines Verhaltens in Wahrnehmung seiner Personalratstätigkeit abgemahnt und ist diese Abmahnung nicht gerechtfertigt, so stellt dies eine unzulässige Behinderung der Personalratsarbeit dar. Ungerechtfertigt ist eine solche Abmahnung dann, wenn das Verhalten des Personalratsmitglieds nicht zugleich eine grobe Verletzung arbeitsvertraglicher Pflichten darstellt. Sind also keine Pflichten aus dem Arbeitsverhältnis verletzt worden und wird allein ein Verhalten im Bereich der Personalratstätigkeit gerügt, ist die Abmahnung unzulässig (OVG Berlin-Brandenburg vom 18. 5. 2010 – OVG 61 PV 6.09).

Recht auf Ausübung der Tätigkeit ohne Benachteiligung

Unter Benachteiligung gemäß § 6 LPVG versteht der Gesetzgeber jede objektive Schlechterstellung oder Zurücksetzung einer Person, die Aufgaben nach dem Personalvertretungsgesetz wahrnimmt, gegenüber vergleichbaren anderen Beschäftigten.

In seiner neueren Rechtsprechung verlangt das Bundesverwaltungsgericht keine Benachteiligungsabsicht mehr. Der Tatbestand der Benachteiligung ist demnach bereits dann erfolgt, wenn sie in ursächlichem Zusammenhang mit der Wahrnehmung personalvertretungsrechtlicher Aufgaben und Befugnisse steht und nicht auf sachlichen Gründen basiert (BVerwG vom 1. 2. 2010 – 6 PB 36.09). Liegt objektiv eine Benachteiligung des Personalratsmitglieds wegen seiner Personalratstätigkeit vor, sind die Kriterien erfüllt. Die Rechtsprechung verlangt nur noch eine kausale Verknüpfung zwischen der Schlechterstellung und der Personalratstätigkeit. Nach den Ausführungen des Bundesverwaltungsgerichts verleiht diese objektiv-kausale Betrachtungsweise dem im Gesetz normierten Benachteiligungsverbot die notwendige Effizienz. Eine Benachteiligung eines Personalratsmitglieds liegt nach den Ausführungen des 18. Senats des OVG Lüneburg (Beschluss vom 10. 1. 2018 – 18 LP 5/15) dann vor, „wenn ihm objektiv im Vergleich mit einem Beschäftigten in einer vergleichbaren Situation ohne Personalratsamt (durch positives Tun) ein dienstlicher oder privater Nachteil zugefügt (Schlechterstellung i. e. S. oder Zurücksetzung) oder (durch pflichtwidriges Unterlassen) eine Leistung (Vorteilsgewährung) vorenthalten wird, weil (kausal) es in einem Personalrat tätig ist oder war (Amtsstellung) oder sich dort in einer Angelegenheit in bestimmter Weise (konkretes Tätigwerden) verhalten hat".

Die Begünstigung von Personen, die Aufgaben nach dem Personalvertretungsgesetz wahrnehmen, ist gleichfalls verboten. Es darf keine Besserstellung oder Bevorzugung gegenüber den anderen vergleichbaren Beschäftigten geben.

Recht auf berufliche Entwicklung ohne Behinderung oder Benachteiligung

Der Gesetzgeber schließt weiterhin eine Benachteiligung oder Begünstigung eines Personalratsmitglieds hinsichtlich seiner beruflichen Fortbildung und Entwicklung aus. Nach § 6 LPVG dürfen Personen, die Aufgaben oder Befugnisse nach dem Gesetz wahrnehmen, darin nicht behindert und wegen ihrer Tätigkeit nicht benachteiligt oder begünstigt werden; dies gilt auch für ihre berufliche Entwicklung. Nach § 46 LPVG darf die Freistellung nicht zur Beeinträchtigung des beruflichen Werdegangs führen.

Insbesondere bei ganz von ihrer beruflichen Tätigkeit freigestellten und mehrfach freigestellten Personalratsmitgliedern schafft dieses Benachteiligungsverbot eine besondere Problematik. Wenn der Gesetzgeber bestimmt, dass die Freistellung eines Personalratsmitglieds nicht zu einer Beeinträchtigung seines beruflichen Werdegangs führen darf, so liegt darin außer einem Benachteiligungsverbot auch ein an den Dienststellenleiter gerichtetes Gebot, dem Personalratsmitglied eine berufliche Entwicklung angedeihen zu lassen, wie es sie ohne die Freistellung genommen hätte. Auf entsprechende Maßnahmen des Dienststellenleiters zur Erfüllung dieses Gebots hat das freigestellte Personalratsmitglied einen unmittelbaren gesetzlichen Anspruch (BAG vom 26. 9. 1990 – 7 AZR 208/89, PersR 1991, 305 ff.).

Fiktion des beruflichen Werdegangs

Die Freistellung darf nicht zur Beeinträchtigung des beruflichen Werdegangs führen. Für ein freigestelltes Personalratsmitglied ist folglich eine fiktive Nachzeichnung des beruflichen Werdegangs vorzunehmen. Dabei können Mitglieder von Personalvertretungen, die in vollem Umfang von ihren dienstlichen Tätigkeiten freigestellt sind, in Bezug auf den Freistellungszeitraum nicht dienstlich beurteilt werden. Gleichwohl darf es einem freigestellten Personalratsmitglied nicht zum Nachteil gereichen, dass es aufgrund seiner Freistellung für die Arbeit im Personalrat sein Fachwissen und spezifische laufbahn- und amtsbezogene Berufserfahrung nicht so weiterentwickeln konnte, wie es den Mitbewerbern in der Zeit seiner Freistellung möglich ist (Schnellenbach, ZfPR 2/2002, 51 ff.). Deshalb ist die letzte dienstliche Beurteilung sachgerecht nach Maßgabe der Entwicklung vergleichbarer Beschäftigter fortzuschreiben (BVerwG vom 7. 11. 1991, ZBR 1992, 177 = Leits. ZfPR 1991, 117).

Bei einer derartigen Behandlung und beruflichen Förderung freigestellter Personalratsmitglieder treten immer wieder Schwierigkeiten und Rechtsfragen auf. Insbesondere kann es in der Praxis immer dann problematisch werden, wenn sich ein von der dienstlichen Aufgabenerfüllung freigestelltes Personalratsmitglied auf eine höhere Stelle bewirbt. In einem solchen Fall ist die Dienststelle gehalten den nach Art. 33 Abs. 2 Grundgesetz

(GG) geforderten Leistungsvergleich bei der Auswahl der Bewerber zu beachten. Der Vergleich ist nach der Rechtsprechung des Bundesverwaltungsgerichts anhand aktueller und hinreichend differenzierter Beurteilungen vorzunehmen (BVerwG vom 30. 6. 2011 – 2 C 19/10). Das Bundesministerium des Innern hat deshalb in einem Rundschreiben an die Verwaltungen des Bundes auf den rechtlichen Rahmen hingewiesen, innerhalb dessen sich die Behandlung und berufliche Förderung freigestellter Personalratsmitglieder halten muss (BMI D I 3 – 212 152/12 vom 12. 3. 2012)[1]).

Praxis-Tipp:

Die Nachzeichnung des beruflichen Werdegangs freigestellter Personalratsmitglieder stellt sich in der Praxis immer wieder problematisch dar. Folgende Punkte sollten deshalb besonders beachtet werden:

- Zu Beginn der Freistellung sollte eine aktenkundige Bestimmung einer Gruppe von Vergleichsbeamten/-beamtinnen erfolgen.
- Falls ein Förderdienstposten ausgeschrieben wird, sind auch freigestellte Personalratsmitglieder allein aufgrund einer Bewerbung zu berücksichtigen. Die letzte planmäßige dienstliche Beurteilung ist unter Berücksichtigung der Entwicklung von vergleichbaren Beamtinnen und Beamten fiktiv fortzuschreiben. Dabei darf der Dienstherr eine Leistungsentwicklung unterstellen, wie sie sich in Anlehnung an den Werdegang vergleichbarer Beamter voraussichtlich ergeben hätte (OVG Saarlouis vom 23. 1. 2003 – 1 W 30/02). Nach Auffassung des Gerichts sind mit dem freigestellten Personalratsmitglied nur solche Beschäftigte vergleichbar, die im Zeitpunkt der Freistellung unter Berücksichtigung der Qualifikation entweder dieselbe oder aber eine gleichwertige Tätigkeit verrichten.

---

[1]) Dieses gilt zwar nicht unmittelbar für die Verwaltungen des Landes Baden-Württemberg, enthält aber rechtliche Hinweise aus der Rechtsprechung, die mittelbar auch in den Ländern sinngemäß anwendbar sind.

- Der berufliche Werdegang einer Arbeitnehmerin/eines Arbeitnehmers ist im Wege einer fiktiven Nachzeichnung so zu behandeln wie der eines vergleichbaren Beschäftigten ohne Personalratsamt, das heißt, es ist darauf abzustellen, welche höher bewertete Tätigkeit für den Betroffenen in Betracht gekommen wäre und anderen vergleichbaren, nicht freigestellten Arbeitnehmern auch übertragen wurde.
- Die gebotene Nachzeichnung des beruflichen Werdegangs freigestellter Personalratsmitglieder beinhaltet nach ihrem Zweck und ihrer Rechtsnatur keine dienstliche Beurteilung im Sinne laufbahnrechtlicher Vorschriften (OVG Sachsen-Anhalt vom 30. 5. 2000 – B 3 S 391/99).

Verfahren

Das Verfahren zur Verwirklichung des personalvertretungsrechtlichen „Grundsatzes der Vermeidung von Benachteiligungen bzw. Begünstigungen" liegt nach höchstrichterlicher Rechtsprechung, insbesondere im Hinblick auf fehlende Beurteilungen von annähernd gleicher Aktualität, im pflichtgemäßen Ermessen des Dienstherrn.

Ist die Förderung freigestellter Personalratsmitglieder, insbesondere ihre fiktive berufliche Nachzeichnung (z. B. Versetzung auf einen höherwertigen Dienstposten), an die Entwicklung einer Referenzgruppe vergleichbarer Beschäftigter gekoppelt, muss diese Gruppe hinreichend groß sein. Wird eine zu kleine Referenzgruppe gebildet, verstößt dies gegen das Benachteiligungsverbot. Nur so ist es möglich, statistische Zufälligkeiten, die sich insbesondere bei kleinen Gruppen gesteigert auswirken können, auf ein akzeptables Maß zu mindern (BVerwG vom 11. 12. 2014 – WB 6.13, ZfPR 2/2015, 39). Unterschiedliche Leistungsentwicklungen lassen sich so besser ausgleichen. Will also die Dienststelle die berufliche Entwicklung eines voll freigestellten Personalratsmitglieds anhand des Referenzgruppenmodells nachzeichnen, so muss die Referenzgruppe einschließlich des Personalratsmitglieds aus mindestens fünf Personen bestehen. Der Dienststelle steht bei der Auswahl des Personenkreises, der bei einer fiktiven Fortschreibung herangezogen wird, ein weites Ermessen zu. Allerdings verstößt die Dienststelle gegen das personalvertretungsrechtliche Benachteiligungsverbot, wenn sie eine Vergleichsgruppe so zusammenstellt, dass ein berufliches Fortkommen von vornhinein ausgeschlossen ist (BVerwG vom 30. 6. 2014 – 2 B 11.14; s. a. Hebeler, ZfPR 2015, 39).

Ist eine solche Fortschreibung aufgrund eines sehr langen Freistellungszeitraums nicht möglich, muss ausnahmsweise Rückgriff auf nachrangige Gesichtspunkte wie etwa Assessment-Center, strukturierte Interviews oder Personalauswahlgespräche genommen werden (BayVGH vom 28. 7. 2014 – 3 ZB 13.1642). Der Hessische Verwaltungsgerichtshof hat eine Auswahlentscheidung für fehlerhaft gehalten, weil die letzte tatsächliche Beurteilung mehr als zehn Jahre zurücklag. Die inhaltliche Aussagekraft einer solch alten Beurteilung könne keine Grundlage für einen Qualitätsvergleich darstellen. Die Dienststelle habe dem freigestellten Personalratsmitglied eine Möglichkeit zum Erwerb einer neuen dienstlichen Beurteilung anzubieten (HessVGH vom 30. 3. 2022 – 1 B 308/21).

Ist bei teilweise freigestellten Personalratsmitgliedern der Teil der dienstlichen Tätigkeit auf weniger als 25 Prozent der Arbeitszeit abgesunken, ist ebenfalls eine Fortschreibung der dienstlichen Beurteilung vorzunehmen.

Vom Dienst freigestellte Personalratsmitglieder sind vor einer Beförderung nicht ausnahmslos verpflichtet, die Aufgaben eines höherwertigen Dienstpostens zum Zweck der Erprobung tatsächlich wahrzunehmen und damit auf die Freistellung zu verzichten (BVerwG vom 21. 9. 2006 – 2 C 13/05). Die Kollision der widerstreitenden Rechtsgrundsätze in der zwingenden beamtenrechtlichen Regelung einerseits und dem Benachteiligungsverbot des Personalvertretungsrechts andererseits ist auf der Ebene des materiellen Rechts auszugleichen.

Der Ausgleich zwischen dem Benachteiligungsverbot des Personalvertretungsrechts und dem beamtenrechtlichen Gebot, sich der Eignung für den Beförderungsdienstposten zu vergewissern, kann dadurch hergestellt werden, dass aufgrund des bisherigen beruflichen Werdegangs des freigestellten Personalratsmitglieds und vergleichbarer Beschäftigter festgestellt wird, ob die Bewerberin bzw. der Bewerber den Anforderungen der Erprobung aller Voraussicht nach gerecht werden würde (BVerwG a. a. O; ZfPR 4/2007, 98 ff.).

Ein freigestelltes Personalratsmitglied hat eventuell einen Anspruch auf Schadensersatz, wenn es rechtzeitig Einwendungen gegen die Bildung einer Referenzgruppe und die eigene Reihung innerhalb dieser Gruppe geltend gemacht hat und dies keine Berücksichtigung fand (OVG Niedersachsen vom 26. 3. 2013, 5 LA 210/12 = ZfPR online 6/2013 S. 8 ff.).

4

Die Verwaltungsgerichte können im Falle einer Überprüfung der behördlichen Entscheidung lediglich feststellen, ob der Dienstherr den anzuwendenden Begriff oder den gesetzlichen Rahmen der Beurteilungsermächtigung verkannt hat, von einem unrichtigen Sachverhalt ausgegangen ist, allgemein gültige Bewertungsmaßstäbe nicht beachtet oder sachfremde Erwägungen angestellt hat.

Amtsangemessene Weiterbeschäftigung

Scheidet ein Personalratsmitglied aus einer Freistellung aus, so hat es keinen Anspruch auf seinen vorherigen Arbeitsplatz. Allerdings hat es Anspruch auf einen Arbeitsplatz, der seiner aktuellen Besoldungs-, Lohn- oder Vergütungsgruppe entspricht (amtsangemessene Weiterbeschäftigung). Es muss die Möglichkeit erhalten, sich fortzubilden.

Im Rahmen der der Dienststelle zur Verfügung stehenden Möglichkeiten ist einem aus der Freistellung ausgeschiedenem Personalratsmitglied innerhalb eines Jahres Gelegenheit zu geben, eine wegen der Freistellung unterbliebene verwaltungs- oder betriebsübliche Entwicklung nachzuholen. Dieser Zeitraum erhöht sich auf zwei Jahre, wenn Personalratsmitglieder mindestens drei volle aufeinanderfolgende Amtszeiten freigestellt waren.

Fazit für die Praxis:

Ist ein freigestelltes Personalratsmitglied der Auffassung, wegen seiner Freistellung benachteiligt worden zu sein, müssen unter Bezugnahme auf den beruflichen Werdegang vergleichbar Beschäftigter konkrete Umstände vorgetragen werden, die eine Benachteiligung möglich erscheinen lassen. Dazu ist eine fiktive Nachzeichnung des beruflichen Werdegangs und der dienstlichen Beurteilung, wie beides sich ohne die Freistellung ergeben hätte, notwendig.

Schutz vor außerordentlicher Kündigung, Versetzung, Abordnung, Umsetzung, Zuweisung oder Personalgestellung (§ 47 LPVG)

Das Gesetz will mit den Regelungen des § 47 LPVG die ungestörte, unabhängige Amtsausübung der Mitglieder der Personalvertretung sicherstellen. Sie sollen vor Maßnahmen geschützt werden, die sie daran hindern könnten, ihr Mandat vorübergehend oder auf Dauer wahrzunehmen.

Außerordentliche Kündigung von Personalratsmitgliedern

Die außerordentliche Kündigung eines Personalratsmitglieds, das in einem Arbeitsverhältnis steht, bedarf der Zustimmung des Personalrats (§ 47 Abs. 4 LPVG). Sie kann nur dann ausgesprochen werden, wenn Tatsachen vorliegen, die den Arbeitgeber zur Kündigung aus wichtigen Gründen ohne Einhaltung der Kündigungsfrist berechtigen und die Personalvertretung zugestimmt hat. Verweigert der Personalrat seine Zustimmung zu der außerordentlichen Kündigung oder äußert er sich nicht innerhalb der gesetzlichen Frist von drei Arbeitstagen, kann die Dienststelle das Verwaltungsgericht anrufen und beantragen, dass die Zustimmung des Personalrats vom Verwaltungsgericht ersetzt wird. Der Antrag der Dienststelle und die Begründung müssen innerhalb der zweiwöchigen Ausschlussfrist nach § 626 Abs. 2 BGB beim zuständigen Verwaltungsgericht eingegangen sein (VG Dresden vom 23. 3. 2001 – 9 K 3359/00). Im verwaltungsgerichtlichen Verfahren ist der betroffene Arbeitnehmer Beteiligter.

Diese Regelung gilt nicht für Beamtinnen und Beamte, da diese nicht in einem „Arbeitsverhältnis“ stehen und auch nur unter bestimmten gesetzlichen Bedingungen – dann aber kraft Gesetzes – zu entlassen sind. In diesen Fällen gibt es auch für die Dienststelle keinen Handlungsspielraum.

Für Ersatzmitglieder gelten die Schutzbestimmungen nur für die Dauer des Eintritts in den Personalrat (§ 47 Abs. 5 LPVG) oder in begründeten Ausnahmefällen. Eine solche Ausnahmesituation ist dann gegeben, wenn durch eine der oben genannten Maßnahmen der Eintritt des Ersatzmitglieds in den Personalrat nachweisbar verhindert werden soll.

Versetzung, Abordnung, Umsetzung, Zuweisung, Personalgestellung

Die Mitglieder der Personalvertretung und die auch nur vorübergehend nachgerückten Ersatzmitglieder sind vor Versetzung, Abordnung, Umsetzung oder Zuweisung geschützt. Sie sollen nicht willkürlich ihrem Vertretungsbereich entzogen werden können.

Eine Versetzung, Abordnung, Umsetzung (die mit einem Wechsel des Dienstortes verbunden ist oder für länger als zwei Monate vorgesehen ist), Zuweisung oder Personalgestellung ist nur möglich, wenn:

1. das betroffene Personalratsmitglied zustimmt,
2. die Maßnahme aus zwingenden dienstlichen Gründen auch unter Berücksichtigung der Mitgliedschaft im Personalrat unvermeidbar ist,
3. die Personalvertretung zustimmt, falls Versetzung, Abordnung, Umsetzung oder Zuweisung gegen den Willen des betroffenen Mitglieds erfolgen und
4. eine Personalvertretung mitbestimmt hat, die nicht mit derjenigen identisch sein muss, der das betroffene Mitglied angehört.

Verweigert der Personalrat im Falle der Versetzung eines seiner Mitglieder seine Zustimmung oder äußert er sich innerhalb von drei Arbeitstagen nach Zugang des Antrages der Dienststelle nicht, so kann die Dienststelle das Verwaltungsgericht anrufen. Das Verwaltungsgericht kann die Zustimmung erteilen, wenn die Versetzung auch unter Berücksichtigung der Mitgliedschaft im

Personalrat aus wichtigen dienstlichen Gründen unvermeidbar ist.

Die vorstehenden Ausführungen sind bezüglich der Versetzung in § 47 Abs. 1 LPVG geregelt, gelten aber nach § 47 Abs. 2 LPVG entsprechend für die Abordnung, Zuweisung, Personalgestellung oder der im Gesetz definierten Form der Umsetzung. Gerade der Schutz vor einer Umsetzung ist für ein nicht freigestelltes Personalratsmitglied von besonderer Bedeutung. Wird es in eine andere Arbeitsorganisation eingegliedert, könnte es unter Umständen Personalratstätigkeit nur unter erschwerten Bedingungen erledigen. In der Regel sind auf dem bisherigen Arbeitsplatz Möglichkeiten geschaffen oder Regelungen getroffen worden, die es ermöglichen, die dienstlichen Aufgaben und die Personalratstätigkeit zu erledigen.

Unzulässigkeit der ordentlichen Kündigung (§ 15 KSchG)

Die ordentliche Kündigung von Personalratsmitgliedern ist grundsätzlich unzulässig. Der Schutz gilt noch für ein Jahr nach Beendigung der Amtszeit. Beruht die Beendigung der Mitgliedschaft auf einer gerichtlichen Entscheidung, so gilt dieser Schutz nicht. Ersatzmitglieder genießen nur dann einen nachwirkenden Kündigungsschutz, wenn sie regelmäßig oder über einen längeren Zeitraum an Personalratssitzungen teilnehmen.

Die ordentliche Kündigung von Mitgliedern des Wahlvorstands ist vom Zeitpunkt der Bestellung an und die von Wahlbewerbern vom Zeitpunkt der Aufstellung des Wahlvorschlags an unzulässig. Der Schutz gilt noch für sechs Monate nach Bekanntgabe des Wahlergebnisses.

Der § 47 Abs. 1 und 2 LPVG sowie die §§ 15 und 16 Kündigungsschutzgesetz gelten nicht für Auszubildende in einem öffentlich-rechtlichen Ausbildungsverhältnis, Beamte im Vorbereitungsdienst und Beschäftigte in einer dem Vorbereitungsdienst entsprechenden Berufsausbildung. Der Schutz vor den in den Abs. 1 und 2 genannten Personalmaßnahmen entfällt auch bei den vorstehend genannten Beschäftigten im Anschluss an den Vorbereitungsdienst oder das Ausbildungsverhältnis.

Weiterbeschäftigungsgebot von Mitgliedern der Jugend- und Auszubildendenvertretungen

Geschützt sind die Beschäftigten (Auszubildenden), die Mitglied in einem Personalrat (§ 47 LPVG) und/oder einer Jugend- und Auszubildendenvertretung sind (§ 64 i. V. m. § 48 LPVG). Der Gesetzgeber will dadurch die erforderliche Unabhängigkeit bei der Wahrnehmung personalvertretungsrechtlicher Aufgaben und die Kontinuität der Vertretungsorgane sicherstellen.

Zu den in einem Berufsausbildungsverhältnis im Sinne dieses Gesetzes stehenden Beschäftigten gehören nur Auszubildende, die in einem Arbeitnehmerberuf ausgebildet werden.

Will der Arbeitgeber das Arbeitsverhältnis eines Beschäftigten, der Mitglied in einem Personalrat oder in der Jugend- und Auszubildendenvertretung ist , nach Beendigung des erfolgreich abgeschlossenen Ausbildungsverhältnisses nicht auf unbestimmte Zeit fortsetzen, so hat er dies drei Monate vor Beendigung des Berufsausbildungsverhältnisses schriftlich unter Angabe der Gründe mitzuteilen.

Verlangen auf Weiterbeschäftigung

Verlangt der Auszubildende innerhalb der letzten drei Monate vor Beendigung des Berufsausbildungsverhältnisses schriftlich vom Arbeitgeber seine Weiterbeschäftigung, so gilt nach erfolgreichem Abschluss des Berufsausbildungsverhältnisses ein Arbeitsverhältnis auf unbestimmte Zeit begründet.

Für das Weiterbeschäftigungsverlangen gilt das Schriftformerfordernis des § 126 Abs. 1 BGB (BVerwG vom 18. 8. 2010 – 6 P 15.09). Die im Gesetz vorgeschriebene schriftliche Form kann gemäß § 126 Abs. 3 BGB durch eine elektronische Form ersetzt werden, soweit die Voraussetzungen nach § 126a BGB erfüllt werden. Richtet die/der Auszubildende das Übernahmeverlangen per E-Mail an die Dienststelle, so muss – um der vorgesehenen Schriftform zu genügen – der Erklärung der Name hinzugefügt werden und das elektronische Dokument mit einer qualifizierten elektronischen Signatur versehen sein (OVG Hamburg vom 15. 1. 2011 – 8 Bf 272/09.PVL = ZfPR online 2010 Nr. 3, 10 ff. = PersV 2010, 231 ff.). Der Arbeitgeber muss folglich in diesem Zeitraum mit dem Übernahmeverlangen von Mitgliedern einer Personal- und/oder Jugend- und Auszubildendenvertretung rechnen. Daraus folgt für den Arbeitgeber eine Pflicht, bei Einstellungsvorhaben in diesem Zeitraum die Möglichkeit eines Übernahmeverlangens und damit das Entstehen eines Arbeitsverhältnisses kraft Gesetzes zu berücksichtigen (BVerwG vom 1. 11. 2005 – 6 P 3/05).

Die vorstehenden Ausführungen sind auch für die Fälle anwendbar, in denen das Berufsausbildungsverhältnis vor Ablauf eines Jahres nach Beendigung der Amtszeit der genannten Vertretungen erfolgreich endet.

Die öffentlichen Arbeitgeber sind seit einiger Zeit verstärkt dazu übergegangen, einzelnen Mitgliedern der Jugend- und Auszubildendenvertretungen einen befristeten oder Teilzeit-Arbeitsvertrag anzubieten, mit dem Argument, dass ihnen eine unbefristete Weiterbeschäftigung nicht zuzumuten sei.

Schließt das Mitglied im Personalrat oder der Jugend- und Auszubildendenvertretung innerhalb der letzten drei Monate des Ausbildungsverhältnisses mit dem öffentlichen Arbeitgeber einen befristeten Arbeitsvertrag ab, so kann darin nach den Umständen des Einzelfalls der Verzicht auf unbefristete Weiterbeschäftigung liegen (BVerwG vom 31. 5. 2005 – 6 PB 1/05).

Praxis-Tipp:

Will der Betroffene in dieser Situation den Verlust des möglicherweise bestehenden weitergehenden Anspruchs vermeiden, so sollte dies bei Unterschrift unter einen befristeten oder Teilzeit-Arbeitsvertrag durch einen Zusatz deutlich zum Ausdruck gebracht werden:

„Der Abschluss des Vertrages erfolgt unter dem ausdrücklichen Vorbehalt der rechtlichen Prüfung nach § 48 Abs. 4 LPVG."

Alternativ kann es auch unter Hinweis darauf geschehen, dass das Mitglied des Personalrats oder der Jugend- und Auszubildendenvertretung nicht auf seinen gesetzlichen Anspruch auf unbefristete Weiterbeschäftigung in einem Vollzeitarbeitsverhältnis verzichtet.

Entbindung von der Übernahmeverpflichtung

Will der Arbeitgeber das Arbeitsverhältnis nicht fortsetzen, weil er z. B. keine Beschäftigungsmöglichkeiten für die Auszubildende/den Auszubildenden hat, so muss er spätestens bis zum Ablauf von zwei Wochen nach Beendigung des Berufsausbildungsverhältnisses das Verwaltungsgericht anrufen.

Zur Frage der Unzumutbarkeit einer Weiterbeschäftigung hat das Verwaltungsgericht Dresden zu der vergleichbaren gesetzlichen Regelung im Sächsischen Personalvertretungsgesetz einige Grundsätze aufgestellt (VG Dresden vom 23. 3. 2001 – 9 K 2911/99):

Verfügt die Dienststelle noch über Planstellenreste, so muss sie diese zusammenfassen und vorrangig den im Personalvertretungsgesetz normierten Weiterbeschäftigungsanspruch erfüllen. Bei der Frage der Unzumutbarkeit muss immer die aktuelle reale Situation zugrunde gelegt werden. Insoweit enthält der § 48 Abs. 4 LPVG eine Konkretisierung des im § 6 Abs. 1 LPVG festgeschriebenen Benachteiligungs- (aber auch Begünstigungs-) Verbotes (OVG Berlin vom 18. 12. 2001 – VG 60 PV 6/01). Der Weiterbeschäftigungsanspruch eines Mitglieds einer (örtlichen) Jugend- und Auszubildendenvertretung besteht nur bezogen auf die Dienststelle oder Einrichtung, bei der die Berufsausbildung erfolgt ist (SächsOVG vom 10. 7. 1997 – P 5 S 13/95, SächsVBl. 1998, 86). Hier kommt es allein darauf an, ob im Bereich der Ausbildungsdienststelle ein ausbildungsadäquater Dauerarbeitsplatz zur Verfügung steht. Anderes gilt nach einer Entscheidung des Bundesverwaltungsgerichtes (BVerwG vom 19. 1. 2009 – 6 P 1/08) für den Weiterbeschäftigungsanspruch eines Mitglieds einer Jugend- und Auszubildendenstufenvertretung. Hier kommt es nicht nur auf die Ausbildungsdienststelle an, sondern darauf, ob in allen Dienststellen des Geschäftsbereichs der übergeordneten Dienststelle, bei der die Jugend- und Auszubildendenstufenvertretung gebildet ist, ein ausbildungsadäquater Dauerarbeitsplatz zur Verfügung steht.

Die Zumutbarkeit der Weiterbeschäftigung eines Mitglieds einer Jugend- und Auszubildendenvertretung beurteilt sich nach den Verhältnissen im Zeitpunkt der Beendigung des Berufsausbildungsverhältnisses. So ist z. B. die Weiterbeschäftigung eines Mitglieds der Jugend- und Auszubildendenvertretung unzumutbar, wenn seitens des Haushaltsgesetzgebers eine Stellenbesetzungssperre verhängt worden ist und Ausnahmen der Sache nach auf Fälle eines unabweisbaren vordringlichen Personalbedarfs beschränkt worden sind, ohne dass die Mitglieder der Jugend- und Auszubildendenvertretung von der Ausnahmeregelung erfasst sind (BVerwG vom 30. 5. 2007 – 6 PB 1/07). Werden Arbeitsplätze nach dem Zeitpunkt der Beendigung des Berufsausbildungsverhältnisses frei, sind sie bei der Prüfung der Frage der Zumutbarkeit nicht zu berücksichtigen (BVerwG vom 29. 3. 2006 – 6 PB 2/06).

Im Verfahren vor dem Verwaltungsgericht ist die Personalvertretung bzw. die Jugend- und Auszubildendenvertretung Beteiligte.

Der Antrag des Auszubildenden auf Weiterbeschäftigung, der an den Arbeitgeber zu richten ist, sowie der Antrag des Arbeitgebers an das Verwaltungsgericht sind unabhängig davon, ob der Arbeitgeber seiner Mitteilungspflicht nach § 48 Abs. 1 LPVG nachgekommen ist.

Unfallfürsorge (§ 6 Abs. 2 LPVG)

Erleidet ein Beamter in ordnungsgemäßer Wahrnehmung seiner Aufgaben oder Befugnisse als Personalrat einen Unfall, so wird dieser einem Dienstunfall gleichgesetzt (§ 6 Abs. 2 LPVG). Erleidet ein Beamter in Ausübung der Personalratstätigkeit aufgrund eines Unfalles einen Körperschaden, so ist ihm, bzw. im Todesfall seinen Hinterbliebenen, Unfallfürsorge nach den beamtenrechtlichen Unfallfürsorgevorschriften zu gewähren.

Erleidet ein Arbeitnehmer in Ausübung der Personalratstätigkeit einen Unfall, so wird dieser als Betriebsunfall gewertet und ist entsprechend zu entschädigen (Siebtes Buch des Sozialgesetzbuches). Die Tätigkeiten zur ordnungsgemäßen Wahrnehmung personalvertretungsrechtlicher Aufgaben werden der zu leistenden Arbeit gleichgestellt.

Erfahren sie in Wahrnehmung von Aufgaben oder Befugnissen nach dem LPVG einen Sachschaden, der nach § 80 LBG zu entschädigen wäre, so sind die Bestimmungen entsprechend anzuwenden.

Die Schutzbestimmung des § 6 Abs. 2 LPVG erfasst nicht nur die Mitglieder des Personalrats, sondern alle Beschäftigten, die Aufgaben nach dem Personalvertretungsgesetz wahrnehmen.

Geschäftsführung der Personalvertretung

Stellung und Aufgaben des Vorstandes

Bildung des Vorstandes (§ 28 LPVG)

In der vom Wahlvorstand einberufenen konstituierenden Sitzung bildet der neu gewählte Personalrat aus seiner Mitte den Vorstand.

Das Gruppenprinzip des Personalvertretungsgesetzes bestimmt, dass jede im Personalrat vertretene Gruppe ein Vorstandsmitglied stellt. § 28 Abs. 1 Satz 2 LPVG hat weitestgehend einen zwingenden Charakter. Der Gesetzgeber macht dies durch die Aussage „muss ... angehören" besonders deutlich. Hieraus folgt, dass ein in den Personalrat gewählter Gruppenvertreter nur aus besonderen Gründen auf das Amt im Vorstand verzichten kann. Liegt solch ein besonderer Grund nicht vor, so könnte die Weigerung den Tatbestand des § 24 Abs. 1 LPVG erfüllen. Die Größe des Vorstandes hängt von der Zahl der im Personalrat vertretenen Gruppen ab.

5

In den Dienststellen gibt es im Regelfall zwei Gruppen, nämlich die Gruppe der Beamten und die der Arbeitnehmer (der Tarifbeschäftigten). Der Vorstand besteht also im Regelfall aus zwei Personalratsmitgliedern. Sind in einem Personalrat nicht alle Statusgruppen vertreten, so verringert sich die Anzahl der Vorstandsmitglieder entsprechend. Ist im Personalrat nur eine Statusgruppe, z. B. die Gruppe Arbeitnehmer, vertreten, so besteht der Vorstand nur aus einer Person. In dieser Konstellation fallen die Wahl des Vorsitzenden und die Wahl des Gruppenvorstandsmitglieds in einem Akt zusammen.

Jede Gruppe wählt mit einfacher Stimmenmehrheit aus der eigenen Gruppe das jeweilige auf sie entfallende Vorstandsmitglied. Es ist ausschließlich Sache der jeweiligen Gruppe, darüber zu bestimmen, welches Mitglied ihrer Gruppe in den Vorstand entsandt werden soll. Ist eine Gruppe nur durch eine Person im Personalrat vertreten, so ist diese kraft ihrer Wahl zugleich das auf die betreffende Gruppe entfallende Vorstandsmitglied.

Im Falle einer Stimmengleichheit bei der Wahl der Vorstandsmitglieder müssen sich die Bewerber, obwohl der Gesetzgeber dies nicht ausdrücklich fordert, einer Entscheidung durch Los unterwerfen. Anderenfalls wäre die volle Handlungsfähigkeit der Personalvertretung infrage gestellt. Aus diesem Grund stellt das Sichwidersetzen eine grobe Pflichtverletzung im Sinne von § 24 Abs. 1 LPVG dar (BVerwG vom 15. 12. 1961, BVerwGE 13, 242 = ZBR 1962, 90 = PersV 1962, 65). Die Wahl durch Losverfahren erfolgt in geheimer Form durch Ziehen eines Namenszettels.

Verzichten alle Mitglieder einer Gruppe aus zwingenden Gründen auf die Zugehörigkeit zum Vorstand, bleibt dieser Sitz im Vorstand frei.

Sollte es die Geschäftsführung erfordern, kann der Personalrat aus seiner Mitte mit der Mehrheit der Stimmen aller Mitglieder zwei weitere Personalratsmitglieder in den Vorstand wählen. Dem Vorstand sind vom Gesetz bestimmte Aufgaben zugewiesen. Um die Erfüllung der Aufgaben und damit die volle Handlungsfähigkeit der Personalvertretung sicherzustellen, wurde die Wahl zweier weiterer Vorstandsmitglieder ausdrücklich vorgesehen. Diese werden vom Plenum und nicht von den Gruppenmitgliedern gewählt. Die Wahl erfolgt nach der Wahl der Gruppenvertreter nach § 28 Abs. 1 LPVG als Vorstandsmitglieder. Sie sind vollberechtigte Vorstandsmitglieder mit den gleichen Rechten und Pflichten. Bei der Wahl der Ergänzungsmitglieder ist nach § 28 Abs. 2 Satz 2 LPVG der Wählerwille zu berücksichtigen.

Sind Mitglieder des Personalrats aus Wahlvorschlägen mit verschiedenen Bezeichnungen gewählt worden und sind im Vorstand nach Absatz 1 Mitglieder aus dem Wahlvorschlag nicht vertreten, der die zweitgrößte Zahl aller von den Angehörigen der Dienststelle abgegebenen Stimmen erhalten hat, so ist eines der weiteren Vorstandsmitglieder aus diesem Wahlvorschlag zu wählen.

Beide Geschlechter sollen im Vorstand vertreten sein.

Die Wahl der Vorstandsmitglieder erfolgt grundsätzlich für die Amtszeit des Personalrats. Wenn das erforderliche Vertrauensverhältnis nicht mehr besteht, hat die jeweilige Gruppe jederzeit die Möglichkeit, das Vorstandsmitglied ihrer Gruppe mit einfacher Stimmenmehrheit der anwesenden Gruppenmitglieder abzuberufen. Dies muss nicht besonders begründet werden. Wegen der Tragweite einer solchen Abberufung bedarf die Gruppenentscheidung der Aufnahme in die Tagesordnung. Der Gruppenbeschluss ist verwaltungsgerichtlich nachprüfbar. Die gerichtliche Überprüfung beschränkt sich aber auf die Frage, ob alle gesetzlichen Bestimmungen, die für eine Beschlussfassung ausschlaggebend sind, beachtet worden sind. Das betroffene Vorstandsmitglied nimmt auch zu diesem Tagesordnungspunkt an der Sitzung teil, stimmt aber nicht mit ab. Das abberufene Mitglied verliert nur seine Zugehörigkeit zum Vorstand, nicht aber seine Mitgliedschaft im Personalrat.

Die Aufgaben des Vorstandes (§ 28 Abs. 4 LPVG)

Nach dem Willen des Gesetzgebers führt der Vorstand gemeinsam die laufenden Geschäfte. Die Gesamtheit der Vorstandsmitglieder soll mit gleichen Rechten und Pflichten die laufenden Geschäfte des Personalrats führen (BVerwG vom 16. 7. 1977, BVerwGE 54, 323 = ZBR 1978, 203 = PersV 1978, 353). Dies schließt selbstverständlich eine Verteilung der Sachgebiete und Aufgaben auf die Vorstandsmitglieder nicht aus (BVerwG vom 20. 3. 1964, BVerwGE 18, 162 = ZBR 1964, 278 = PersV 1964, 110). Hierzu sind allerdings weder der Vorstand des Personalrats noch der Personalratsvorsitzende berechtigt (BayVGH vom 17. 9. 1992, Leits. ZfPR 1993, 203). Es ist Aufgabe des Personalrats, die Vorstandsgeschäfte allgemein und auf Dauer auf die einzelnen Vorstandsmitglieder zu verteilen.

Der Vorstand kann andere Mitglieder des Personalrats zur Vorstandsarbeit heranziehen.

Bei den laufenden Geschäften handelt es sich um rein organisatorische, die Willensbildung des Personalrats vorbereitende, regelmäßig wiederkehrende Arbeiten. So hat der Vorstand die für eine Beschlussfassung des Gremiums erforderlichen Ermittlungen anzustellen und die einschlägigen Unterlagen zu beschaffen.

Wichtig: Die Abgrenzung der laufenden Geschäfte von den Befugnissen des Gremiums ist von großer Bedeutung. Zu den laufenden Geschäften zählen:

- Vorbereitung der Plenumsentscheidungen
- Einholen von Informationen
- Allgemeine Auswertung von Beschlüssen
- Vorbereitung von Arbeitsgruppensitzungen

- Postbearbeitung in der Geschäftsstelle
- Allgemeiner Schriftverkehr

Hat der Vorstand in Wahrnehmung seiner Aufgaben Unterlagen erhalten, so müssen diese spätestens in der Sitzung den anderen Mitgliedern des Personalrats zur Kenntnis gebracht oder übergeben werden. Jedem Mitglied des Personalrats muss das Unterlagenmaterial in derselben Vollständigkeit zur Verfügung stehen, wie es dem Vorstand vorgelegen hat (HessVGH vom 9. 4. 1980, PersV 1982, 376). Dabei ist es unerheblich, ob es sich um Unterlagen handelt, die der Vorstand im Rahmen der Beteiligung von der Dienststelle erhalten, oder um solche, die er selber beschafft hat.

Der Personalratsvorsitzende

Bestimmung des Personalratsvorsitzenden

Der Personalrat bestimmt mit einfacher Mehrheit, welches nach § 28 Abs. 1 LPVG gewählte Vorstandsmitglied den Vorsitz übernimmt (§ 29 Abs. 1 LPVG). Durch den Verweis in Satz 1 wird sichergestellt, dass nur ein nach § 28 Abs. 1 LPVG gewähltes Vorstandsmitglied zum Vorsitzenden gewählt werden kann. Das Bundesverwaltungsgericht hat in seiner Entscheidung BVerwG 5 P 5.19 vom 15. 5. 2020, die Wahl eines Ergänzungsmitglieds/anderen Personalratsmitglieds zum Vorsitzenden ausgeschlossen. Daraus resultiert, dass ein nach § 28 Abs. 1 LPVG gewähltes Vorstandsmitglied gesetzlich verpflichtet ist, für den Vorsitz zur Verfügung zu stehen. Es besteht kein Recht, sich durch Verzicht der Wahl für das Amt des Vorsitzenden zu entziehen. Der Landesgesetzgeber hat lediglich bei der Bestimmung des stellvertretenden Vorsitzenden eine andere Möglichkeit eröffnet. Zugleich bestimmt er die Vertretung des Vorsitzenden durch den/die Stellvertreter. Bei der Bestimmung des Vorsitzenden und der Reihenfolge seiner Stellvertreter handelt es sich nicht um eine Wahl im eigentlichen Sinne, sondern um einen Akt der Geschäftsführung, der nur in Form eines Beschlusses erfolgen kann. Er unterliegt somit den Anforderungen des § 34 LPVG. Für die Bestimmung des Vorsitzenden und die Reihenfolge der Stellvertreter ist also die Mehrheit der Stimmen der anwesenden Mitglieder erforderlich.

Die Zahl der Stellvertreter richtet sich nach der Zahl der im Personalrat vertretenen Gruppen. Das nicht zum Vorsitzenden gewählte Vorstandsmitglied nach § 28 Abs. 1 LPVG der anderen Gruppe übernimmt den stellvertretenden Vorsitz. Dem Gruppenprinzip des Personalvertretungsrechts ist hier der absolute Vorrang einzuräumen. Wird dies bei der Bestimmung des Vorsitzenden und seines Stellvertreters nicht berücksichtigt, so kann jedes Personalratsmitglied die Bestimmung anfechten. Zu einem anderen Ergebnis gelangt man, wenn kein weiteres Personalratsmitglied, das einer anderen Gruppe als der des Vorsitzenden angehört, sich bereit erklärt hat, ein Vorstandsamt zu übernehmen. Der Gesetzgeber hat daher die Möglichkeit geschaffen, dass der Personalrat mit Zustimmung der Gruppe, die den stellvertretenden Vorsitzenden stellen müsste, aus seiner Mitte ein anderes Mitglied bestimmen kann. Wegen des vom Gesetzgeber besonders hervorgehobenen Gruppenprinzips haben die nach § 28 Abs. 1 LPVG in den Vorstand gewählten Gruppenvertreter eine „geborene Anwartschaft" auf den Vorsitz oder die Stellvertretung des Vorsitzenden im Personalrat.

Besteht ein Personalrat nur aus Angehörigen einer Gruppe, so bestimmt der Personalrat aus seiner Mitte ein anderes Personalratsmitglied zum Stellvertreter des Vorsitzenden.

Die Stellung des Personalratsvorsitzenden

Aufgaben und Befugnissen ausgestattet ist. Zu diesen einzelnen, in den verschiedenen Paragraphen normierten zusätzlichen Aufgaben gehören beispielhaft die Festlegung der Tagesordnung, Einladung zur Sitzung, Leitung der Sitzung und der Personalversammlung, Verantwortung für die gesetzeskonforme Durchführung und die Ausübung des Hausrechts. Der Vorsitzende des Personalrats ist der Empfänger der offiziellen Erklärungen der Dienststelle und vertritt den Personalrat nach außen (§ 29 Abs. 2 Satz 1 LPVG). Vergleichbare Befugnisse werden den übrigen Mitgliedern der Personalvertretung nicht zugestanden.

Vertretungsbefugnis

Nach dem Wortlaut des Gesetzes kann der Vorsitzende nur solche Erklärungen abgeben, die sich mit dem Willen der Personalvertretung decken, also der Beschlusslage entsprechen. Gibt der Vorsitzende gegenüber der Dienststelle eine Erklärung ab, kann sie davon ausgehen, dass er dazu ermächtigt war. Hat die Dienststelle allerdings begründete Zweifel an der Vertretungsbefugnis, ist sie verpflichtet, diesen nachzugehen (BVerwG vom 24. 5. 1965, BVerwGE 21, 240 = PersV 1966, 113 = ZBR 1965, 346 = DÖD 1965, 229). Der Personalrat ist an eine außerhalb der Vertretungsbefugnis abgegebene Erklärung seines Vorsitzenden nicht gebunden.

Beschlüsse, die lediglich eine Gruppe betreffen, vertritt er nur dann allein, wenn er dieser Gruppe persönlich angehört. Anderenfalls muss der Vorsitzende den Beschluss gemeinsam mit dem Vorstandsmitglied der betreffenden Gruppe vertreten. Betrifft eine Gruppenangelegenheit mehr als eine Gruppe, gilt wiederum das Alleinvertretungsrecht des Vorsitzenden. Eine andere Auslegung lässt der Wortlaut von § 29 Abs. 2 Satz 2 LPVG nicht zu.

Geschäftsordnung des Personalrats (§ 39 LPVG)

Die Personalvertretung kann in einer Geschäftsordnung Richtlinien für den internen Geschäftsablauf festlegen (§ 39 Abs. 1 LPVG). Die Geschäftsordnung muss vom Personalrat mit der Mehrheit der Stimmen seiner Mitglieder und in jeder im Personalrat vertretenen Gruppe mit der Mehrheit der Stimmen der jeweiligen Gruppenmitglieder beschlossen sein.

Durch eine Geschäftsordnung können keine Regelungen materiellen Inhalts getroffen werden, sondern nur das Gesetz ergänzende, eventuelle Lücken ausfüllende Regelungen, z. B. über die interne Geschäftsverteilung.

Praxis-Tipp:
Oft ist eine Geschäftsordnung nur für größere Personalvertretungen und für Stufenvertretungen sinnvoll.

Es entspricht dem Grundsatz der partnerschaftlichen und vertrauensvollen Zusammenarbeit, dass die Geschäftsordnung des Personalrats und deren Änderungen der Dienststelle zur Kenntnis gebracht werden (§ 39 Abs. 3 LPVG).

Erreichbarkeit des Personalrats, Sprechstunden (§§ 39, 40 LPVG)

Der Gesetzgeber hat mit der Regelung des § 39 Abs. 2 LPVG sichergestellt, dass die Dienststelle einen handlungsfähigen Personalrat zur Seite hat. Die Dienststelle soll sich darauf verlassen können, dass während der üblichen Funktionszeiten der Verwaltung ein ansprechbarer und auch gegebenenfalls handlungsfähiger Personalrat vorhanden ist. Diese Regelung soll die kontinuierliche und verlässliche Zusammenarbeit sicherstellen. Insbesondere im Hinblick auf die Wahrnehmung der förmlichen Mitbestimmungs- und Mitwirkungsangelegenheiten soll eine Handlungsfähigkeit des Personalrats und somit auch der Dienststelle sichergestellt sein. Der Personalrat muss personalratsintern dafür Sorge tragen, dass er handlungsfähig ist. Allerdings darf die grundsätzliche Verpflichtung der Erreichbarkeit nicht die persönlichen Freiheiten der Personalratsmitglieder über Maß beeinträchtigen. Personalrat und Dienststellen haben die Möglichkeit, für die Dauer der Amtszeit abweichende Vereinbarungen für eine Erreichbarkeit zu treffen.

Der Personalrat hat die Möglichkeit, Sprechstunden abzuhalten, um so den Beschäftigten Gelegenheit zu geben, ihre individuellen Probleme vorzutragen (§ 40 Abs. 1 LPVG). Die Sprechstunde hat folglich eine erhebliche Bedeutung für die Kommunikation zwischen dem Personalrat und den Beschäftigten. Zu den allgemeinen Aufgaben des Personalrats gehört es, Anregungen und Beschwerden entgegenzunehmen. Unmittelbar mit dieser Aufgabe im Zusammenhang steht die Sprechstunde. Weiterhin dient sie der Vorbereitung von Entscheidungen und Initiativen sowie der Informationsweitergabe an einzelne Beschäftigte, soweit hierfür nicht die Personalversammlung in Betracht kommt (BVerwG vom 18. 8. 2003 – 6 P 6/03). Unter Berücksichtigung dieser Aspekte wird es bei der Beantwortung der Frage, ob Sprechstunden angeboten werden sollten, in der Praxis sehr auf die Situation in der jeweiligen Dienststelle ankommen. Arbeiten etwa alle Beschäftigten in einem Dienstgebäude, kann davon ausgegangen werden, dass niemand die Sprechstunde abwarten wird. Um seine individuellen Probleme vorzutragen, spricht man sofort ein Personalratsmitglied seines Vertrauens an.

Dem Personalrat ist es auch gestattet, im Zusammenhang mit einer konkreten personalvertretungsrechtlichen Angelegenheit in einer Sprechstunde Rechtsfragen zu erörtern, soweit dies zur Ausübung seiner Beteiligungsrechte erforderlich ist. Der Personalrat ist in der eigenverantwortlichen Ausgestaltung der Erörterung mit dem betroffenen Beschäftigten grundsätzlich frei, solange ein Bezug zwischen den Fragestellungen und seinem Beteiligungsrecht gewahrt ist. Eine von einer konkreten Angelegenheit losgelöste rechtsberatende Tätigkeit gehört aber in keinem Fall zu den Tätigkeiten des Personalrats.

Wichtig: Eine Rechtsbetreuung oder Rechtsberatung der in der Dienststelle tätigen Beschäftigten gehört nicht zu seinen im Gesetz geregelten Aufgaben (BVerwG vom 18. 8. 2003, a. a. O.).

Der Gesetzgeber hat ferner geregelt, dass Ort und Zeit der Sprechstunden im Einvernehmen mit dem Leiter der Dienststelle zu bestimmen sind. Eine Versagung seitens der Dienststelle kommt nur in Betracht, wenn die Sprechstunde rechtswidrig wäre oder den Dienstbetrieb erheblich beeinträchtigen würde.

Durch den Besuch der Sprechstunde entsteht weder ein Arbeitsversäumnis noch eine Minderung der Dienstbezüge oder des Arbeitsentgelts (§ 40 Abs. 2 Satz 1 LPVG). Muss der Besuch der Sprechstunde des Personalrats außerhalb der Arbeitszeit erfolgen, ist dem Beschäftigten Zeitausgleich im entsprechenden Umfang zu gewähren. Entstehen durch den Besuch der Sprechstunde Reisekosten, sind diese in entsprechender Anwendung des Landesreisekostengesetzes zu erstatten.

Geschäftssitz der Personalvertretung

Der Personalrat hat bei der Bestimmung seines Geschäftssitzes das sich aus den Grundsätzen der vertrauensvollen Zusammenarbeit ergebende Partnerschaftsprinzip zu beachten. Daraus resultiert, dass sich der Sitz, die Geschäftsstelle des Personalrats, grundsätzlich am Sitz des Dienststellenleiters befindet. Eine vom Sitz der Dienststelle abweichende Festlegung des Sitzes der Personalvertretung ist grundsätzlich unzulässig. Der Personalrat hat daher grundsätzlich einen Anspruch darauf, am Sitz der

Dienststellenleitung Räumlichkeiten zugewiesen zu bekommen (VG Dessau vom 21. 11. 2003 – 11 A 5/03). Die Dienststellenleitung und der Personalrat sollen jederzeit zu einem sachlichen Gespräch und einem persönlichen Kontakt in der Lage sein.

Für den Bereich der Stufenvertretungen hat der Gesetzgeber dies auch im Wortlaut des § 55 Abs. 1 LPVG deutlich gemacht. Dort heißt es ausdrücklich, „Stufenvertretungen werden bei den Mittelbehörden bzw. bei den obersten Dienstbehörden gebildet". Es heißt gerade nicht, dass Stufenvertretungen im Geschäftsbereich der Mittelbehörde bzw. der obersten Landesbehörde gebildet werden. Die Festlegung des Sitzes des Personalrats liegt in dessen Kompetenz (ZfPR 1/2008, 31).

Aufsuchen von Beschäftigten am Arbeitsplatz

Unter Berücksichtigung der dienstlichen Belange kann der Personalrat in Ausübung seines allgemeinen Überwachungsrechts auch einzelne Beschäftigte am Arbeitsplatz aufsuchen, um sich bei ihnen zu unterrichten. Eine Zustimmung der Dienststellenleitung ist nicht erforderlich. Aus dem Grundsatz der vertrauensvollen Zusammenarbeit und im Interesse eines geregelten Dienstablaufs ist aber eine Informationspflicht abzuleiten. Es ist ein Einvernehmen mit der Dienststellenleitung herzustellen. Die Frage, ob dienstliche Belange dem Besuch entgegenstehen, das heißt der Dienstablauf erheblich beeinträchtigt wird, kann nicht ausschließlich aus der Sicht der Personalvertretung beantwortet werden. Der Personalrat ist aber nicht verpflichtet, außer der Information über den Besuch weitere Auskünfte zu geben. Die Dienststelle hat die Möglichkeit, dem Besuch zu widersprechen. Dieses Recht wird der Dienststellenleitung aber nur dann zugestanden, wenn der Besuch des Personalrats rechtsmissbräuchlich ist oder zu einer erheblichen Störung des Arbeitsablaufs oder der Ordnung führen würde.

Vierteljahresgespräch (§ 68 LPVG)

Die Dienststelle und die Personalvertretung sind aufgerufen, mindestens einmal im Vierteljahr zu Besprechungen zusammenzutreffen (§ 68 Abs. 1 LPVG). Es sollten unter anderem die

Gestaltung des Dienstbetriebs und alle Vorgänge behandelt werden, die die Beschäftigten wesentlich berühren. Das beinhaltet auch die Aufforderung an die Dienststelle, über zukünftige Entwicklungen und beabsichtigte Maßnahmen zu berichten. Soweit kein Wirtschaftsausschuss nach § 72 LPVG besteht, hat die Dienststelle den Personalrat im Rahmen dieses Gesprächs zweimal im Jahr über die Haushaltsplanung und die wirtschaftliche Entwicklung zu unterrichten.

Das Viertelgespräch ist in § 68 Abs. 1 LPVG als wiederkehrendes Gesprächsforum vorgesehen. Es dient unter anderem auch dem regelmäßigen Informations- und Gedankenaustausch. Die Dienststelle soll hier über perspektivisch geplante Maßnahmen berichten. Diese Regelung gilt gemäß § 55 Abs. 4 LPVG auch für Stufenvertretungen. Soll von dieser gesetzlichen Regelungstypik abgewichen werden, bedarf dies dem Einvernehmen beider Gesprächspartner. Auf Seiten der Personalvertretung ist eine Beschlussfassung durch das Gremium als Kollegialorgan nötig. Es handelt sich dabei nicht um eine Angelegenheit der laufenden Geschäftsführung, die dem Vorstand obliegt. Eine ausnahmsweise abweichende Regelung darf nicht zu einer Aushöhlung der Rechte des Personalrats und seiner Mitglieder führen. Sie muss mit der Regelung des § 68 Abs. 1 LPVG im Einklang stehen. Dies gilt auch für verabredete sonstige regelmäßige Besprechungen (BVerwG vom 24. 2. 2022 – 5 A 5.20).

Sind wirtschaftliche Angelegenheiten im Wirtschaftsausschuss ausreichend behandelt worden, kann, sofern Einvernehmen zwischen dem Leiter der Dienststelle und dem Personalrat besteht, zweimal im Jahr auf die Durchführung des Gesprächs verzichtet werden.

In diesem Gespräch sollen der Leiter der Dienststelle und die Personalvertretung über strittige Fragen mit dem ernsten Willen zur Einigung verhandeln. Sie haben jeweils Vorschläge für die Beilegung von Meinungsverschiedenheiten zu machen. Die Gesprächspartner sind aufgefordert, einen Konsens zu finden.

Praxis-Tipp:

Der Personalrat darf nicht automatisch den dienstlichen Interessen den Vorrang geben. Er muss diese aber in seinen

Überlegungen berücksichtigen und mit den Beschäftigteninteressen abwägen.

Teilnehmerkreis

Das Vierteljahresgespräch ist stets mit dem gesamten Personalrat zu führen. Es ist kein Gespräch zwischen Dienststelle und dem Vorsitzenden oder dem Vorstand. Der Gesetzgeber will so eine möglichst große Meinungsvielfalt erreichen.

Zu den gemeinsamen Besprechungen sind nach § 68 Abs. 1 Satz 6 Nr. 1 bis 3 LPVG hinzuzuziehen:

- die Schwerbehindertenvertretung
- ein Mitglied der Jugend- und Auszubildendenvertretung, wenn Angelegenheiten dieses Vertretungsbereichs erörtert werden
- die Beauftragte für Chancengleichheit, sofern Angelegenheiten behandelt werden, die besonders Fragen der Gleichstellung betreffen

5

Der Schwerbehindertenvertretung steht ferner nach dem Neunten Buch des Sozialgesetzbuches (§ 178 Abs. 5 SGB IX) ein Teilnahmerecht zu.

Wichtig: Der Teilnehmerkreis ist abschließend geregelt und kann nur einvernehmlich erweitert werden. Es würde dem Grundsatz der vertrauensvollen Zusammenarbeit widersprechen, wenn einseitig, sei es vonseiten des Personalrats oder vonseiten der Dienststelle, weitere dienststellenangehörige Personen zu diesen Gesprächen hinzugezogen würden. Für die Praxis ist daraus abzuleiten, dass Sachverständige nur hinzugezogen werden dürfen, wenn hierüber Einvernehmen zwischen Personalrat und der Dienststelle besteht.

Es entspricht der Systematik des Gesetzes und den Grundsätzen der Zusammenarbeit, dass im Regelfall der Leiter der Dienststelle persönlich das Gespräch mit dem Personalrat führt und sich dem nicht regelmäßig entzieht. Einen direkten Anspruch auf jederzeitige persönliche Teilnahme des Dienststellenleiters hat der Personalrat allerdings nicht (VG Dresden vom 13. 7. 2001 – 9 K 997/01). Beauftragt der Leiter der Dienststelle eine Vertretung mit der Gesprächsführung, muss diese Person mit der entsprechenden Handlungsbefugnis ausgestattet sein. Deren Handlungen muss sich die Dienststelle im Nachhinein zurechnen lassen, sonst wäre der gesetzlichen Aufforderung zur Konsensbildung nicht Genüge getan.

Verfahren

Verfahrensregelungen für die organisatorische Durchführung des Vierteljahresgesprächs sind im Gesetz nicht genannt, sind aber nach dem Sinn des Gesetzes ebenfalls einvernehmlich festzulegen. Es ist auch nicht ausdrücklich geregelt, wer zu diesem Gespräch einlädt und wo es stattfindet. In der Praxis wird die Initiative vom Personalrat ausgehen.

Die aktuell immer wieder auftretende Frage, ob die Zuschaltung von Vertretern der Dienststelle oder Mitgliedern des Personalrats unter Nutzung der Kommunikationstechnik (Video- oder Telefonkonferenztechnik) vorgesehen werden kann, ist umstritten. Grundsätzlich verbleibt es bei der Durchführung bzw. der Teilnahme am Viertelsjahresgespräch bei dem Präsenzerfordernis. Es mag aus ganz besonderem Grund (Altvater u. a. BPersVG § 65 Rn. 6 – Durchführung während der Pandemie) im Einzelfall ausnahmsweise notwendig sein, ein solches Gespräch digital oder unter Zuschaltung einzelner Teilnehmer zu ermöglichen. Voraussetzung dafür müsste aber das Einverständnis aller Teilnehmenden sowie die Einhaltung der sicherheits- und datenschutzrechlichen Aspekte sein. Kosten- oder Termingründe sind keine besonderen Gründe. Eine Regelung wie bei der Durchführung der Personalratssitzung nach § 34 Abs. 1a LPVG ist in § 68 LPVG zum Vierteljahresgespräch nicht eingeflossen. Insbesondere gibt es auch keinen Bezug auf die technischen Voraussetzungen, auf die Vertraulichkeit und den Datenschutz. Diese sind in den gesetzlichen Bestimmungen zur Personalratssitzung explizit aufgeführt und sehr ausführlich ausgestaltet worden. Daraus lässt sich ableiten, dass der Gesetzgeber die Durchführung des Vierteljahresgesprächs per Video- oder Telefonkonferenz, bzw. die Zuschaltung einzelner Teilnehmer grundsätzlich nicht zulassen wollte.

Eine Tagesordnung ist ebenfalls nicht vorgeschrieben. Unter Berücksichtigung der gesetzlichen Vorgaben über den Ablauf des Gesprächs ist sie aber sinnvoll. Die Gesprächspartner müssen dazu in der Lage sein, sich so vorzubereiten, dass sie zu einer kompetenten Meinungsäußerung und sachgerechten Konsensbildung befähigt sind. Auch aus den Grundsätzen der vertrauensvollen Zusammenarbeit lässt sich durchaus ein solcher Anspruch ableiten. Wird die Tagesordnung vom Personalrat aufgestellt, bedarf es eines Personalratsbeschlusses. Der Vorsitzende allein ist nicht befugt, eigenmächtig die Tagesordnung für ein Vierteljahresgespräch festzusetzen (OVG Nordrhein-Westfalen vom 4. 10. 1990, Leits. ZfPR 1991, 81).

Praxis-Tipp:

Der Personalvertretung ist zu empfehlen, eine Niederschrift in Form eines Ergebnisprotokolls zu fertigen. Die zwingende Vorschrift des § 38 LPVG „(Verhandlungs)niederschrift" findet auf das Vierteljahresgespräch keine Anwendung. In diesem ist zwar auch „zu verhandeln", so dass durchaus von einer Verhandlung im weitesten Sinne gesprochen werden kann. Unstrittig ist aber, dass in einem Vierteljahresgespräch keine Beschlüsse gefasst werden können und somit weder deren Wortlaut noch das Stimmergebnis zu dokumentieren sind. Da in einem Vierteljahresgespräch aber ernsthafte Lösungsversuche unternommen werden sollen, ist es sinnvoll, die wesentlichen Ergebnisse in einer Niederschrift zu erfassen, um später Zweifelsfragen auszuräumen.

Aus Gründen der Rechtssicherheit und aus dem Grundsatz der vertrauensvollen Zusammenarbeit heraus sollten die am Vierteljahresgespräch Beteiligten eine Abschrift des Ergebnisprotokolls erhalten. Fertigt auch die Dienststelle eine Niederschrift, so entspricht es dem vorstehenden Grundsatz, auch diese zur Verfügung zu stellen.

§

Bekanntmachung des Personalrats über den Inhalt eines Monatsgespräches (OVG Berlin vom 12. 5. 1998 – OVG 60 PV 1/96)

Der Personalrat ist befugt, die Dienstkräfte in einer Bekanntmachung darüber zu informieren, welche die Dienstkräfte berührenden Vorgänge in einem Monatsgespräch zwischen dem Dienststellenleiter und ihm behandelt und welche Entscheidungen dabei getroffen worden sind, solange er nicht als Vollzugsorgan dieser Entscheidung auftritt.

Datenschutz; Aufbewahrung von personenbezogenen Unterlagen (§ 67 LPVG)

Nach Abs. 1 haben die Personalvertretungen bei der Verarbeitung personenbezogener Daten die datenschutzrechtlichen Vorschriften zu beachten. Soweit und solange dies für die Erfüllung der personalvertretungsrechtlichen Aufgaben erforderlich ist, dürfen Personalräte personenbezogene Daten speichern. Ist die Maßnahme abgeschlossen, sind die in diesem Zusammenhang zur Verfügung gestellten Daten zu löschen. Unterlagen mit personenbezogenen Daten sind der Dienststelle zurückzugeben. Davon unabhängig dürfen Personalvertretungen Grunddaten der Beschäftigten speichern, soweit dies zur Erfüllung der Aufgaben erforderlich ist. Der Gesetzgeber nennt in Abs. 3 Satz 2 beispielhaft eine Reihe von Grunddaten, die dazugehören. Diese Grunddaten sind dem Personalrat auf dem jeweiligen aktuellen Stand zur Verfügung zu stellen. Die vorherigen, nicht mehr relevanten Daten sind unverzüglich zu löschen.

Personenbezogene Daten in Niederschriften sind nach Abs. 4 spätestens mit Ablauf des achten Jahres seit ihrer Speicherung zu löschen.

Wahlunterlagen sind vom Personalrat bis zur nächsten Wahl aufzubewahren und dann zu vernichten.

Geschäftsbedarf, Kosten, Sachaufwand

Allgemeine Kostenregelung (§ 41 LPVG)

Bei den notwendigen Ausgaben des Personalrats handelt es sich um Ausgaben aufgrund gesetzlicher Verpflichtung. Daraus wird die Pflicht der Dienststelle abgeleitet, die durch die Tätigkeit des Personalrats entstehenden Kosten zu tragen, um die Personalvertretung in die Lage zu versetzen, im Rahmen ihres Zuständigkeitsbereichs „zur Tätigkeit der Dienststelle einen qualitativ gleichwertigen Beitrag einzubringen" (VGH Baden-Württemberg vom 18. 9. 1990). Alle Kosten, die es der Personalvertretung ermöglichen, ihre Aufgaben sach- und zeitgerecht wahrzunehmen, fallen unter die Vorschrift des § 41 Abs. 1 Satz 1 LPVG. Die Dienststelle hat der Personalvertretung Haushaltsmittel zur Verfügung zu stellen, damit diese in die Lage versetzt wird, unabhängig von der Dienststellenleitung die Art und Weise der Aufgabenerfüllung und die notwendigerweise anfallenden Kosten selbst zu bestimmen. Es kommt dabei darauf an, ob eine Personalvertretung aus ihrer Sicht die Kosten bei pflichtgemäßer Beurteilung der Sachlage für erforderlich hält (BVerwG vom 22. 6. 1962, BVerwGE 14, 282 = ZBR 1962, 286 = PersV 1962, 180).

Sparsamkeitsgrundsatz

5

Da es sich um öffentliche Gelder handelt, hat die Personalvertretung den Grundsatz der sparsamen Verwendung der Haushaltsmittel unbedingt zu berücksichtigen. Als grundsätzlich nichtrechtsfähiges Organ der Dienststelle ist der Personalrat Bestandteil der öffentlichen Verwaltung und kann über öffentliche Mittel nicht frei verfügen. Die kostenwirksamen Entscheidungen und Betätigungen des Personalrats unterliegen vom Grundsatz denselben haushaltsrechtlichen Bindungen, denen die Dienststelle insgesamt ebenfalls unterworfen ist. Neben der Beachtung aller rechtlichen Bestimmungen ist der Personalrat auch verpflichtet, bei seinem Handeln die Grundsätze der Sparsamkeit und Wirtschaftlichkeit zu beachten.

Ferner ergibt es sich aus dem Grundsatz der vertrauensvollen Zusammenarbeit, die Dienststelle über weitreichende Kostenfolgen zu informieren und diese mit ihm zu erörtern. Dieser hat das Recht zu überprüfen, inwieweit die Kosten in unmittelbaren Zusammenhang mit der Wahrnehmung personalvertretungsrechtlicher Aufgaben stehen.

Aus diesem Grundsatz ist weiter abzuleiten, dass der Personalrat vor der Festlegung des Haushaltsplanes gehört wird. Der Personalrat ist verpflichtet, seinen voraussichtlichen Bedarf rechtzeitig vor Aufstellung des Haushaltsplans bei der Dienststellenleitung geltend zu machen, um diese in den Stand zu versetzen, entsprechende Haushaltsanforderungen zu stellen.

Außerplanmäßige Kosten

Der Personalrat besitzt keine eigene Rechtspersönlichkeit. Er handelt als Teil der Dienststelle und ist somit nicht eigenständiger Träger vermögensrechtlicher Ansprüche und Verpflichtungen. Der notwendige Finanzbedarf ist von der Dienststelle zu decken.

Entstehen im laufenden Haushaltsjahr unvorhersehbare unvermeidliche Kosten, die bei der Haushaltsanforderung nicht berücksichtigt werden konnten und mit den bereitgestellten Mitteln nicht gedeckt werden können, eröffnet das Haushaltsrecht die Möglichkeit, Haushaltsmittel zum Ausgleich der überplanmäßigen Ausgaben nachzubewilligen. Da auch die Personalvertretung nicht ohne Deckung im Haushalt Verpflichtungen eingehen darf, ist sie aufgerufen, einen den Haushaltsansatz übersteigenden unvorhersehbaren unvermeidlichen Mittelbedarf so rechtzeitig anzuzeigen, dass dieser nachbewilligt werden kann.

Entstehen seitens der Personalvertretung Zahlungsverpflichtungen, die in Wahrnehmung der ihr obliegenden Aufgaben verursacht worden sind, kann die Dienststelle grundsätzlich nicht einwenden, dass die Haushaltsmittel erschöpft sind. Können aus anderen Titeln des Haushalts Mittel übertragen werden, so ergibt sich aus dem Grundsatz der vertrauensvollen Zusammenarbeit, dass die Dienststelle alles zu versuchen hat, dies zu bewirken. Die Dienststelle darf die Übernahme von Kosten für die Personalratstätigkeit nur dann mit der Begründung fehlender Haushaltsmittel ablehnen, wenn sie alle Möglichkeiten zur Bereitstellung über- und außerplanmäßiger Mittel ausgeschöpft hat (Ruppert, Fehlende Haushaltsmittel – Verweigerungsgrund für die Kostentragung der Dienststelle, PersV 03/2001, 98 ff.).

Die Einsparungen in den Haushalten der öffentlichen Verwaltung haben zwangsweise auch zu einer Verknappung der Gelder geführt, die für die ordnungsgemäße Erfüllung personalvertretungsrechtlicher Aufgaben zur Verfügung zu stellen sind. Der Gesetzgeber hat sich selbst bei der Verabschiedung des Personalvertretungsgesetzes die Verpflichtung auferlegt, entsprechende Ansätze bei der Haushaltsplanberatung zu berücksichtigen. Den jeweiligen Verwaltungen ist aufgegeben, die Erfüllung der gesetzlichen Aufgaben sicherzustellen.

Im Personalvertretungsgesetz ist eine Reihe kostenauslösender Vorschriften enthalten. Dazu gehören besonders:

- Kosten der Wahl
- Kosten durch Freistellungen und Arbeitsabminderung
- Kosten für den Geschäftsbedarf
- Kosten für geeignete Räumlichkeiten und Literatur
- Schulungskosten
- Reisekosten
- Kosten der Personalversammlung
- Kosten für Sachverständige und Beratung
- Anwaltskosten

Eine Haushaltssperre bindet auch die Personalvertretung. Allerdings sind hier aufgrund der besonderen gesetzlichen Aufgabenstellung andere Maßstäbe anzusetzen als bei anderen Teilen der Dienststelle.

Werden die erforderlichen Haushaltsmittel nicht berücksichtigt, müsste die Personalvertretung, gegebenenfalls gestützt auf die Behauptung eines Verstoßes gegen das Verbot der Behinderung der Personalratsarbeit nach § 6 Abs. 1 LPVG, im Wege der Dienstaufsichtsbeschwerde dafür sorgen, dass ein ausreichend hoher Haushaltsansatz erfolgt (BVerwG vom 24. 11. 1985 – 6 P 3/85). Es darf nicht dazu kommen, dass durch einseitigen Akt der Verwaltung durch die Verweigerung der Haushaltsmittel die gesetzmäßige Tätigkeit der Personalvertretung eingeschränkt oder behindert wird.

In aller Regel erzielen Personalvertretung und Dienststelle eine Einigung über die Kostenregelungen des § 41 Abs. 1 LPVG. Im Rahmen der Aufstellung des Haushaltsplans sollte ausreichend Gelegenheit bestehen, die Festlegung der Kosten für die Personalratstätigkeit ausführlich zu erörtern.

Pflicht zur Übernahme der Reisekosten

Den Mitgliedern des Personalrats sind die Kosten für Reisen zu erstatten, die in Erfüllung der Aufgaben des Personalrats entstanden sind (§ 41 Abs. 1 Satz 2 LPVG). Sie erhalten Reisekostenvergütungen nach dem Landesreisekostengesetz. Diese von der Dienststelle zu erstattenden Kosten gehören zu den persönlichen Ansprüchen eines Personalratsmitglieds. Dazu gehören neben den Fahrtkosten auch die Kosten für Unterbringung und Verpflegung. Die Reisen eines Personalratsmitglieds müssen nicht von der Dienststellenleitung oder dem Anordnungsbefugten genehmigt werden. Es ist alleinige Sache der Personalvertretung, darüber zu entscheiden, ob sie die Durchführung einer Reise nach sachgemäßen Erwägungen für erforderlich hält, denn sie ist kein der Dienststellenleitung unterstelltes Organ. Die Reisekostenvergütung erfolgt auf der Grundlage des Landesreisekostengesetzes.

Bei Fahrten zu der Stelle, bei der der Personalrat gebildet worden ist, bei Fahrten zu regelmäßigen Sitzungen bei einer anderen Stelle und täglicher Rückkehr zum Wohnort finden die Bestimmungen des Trennungsentschädigungsrechts keine Anwendung.

Ein von seiner dienstlichen Tätigkeit freigestelltes Personalratsmitglied, das seine Aufgaben als Personalvertreter am Sitz der Personalvertretung, der nicht dem arbeitsrechtlichen Beschäftigungsort entspricht, wahrnimmt, hat demnach im Rückgriff auf § 41 Abs. 1 Satz 2 LPVG Anspruch auf eine Kostenerstattung nach dem Reisekostenrecht.

Pflicht der Dienststelle, Räume, Geschäftsbedarf und Büropersonal zur Verfügung zu stellen

Aus § 41 Abs. 2 LPVG ergibt sich für die Dienststelle die Verpflichtung, die Aufgabenwahrnehmung, insbesondere die laufende Geschäftsführung der Personalvertretung, sicherzustellen. Die Personalvertretung muss ihre Aufgaben – Abhalten von Sitzungen (§ 32 LPVG), laufende Geschäftsführung (§ 28 Abs. 4 LPVG) und Sprechstunden (§ 40 Abs. 1 LPVG) – ordnungsgemäß erfüllen können. Dazu wird es im Regelfall erforderlich sein, geeignete Räumlichkeiten zur Verfügung zu stellen, da sonst die Vertraulichkeit der Tätigkeit in hohem Maße gefährdet wäre. Dieses kann nur durch die Bereitstellung der Räumlichkeiten im Dienstgebäude oder gegebenenfalls das Anmieten in unmittelbarer Nähe der Dienststelle geschehen. Ein Personalrat kann seinen Anspruch auf Raumbedarf mit einem Verpflichtungsantrag im personalvertretungsrechtlichen Beschlussverfahren geltend machen (BVerwG vom 29. 6. 2004 – 6 PB 3/04).

Geschäftsbedarf

Zum Geschäftsbedarf gehören unter anderem die erforderlichen Möbel, Arbeitsmittel, Telefon, Portokosten und Papier. Die Personalvertretung muss die Möglichkeit haben, Ferngespräche führen zu können. Für die Aufzeichnung der Gesprächsdaten sind wegen der besonderen Stellung des Personalrats besonders enge Kriterien anzusetzen. Im Idealfall sollten vom Anschluss des Personalrats weder die eingehenden noch die ausgehenden Anrufe, sondern nur die Kosten gespeichert werden.

Je nach Umfang der Aufgaben und Größe der Personalvertretung können zum Geschäftsbedarf auch ein Kopiergerät, ein Telefax, ein Aktenvernichter und ein Anrufbeantworter gehören.

Büropersonal

Unter Büropersonal versteht der Gesetzgeber Hilfskräfte, die die büromäßige Abwicklung der Arbeit des Personalrats durchführen. Dazu zählen im Wesentlichen die Erledigung und die Verwaltung des Schriftgutes der Personalvertretung. Als ein Maßstab für die Ermittlung des erforderlichen Bedarfs kann die Anzahl der Personalratsmitglieder dienen.

Beispiel:

Das Oberverwaltungsgericht Sachsen-Anhalt geht bei einem aus neun Mitgliedern bestehenden Personalrat, von denen einer voll freigestellt ist, von der Zuweisung einer Bürokraft mit 20 Wochenstunden aus (OVG Sachsen-Anhalt vom 30. 7. 2003; ZfPR 11/2003, 304).

Bei der Auswahl der Bürokraft steht dem Personalrat wegen des besonderen zu begründenden Vertrauensverhältnisses ein Mitspracherecht zu. Die Bereitstellung von Büropersonal kann von der Dienststelle nicht mit der Begründung verwehrt werden, dass der Personalrat über die entsprechende, im Gesetz vorgesehene Anzahl von Freistellungen verfüge. Die Freistellungen sind nicht für die Erledigung von Büroarbeiten, sondern für die Geschäftsführung der Personalvertretung zu gewähren. Fällt die dem Personalrat zur Verfügung gestellte Bürokraft aus, so muss durch eine Vertretungsregelung die Aufgabenerfüllung sichergestellt sein. Der Personalrat benötigt dann für diesen Zeitraum einen Ersatz (SächsOVG vom 7. 7. 1998 – P 5 S 4/97).

Die Dienststellenleitung kann auch nicht die Nachbesetzung der Stelle der „Bürokraft des Personalrats" mit der Begründung ablehnen, dass sie einer Wiederbesetzungssperre unterliege. Der Personalrat unterliegt zwar auch dem Haushaltsrecht, was bedeutet, dass die Nachbesetzungssperre zunächst auch für ihn gilt. Allerdings darf die Anwendung des Haushaltsrechts nicht dazu führen, dass die gesetzlichen Aufgaben und Befugnisse des Personalrats eingeschränkt werden. Kosten, die bei der Erfüllung personalvertretungsrechtlicher Aufgaben entstehen, sind Ausgaben aufgrund der Wahrnehmung gesetzlicher Verpflichtungen. Die Bürokraft muss jedoch für den Personalrat zur Wahrnehmung dieser Verpflichtungen erforderlich sein. Bei der Beurteilung der Erforderlichkeit ist dr Grundsatz der sparsamen Haushaltsführung zu berücksichtigen (OVG LSA vom 30. 7. 2003, PersV 2004, 64; BayVGH München vom 8. 4. 2008, PersV 2009 S. 466). So müsste der Personalrat darlegen, welche anfallenden Tätigkeiten die Bürokraft wahrnehmen soll und welcher zeitliche Aufwand dafür erforderlich ist (BayVGH vom 8. 4. 2008, PersV 2009, 466). Ein weiteres Kriterium für die Erforderlichkeit kann sich aus der vorstehend zitierten Rechtsprechung des Oberverwaltungsgerichtes Sachsen-Anhalt ergeben. Die haushaltsrechtliche Manövriermasse der Dienststelle ergibt sich in der Regel nur aus den freiwiligen/fakultativen Aufgaben, nicht aber aus dem Bereich der einwandfreien Wahrnehmung gesetzlicher Aufgaben. Die Dienststelle kann die Wiederbesetzungder Stelle nicht mit dem Hinweis auf dafür fehlende Haushaltsmittel verweigern. Vielmehr ist sie gehalten, die notwendigen haushaltsrechtlichen Voraussetzungen zu schaffen (OVG LSA vom 30. 8. 2000, PersV 2001, 370). Der Personalrat muss im oben geschilderten Fall beantragen, die Nachbesetzungssperre für diese Stelle aufzuheben oder eine Nachbesetzung aus dem bei der Dienststelle vorhandenen Personalbestand vorzunehmen. Wegen der besonderen gesetzlichen Stellung der Personalvertretung können auch bei einer haushaltswirtschaftlichen Sperre nicht die gleichen Maßstäbe zugrunde gelegt werden wie bei anderen Teilen der Dienststelle, die abhängig organisatorischer Teil der Verwaltung sind.

Gesetzestexte, Kommentare, Fachzeitschriften

Die Personalvertretung hat Anspruch auf „jederzeitigen Zugriff" auf Gesetzestexte, Erläuterungen und Kommentare. Nur so kann sichergestellt werden, dass sie ihre Aufgaben mit der gebotenen Sachkompetenz wahrnehmen kann. Ein Kommentar gehört nach der Rechtsprechung des Bundesverwaltungsgerichts zum „unentbehrlichen Rüstzeug" für die Personalratsarbeit (BVerwG vom 26. 8. 1988, BVerwGE 79, 361 = ZBR 1988, 321 = PersV 1988, 394 = ZfPR 1989, 10).

Die Personalratstätigkeit darf nicht durch zeitraubende Einengungen und Nebenarbeiten – verursacht durch unzureichende Ausstattung mit Geschäftsbedarf – beeinträchtigt werden. Daraus ergibt sich die Notwendigkeit, dem Personalrat Fachzeitschriften und Erläuterungswerke zur ständigen Benutzung zur Verfügung zu stellen. Personalvertretungen benötigen bei der Vorbereitung und Durchführung von Sitzungen vielfach einen Kommentar oder ein Erläuterungswerk, um den ihnen gestellten Aufgaben gerecht werden zu können (VGH Baden-Württemberg vom 18. 9. 1990 – 15 S 831/89, n. v.). Bei Stufenvertretungen kann es unter Berücksichtigung der Besonderheiten des Geschäftsbereichs durchaus erforderlich sein, dass diese über mehrere Erläuterungswerke verfügen muss. Dies wird regelmäßig immer dann der Fall sein, wenn die Vorstandsmitglieder weite Wege zur Geschäftsstelle der Stufenvertretung zurücklegen müssen, um die einschlägigen Bestimmungen einzusehen und sich sachkundig zu machen. Unabhängig vom Zeitaufwand würden auch unnötigerweise Fahrtkosten anfallen. In der heutigen modernen Arbeitswelt stehen viele Kommentare und Gesetzestexte im Internet online zur Verfügung. Diese Online-Bibliotheken ermöglichen einen schnellen Zugriff, eine einfache Rechtsrecherche und sind immer auf dem aktuellen Stand. Ein aufwendiges Nachsortieren von Loseblattsammlungen ist nicht erforderlich. Im Resultat sind solche Online-Zugänge damit immer auch kostengünstiger.

Zum erforderlichen Geschäftsbedarf gehört, jedenfalls solange die Dienststelle nicht über eine solche verfügt, auch eine Fachzeitschrift. Der Grundsatz der sparsamen Verwendung der Haushaltsmittel kann nur die Art und Weise beeinflussen, in der die Zeitschrift dem Personalrat zur Verfügung zu stellen ist. Der

Personalvertretung steht insoweit unter mehreren Informationsschriften ein Auswahlrecht zu (BVerwG vom 5. 10. 1989, ZBR 1960, 56 = ZfPR 1990, 43).

In einer weiteren Entscheidung hat das Bundesverwaltungsgericht ausgeführt, dass in größeren Dienststellen (ca. 300 Beschäftigte und mehr) den Personalratsmitgliedern als Gremium eine Fachzeitschrift zum „ständigen Gebrauch" zur Verfügung zu stellen ist (BVerwG vom 12. 9. 1989, ZBR 1990, 55).

Kosten für die Anhörung eines Sachverständigen

Die Kosten für die Anhörung eines Sachverständigen sind von der Dienststelle zu tragen, wenn die Personalvertretung nach sachgerechten Erwägungen diese für erforderlich hält. Zunächst jedoch muss die Personalvertretung versuchen, internen Sachverstand zu nutzen. Steht interne Kompetenz nicht zur Verfügung oder bestehen Zweifel an der Objektivität, so ist die Personalvertretung berechtigt, sich externen Sachverstandes zu bedienen. Einer Personalvertretung steht das Recht zu, sich über bestimmte Fragen tatsächlicher Art und über solche, deren Beantwortung eine bestimmte Sachkunde erfordern, selbst zu informieren, um sachgerechte Beschlüsse fassen zu können (BVerwG vom 14. 7. 1977, BVerwGE 54, 195 = ZBR 1977, 412 = PersV 1978, 126; BVerwG vom 27. 2. 1985, ZBR 1985, 173).

Pflicht zur Übernahme von Anwaltskosten

Die Kosten der anwaltlichen Vertretung des Personalrats im verwaltungsgerichtlichen Beschlussverfahren sind von der Dienststelle zu tragen, wenn die Rechtsverfolgung der Durchsetzung, Klärung oder Wahrnehmung der dem Personalrat zustehenden Befugnisse und Rechte dient und der Personalrat die Vertretung durch einen Anwalt nach pflichtgemäßen Ermessen für erforderlich hält. Es handelt sich hierbei um durch die Tätigkeit des Personalrats entstandene Kosten im Sinne des § 41 Abs. 1 Satz 1 LPVG. Der Personalrat hat allerdings zu beachten, dass er einen Anwalt beauftragt, dessen Gebührenforderung in ihrer Höhe der gesetzlichen Vergütung gemäß den Regelungen des Rechtsanwaltsvergütungsgesetzes (RVG) entspricht. Der Personalrat hat auch hier den Grundsatz der Sparsamkeit und Wirtschaftlichkeit einzuhalten. Vor Inanspruchnahme eines Rechtsanwalts zur Durchsetzung der Interessen der Personalvertretung müssen alle Möglichkeiten ausgeschöpft werden, um aus eigener Kraft in vertrauensvoller Zusammenarbeit mit der Dienststellenleitung anstehende Probleme zu lösen (vgl. Verbot der Anrufung außenstehender Stellen, § 68 Abs. 3 LPVG). Die Zuhilfenahme externer Sachverständiger oder einer (Rechts-)Beratung bleibt davon unberührt. Auch die Kosten eines Anwaltes, den der Personalrat außerhalb eines gerichtlichen Verfahrens in Anspruch genommen hat, sind unter Würdigung aller Umstände des Einzelfalls von der Dienststelle zu tragen. Der Personalrat muss aber zunächst alle ihm zur Verfügung stehenden Mittel ausschöpfen, um sich selbst sachkundig zu machen. Dazu gehören das Nachlesen in den Kommentaren und der Literatur ebenso wie die Nutzung dienststelleninternen Sachverstands oder die Nachfrage bei vorgesetzten Dienststellen oder Gewerkschaften (SächsOVG vom 16. 12. 1997 – P 5 S 29/96, ZfPR 1999, 191 = PersR 1999, 12 = NZA-RR 1999, 221). Der Anspruch auf Kostenerstattung kann insbesondere dann bestehen, wenn die Beratung dazu geführt hat, ein personalvertretungsrechtliches Beschlussverfahren zu vermeiden (VG Meiningen vom 4. 6. 1996 – 3 P 50010/95). Ein Einverständnis der Dienststelle ist nicht erforderlich. Ein Erstattungsanspruch besteht nicht, wenn das Beschlussverfahren mutwillig oder aus haltlosen Gründen begonnen wurde (BVerwG vom 9. 3. 1992 – 6 P 11/90). Ist die Rechtsauffassung des Personalrats vertretbar und hat das Beschlussverfahren Rechtsfragen zum Gegenstand, die bisher nicht gerichtlich geklärt worden sind, kann nicht von einer offensichtlichen Aussichtslosigkeit ausgegangen werden. Von einer Mutwilligkeit ist nur dann auszugehen, wenn der Antragsteller bei sachgerechter Würdigung die Aussichtslosigkeit der Rechtsverfolgung hätte erkennen müssen.

Kostentragungspflicht der Dienststelle; Rechtsanwaltskosten für Rechtsberatung außerhalb eines gerichtlichen Verfahrens (OVG Berlin vom 3. 3. 1999 – OVG 60 PV 16/97 zum Landespersonalvertretungsrecht Berlin)

Nach § 40 Abs. 1 Satz 1 PersVG Bln trägt die Verwaltung die durch die Tätigkeit des Personalrats entstehenden Kosten. Zu diesen

Kosten können auch die Kosten für die Inanspruchnahme eines Rechtsanwaltes gehören. Wie das Bundesverwaltungsgericht wiederholt entschieden hat, ist in einem gerichtlichen Verfahren aus Anlass der Klärung der dem Personalrat zustehenden personalvertretungsrechtlichen Befugnisse und Rechte die Hinzuziehung eines Rechtsanwalts grundsätzlich geboten und hat die Dienststelle daher ebenso grundsätzlich die entstandenen Kosten des Rechtsanwalts zu tragen, es sei denn, das personalvertretungsrechtliche Beschlussverfahren werde mutwillig oder aus haltlosen Gründen in Gang gesetzt (vgl. BVerwGE 90, 76 [83]). Darüber hinaus kann die Dienststelle auch verpflichtet sein, die Kosten für einen Rechtsanwalt zu erstatten, den der Personalrat außerhalb eines gerichtlichen Verfahrens in Anspruch genommen hat, ohne dass der Personalrat die Einleitung eines solchen Verfahrens bereits beschlossen hat. Ob die Hinzuziehung eines Rechtsanwalts in diesen Fällen unter den gleichen oder nur unter erschwerten Voraussetzungen zulässig ist, ist in der Rechtsprechung des Bundesverwaltungsgerichts nicht eindeutig geklärt. Jedenfalls muss sowohl in dem einen als auch in dem anderen Fall der Hinzuziehung regelmäßig ein ernsthafter Einigungsversuch mit dem Leiter der Dienststelle vorangehen (vgl. BVerwGE, a. a. O., 84). Das bedeutet, dass der Personalrat dann, wenn die Dienststelle eine von ihm beantragte Maßnahme aus Rechtsgründen ablehnt, vor der Hinzuziehung eines Rechtsanwalts regelmäßig einen ernsthaften Einigungsversuch mit dem Dienststellenleiter eingehen muss.

Freistellungsanspruch des Personalrats hinsichtlich der Anwaltskosten (BVerwG vom 9. 3. 1992 – 6 P 11/90)

Ein Freistellungsanspruch gegen die Dienststelle ist dann nicht gegeben, wenn das Beschlussverfahren mutwillig oder aus haltlosen Gründen in Gang gesetzt worden ist. Von einer Haltlosigkeit ist auszugehen, wenn die Rechtsverfolgung von vornherein offensichtlich aussichtslos war. Eine Rechtsverfolgung ist insbesondere auch dann mutwillig, wenn von zwei gleichwertigen prozessualen Wegen der kostspieligere beschritten wird. Ob eine Gleichwertigkeit gegeben ist, wird dabei nach den Aufgaben beurteilt, die dem Personalrat obliegen. Scheitert der Freistellungsanspruch aus einem der beiden Gründe, so haftet die Dienststelle dem Rechtsanwalt mangels Verpflichtung aus dem Anwaltsvertrag auch nicht unmittelbar für seine Honorarforderungen. Es ist dem Rechtsanwalt nicht nur zuzumuten, sondern dieser ist aus den bei Vertragsabschluss bestehenden Sorgfaltspflichten heraus sogar verpflichtet, dem Personalrat von der Durchführung haltloser oder gar mutwilliger Verfahren abzuraten. Kommt er dieser Pflicht nicht nach, so ist es nicht unbillig, wenn ihm für seine Tätigkeit eine Honorierung aus öffentlichen Kassen versagt wird.

Kosten der Einigungsstelle

Die sachlichen und personellen Kosten des Verfahrens vor der Einigungsstelle sind ebenfalls Kosten im Sinne des § 41 LPVG.

Plätze für Bekanntmachungen

Zu dem von der Dienststelle zur Verfügung zu stellenden Geschäftsbedarf gehört auch das „Schwarze Brett" (§ 41 Abs. 3 Satz 3 LPVG). Der Personalrat kann auch, soweit er es für erforderlich hält, schriftliche Mitteilungen an die Beschäftigten verteilen. Ferner ist dem Personalrat die Möglichkeit einer elektronischen Bekanntmachung zu eröffnen. Hier kann der Personalrat in eigener Verantwortung und nach eigenem Ermessen schriftliche oder elektronische Mitteilungen an die Beschäftigten veröffentlichen, die sich aus seinen gesetzlichen Aufgaben und Befugnissen ergeben. Der Personalrat entscheidet, was, in welcher Form und wie lange er etwas am „Schwarzen Brett" bekannt machen will. So ist es dem Personalrat z. B. auch nicht verwehrt, die Dienstkräfte über das Ergebnis eines Vierteljahresgesprächs in einer Bekanntmachung zu unterrichten. Er ist befugt, die Beschäftigten darüber zu informieren, welche die Dienstkräfte berührenden Vorgänge in einem Vierteljahresgespräch zwischen der Dienststellenleitung und ihm behandelt und welche Entscheidungen dabei getroffen worden sind. Der Personalrat hat in diesem Fall aber darauf zu achten, dass er nicht als Vollzugsorgan dieser Entscheidung auftritt.

§

Bekanntmachungen des Personalrats (OVG Berlin vom 14. 5. 1997 – OVG PV [Bln] 15/94 zum Landespersonalvertretungsgesetz Berlin)

Nach § 39 Abs. 2 PersVG Bln bedürfen Bekanntmachungen des Personalrats in seinem Aufgabenbereich nicht der Zustimmung der Dienststelle. Daraus folgt in der Tat, dass der Personalrat in eigener Verantwortung entscheidet, was, in welcher Form und wie lange etwas am „Schwarzen Brett" bekannt zu machen ist. Er muss sich dabei allerdings „in seinem Aufgabenbereich" halten. Mit dem fraglichen Aushang hat der Personalrat die Dienstkräfte darüber informiert, was in einem Monatsgespräch zwischen ihm und den Vertretern der Dienststelle besprochen worden ist. In den Monatsgesprächen sollen insbesondere alle Vorgänge behandelt werden, die die Dienstkräfte wesentlich berühren (§ 70 Abs. 1 Satz 2 PersVG Bln). Zu diesen Vorgängen gehören sicherlich auch Regelungen über die

Verfahrensmodalitäten, die die Dienstkräfte bei Krankmeldungen und der Benutzung diensteigener Fahrzeuge einzuhalten haben. Deshalb hat sich der Personalrat durchaus im Rahmen seines Aufgabenbereichs gehalten, wenn er in dem hier fraglichen Monatsgespräch über die Einführung solcher Regelungen gesprochen hat. Dem Personalrat war es auch nicht verwehrt, die Dienstkräfte über das Ergebnis dieser Besprechung in einer Bekanntmachung zu unterrichten. Dem steht nicht entgegen, dass das Monatsgespräch nicht öffentlich stattfindet. Aus der Nichtöffentlichkeit kann eine Schweigepflicht bezüglich der wesentlichen Ergebnisse dieses Gesprächs nicht begründet werden. Die Nichtöffentlichkeit dient der Gewährleistung einer möglichst unbefangenen Diskussion; unzulässig wäre daher eine Darstellung des wesentlichen Gesprächsverlaufs, nicht hingegen der wesentlichen Ergebnisse, wie dies hier der Fall ist.

Nutzung von Internet und Intranet durch den Personalrat

Das Bundesarbeitsgericht hat bereits 2003 im in zwei Fällen entschieden, dass einem Betriebsrat unter bestimmten Voraussetzungen ein Internet- und ein Intranetzugang zur Verfügung zu stellen ist (BAG vom 3. 9. 2003 – 7 ABR 8/03; 7 ABR 12/03). Diesen beiden Entscheidungen zum Betriebsverfassungsrecht hat der Gesetzgeber mit der Regelung in § 41 Abs. 1 LPVG Rechnung getragen. Danach ist dem Personalrat die üblicherweise in der Dienststelle genutzte Informations- und Kommunikationstechnik zur Verfügung zu stellen ist. Dazu gehört auch der Zugang zum Internet, mit dessen Hilfe sich der Personalrat umfassend und schnell über aktuelle Fragen des Personalvertretungsrechts informieren kann. Beispielhaft sei nur erwähnt, dass die Entscheidungen der obersten Bundesgerichte im Volltext im Internet abrufbar sind. Die so vereinfachte Rechtsrecherche spart nicht nur Zeit, sondern auch Kosten.

Veröffentlichungen im Intranet ermöglichen es dem Personalrat, die Beschäftigten der Dienststelle aktuell und zeitnah über seine Tätigkeit zu unterrichten. Dies gilt umso mehr für die Fälle, in denen die sonstigen Informationsmöglichkeiten nicht ausreichen. Handelt es sich beim Intranet um ein übliches dienststelleninternes Kommunikationsmittel, so ist dem Personalrat ein Anspruch auf Nutzung des Intranets zur Information der Beschäftigten zuzubilligen. Der Gesetzgeber hat in § 41 Abs. 3 LPVG die Möglichkeit eingeräumt, die Beschäftigten elektronisch zu unterrichten. Demnach ist dem Personalrat die Möglichkeit zu einer elektronischen Bekanntmachung zu eröffnen. In der heutigen modernen Verwaltung ist dem Personalrat die Mitbenutzung des dienststelleninternen E-Mail-Systems oder Intranets gestattet. Weiterleitungen von Bekanntmachungen des Personalrats sind – von den Fällen strafbaren Verhaltens abgesehen – nicht vom Ergebnis einer Inhaltskontrolle seitens der Dienststelle abhängig. Hält die Dienststelle eine Veröffentlichung des Personalrats für unzulässig, ist sie auf die Inanspruchnahme gerichtlichen Rechtsschutzes verwiesen (BVerwG vom 27. 10. 2009, PersV 2010, 187).

Verbot der Beitragserhebung

Sowohl die einzelnen Personalratsmitglieder – sie führen ihr Amt als Ehrenamt (§ 43 Abs. 1 LPVG) – als auch die Personalvertretung als Organ dürfen Leistungen weder fordern noch annehmen (§ 42 LPVG). Anderenfalls wäre die Unabhängigkeit der Personalvertretung gefährdet.

Schulungs- und Bildungsmaßnahmen (§ 44 LPVG)

Vermittlung erforderlicher Erkenntnisse

Gemäß § 44 Abs. 1 i. V. m. § 41 Abs. 1 LPVG besteht eine Pflicht zur Übernahme der Kosten bei Teilnahme von Personalratsmitgliedern an Schulungs- und Bildungsveranstaltungen. Die Kosten sind von der Dienststelle zu tragen, sofern für die Personalratstätigkeit erforderliche Kenntnisse vermittelt werden. In einer modernen Verwaltung sind die personalvertretungsrechtlichen Partner (Dienststelle und Personalvertretung) Akteure einer gemeinsamen Managementaufgabe. Zur möglichst optimalen Aufgabenerfüllung unter Berücksichtigung aller Aspekte der Beschäftigten muss die Dienststelle ein Interesse an einem kompetenten Personalrat haben (Lorse, Aktuelle Rechtsfragen der Schulung von Personalratsmitgliedern, PersV 04/2008, 124 ff.).

Nach der Rechtsprechung des Bundesverwaltungsgerichts sind die tatsächlichen angemessenen Kosten einer Schulungs- und Bildungsveranstaltung auf der Grundlage eines Entsendungsbeschlusses von der jeweiligen Dienststelle zu tragen.

Es kommt vonseiten der Personalvertretung und der Dienststelle auf die individuelle Einzelfallprüfung an. Zweck der gesetzlichen Bestimmung ist es, sicherzustellen, dass die Personalvertretungen über die für die Personalratstätigkeit benötigten Kenntnisse verfügen. Die Schulungsveranstaltung muss von der inhaltlichen Thematik her auf die Vermittlung von Kenntnissen ausgerichtet sein, die ihrer Art nach für die Tätigkeit in der Personalvertretung benötigt werden. Ein Schulungsbedürfnis ist immer dann zu rechtfertigen, wenn die Inhalte Bezugspunkte zu den Problemen der Personalratsarbeit aufweisen und sich durch eine offensichtliche Sachnähe auszeichnen (VG Berlin vom 30. 10. 2001 – VG 71 A 7/01).

Objektive und subjektive Erforderlichkeit

Zentrales Kriterium für die Freistellung durch die Dienststelle und die damit einhergehende Kostenübernahme ist die Erforderlichkeit der Schulungs- und Bildungsveranstaltung. Es müssen also Kenntnisse vermittelt werden, die für die Tätigkeit im Personalrat und die Wahrnehmung der Aufgaben der Personalvertretung von Bedeutung sind. Unter Berücksichtigung des Grundsatzes der sparsamen und wirtschaftlichen Verwendung öffentlicher Mittel (§ 7 Abs. 1 Satz 1 Landeshaushaltsordnung für Baden-Württemberg – LHO) steht der Personalvertretung ein eigener Beurteilungsspielraum zu. Der Dienststelle steht das Recht auf Prüfung zu, ob sich der Beurteilungsspielraum innerhalb des Rahmens nach § 7 Abs. 1 LHO bewegt. Die Dienststelle kann eine Freistellung und die Kostenzusage verwehren, wenn die angestrebte Schulungs- und Bildungsveranstaltung inhaltlich nicht erforderlich ist, in keinem angemessenen Verhältnis zum zu erwartenden Schulungseffekt steht oder der Wirtschaftlichkeitsprüfung nicht standhält.

Unter Berücksichtigung des Gebots der sparsamen Verwendung von Haushaltsmitteln hat der Personalrat vor Beschlussfassung die objektive und subjektive Erforderlichkeit der Veranstaltung zu prüfen. Sie muss also objektiv für die Tätigkeit, die Aufgabenerfüllung der Personalvertretung und subjektiv für das zu entsendende Personalratsmitglied geboten sein. Die objektive Erforderlichkeit wird immer dann gegeben sein, wenn in der

Schulungs- und Bildungsveranstaltung Kenntnisse vermittelt werden die zum gesetzlichen Aufgabengebiet der Personalvertretung gehören und das Wissen darum aktuell benötigt wird. Subjektiv erforderlich ist die Schulungsveranstaltung für das einzelne Personalratsmitglied immer dann, wenn die Kenntnisse zur Ausübung der allgemeinen Tätigkeit innerhalb des Gremiums oder für die Wahrnehmung einer bestimmten Aufgabe innerhalb der Personalvertretung notwendig sind (BVerwG vom 23. 4 1991 – 6 P 19/89) und es kein weiteres, auf diesem Gebiet geschultes Mitglied gibt.

Unter Berücksichtigung der sparsamen und wirtschaftlichen Verwendung der Haushaltsmittel reicht es im Regelfall aus, wenn ein Mitglied des Personalrats mit der speziellen Materie vertraut ist. Ausnahmen sind aber möglich, wenn beispielsweise das Thema so komplex ist, dass es von einem einzelnen Personalratsmitglied nicht bewältigt werden kann. Auch muss die Kontinuität der Aufgabenerfüllung durch den Personalrat bei längerer Abwesenheit des über die Spezialkenntnisse verfügenden Personalratsmitglieds sichergestellt sein. Die Fortführung der Aufgabenerfüllung bei komplexen Themen mit übergreifender Bedeutung ist sicherzustellen (siehe hierzu zum Arbeitsschutz und der Unfallverhütung: BVerwG vom 14. 6. 2006 – 6 P 13.05).

Grundschulungen

Nach der ständigen Rechtsprechung des Bundesverwaltungsgerichts ist eine Grundschulung von etwa einer Woche Dauer in jedem Fall als erforderlich anzusehen. Ein neu gewähltes Personalratsmitglied bedarf einer Grundschulung, um seine Tätigkeit im Personalrat überhaupt sachgemäß ausüben zu können. Die Personalvertretungen als Gremium sind darauf angewiesen, dass ihre Mitglieder über die für Personalratstätigkeit benötigten Grundkenntnisse verfügen. Um überhaupt mit der Dienststelle als gleichberechtigter und sachkundiger Partner verhandeln zu können, müssen die Mitglieder des Personalrats über einen Grundbestand personalvertretungsrechtlich relevanten Wissens verfügen.

Wichtig: Eine Grundschulung soll spätestens bis zum Ende des auf die Personalratswahl folgenden Kalenderjahres stattfinden.

Es kann davon ausgegangen werden, dass sich das Personalratsmitglied nach diesem Zeitpunkt die Grundlagen auf eine andere als die im Gesetz vorgesehene Weise angeeignet hat. Insbesondere gegen Ende dieses Zeitraumes ist folglich eine Grundschulung in jedem Fall notwendig und unaufschiebbar erforderlich. In dieser Situation muss die Personalvertretung nicht wegen fehlender Haushaltsmittel auf die Entsendung verzichten. Die Dienststelle muss die Instrumentarien des Haushaltsrechts nutzen und die Ausgaben für die Schulungsteilnahme durch Einsparungen an anderer Stelle erbringen (BVerwG vom 26. 2. 2003 – 6 P 9/02).

Für Arbeitnehmervertreter ist die Vermittlung von Grundkenntnissen im Arbeitsrecht für eine ordnungsgemäße Personalratstätigkeit unentbehrlich. Dazu gehören Grundkenntnisse im individuellen und kollektiven Arbeitsrecht sowie im Tarifvertragsrecht (OVG Münster vom 16. 4. 2008 – 1 A 4630/06 PVB). Der Schulungsbedarf eines neu gewählten Personalratsmitglieds ist daher anzuerkennen, wenn und soweit die entsprechenden Kenntnisse nicht bereits in einer Grundschulung zum Personalvertretungsrecht thematisiert worden sind. Werden in solch einer Schulung Grundlagen des Arbeitsrechtes vermittelt, so handelt es sich nicht um eine Spezialschulung, sondern um die Vermittlung von Grundwissen, über das Arbeitnehmervertreter im Personalrat verfügen müssen (BVerwG vom 14. 6. 2006 – 6 P 13/05). Das Bundesverwaltungsgericht ist mit dieser Entscheidung von seiner bisherigen Rechtsprechung abgerückt, nach der Schulungen zum Arbeitsrecht nach den strengeren Maßstäben der Spezialschulung zu beurteilen waren. Entsprechendes gilt auch für die Beamtenvertreter im Personalrat. Hier kann die Vermittlung von Grundkenntnissen im Dienstrecht, sofern diese nicht Bestandteil der Ausbildung waren und diese noch nicht längere Zeit zurückliegt, für eine ordnungsgemäße Wahrnehmung personalvertretungsrechtlicher Aufgaben erforderlich sein.

Die Teilnahme an einer Grundschulung schließt die Teilnahme an einer zweiten Grundschulung dann nicht aus, wenn in dieser Schulung Kenntnisse vermittelt werden, die zu einer notwendigen Vertiefung bereits vorhandener Kenntnisse führen (OVG Saarland, Beschluss vom 17. 7. 2014 – 4 A 492/13 – = ZfPR online

1/2015). Dies wird immer dann der Fall sein, wenn beispielsweise Angelegenheiten aus dem zentralen Bereich der Beteiligungsrechte vertiefend auch anhand der zugehörigen Begleitgesetze und Tarifverträge vermittelt werden.

Spezialschulungen

Die Teilnahme eines Personalratsmitglieds an einer Spezialschulung ist immer dann als unaufschiebbar anzusehen, wenn der dort vermittelte Schulungsinhalt zeitnahen Bezug zu einer Fragestellung hat, mit der der Personalrat aktuell betraut ist. Der Personalrat muss die dort vermittelten Kenntnisse benötigen, um einem akuten Handlungsbedarf auf seiner Seite zu genügen. Dazu gehören auch Kenntnisse über schon bestehende oder erprobte Strategien zur Konfliktbewältigung und Streitschlichtung, die auf modernen Erkenntnissen der Verhandlungspsychologie, des gemeinsamen Interessenausgleichs und der Aktivierung partnerschaftlicher Konsenspotenziale aufbauen (VG Berlin vom 16. 4. 1997 – VG 61 A 23.96). Die Erforderlichkeit einer Schulung zu den Themen Kommunikation und Konfliktbewältigung ist nach der Rechtsprechung des Oberverwaltungsgerichtes Berlin dann gegeben, wenn das Thema in seinem Anwendungsbereich für die Personalratsarbeit behandelt wird (OVG Berlin vom 23. 9. 1998 – OVG 60 PV 11.97). Sind diese Voraussetzungen erfüllt, muss die Dienststelle ebenfalls alles tun, um eine Teilnahme zu ermöglichen (BVerwG vom 26. 2. 2003 – 6 P 10/02).

Wichtig: Der Personalrat ist nicht berechtigt, ein behördeninternes Fortbildungsangebot, welches sich nicht bereits im Vorhinein nach den dazu in Betracht zu ziehenden Umständen als nicht gleichwertig erweist, zugunsten einer wesentlich kostenaufwendigeren gewerkschaftlichen Schulung auszuschlagen (BVerwG vom 16. 6. 2011 – 6 PB 5.11).

Im Falle einer Inhouse- oder Indoorschulung ist die Dienststelle verpflichtet, organisatorisch sicherzustellen, dass eine ununterbrochene und ungestörte Teilnahme möglich ist. Werden die zu schulenden Personalratsmitglieder während der hausinternen Schulung zur Erfüllung von dienstlichen Aufgaben herangezogen, verliert die Schulung ihre Effektivität und macht einen Nachschulungsbedarf erforderlich (BVerwG vom 12. 11. 2012 – 6 P 4.12).

Den Erstattungsanspruch muss das einzelne Personalratsmitglied gegenüber der Dienststelle geltend machen und gegebenenfalls durchsetzen.

Der Anspruch auf Freistellung steht der Personalvertretung zu. Sie hat daher eine Entscheidung darüber zu treffen, ob und welches Mitglied zu einer bestimmten Schulungsmaßnahme zu entsenden ist. Die Teilnahme eines Personalratsmitglieds an einer für die Tätigkeit im Personalrat erforderlichen Schulungsveranstaltung kann nur aus zwingenden dienstlichen Gründen verwehrt werden. Stehen keine Haushaltsmittel mehr zur Verfügung und ist auch kein Nachtragshaushalt mehr möglich, ist die Teilnahme gleichfalls nicht möglich. In beiden Fällen ist aber keine Absage auf Dauer statthaft, denn das betroffene Personalratsmitglied hat einen Rechtsanspruch auf Teilnahme, wenn die Voraussetzungen des § 44 Abs. 1 LPVG erfüllt sind. Die Dienststelle kann lediglich bitten, die Teilnahme auf einen späteren Zeitpunkt zu verschieben. Zu berücksichtigen ist ferner, dass die Dienststelle im Falle einer Grundschulung in dem Haushaltsjahr, das auf das Jahr der Wahl folgt, alle Instrumentarien des Haushaltsrechts nutzen muss, um die Schulung zu ermöglichen.

Für Ersatzmitglieder, die regelmäßig zur Personalratstätigkeit herangezogen werden oder die in absehbarer Zeit in den Personalrat nachrücken werden, besteht der gleiche Anspruch auf Schulungsteilnahme nach § 44 Abs. 1 LPVG.

Entsendungsbeschluss

Hält die Personalvertretung die Teilnahme eines Personalratsmitglieds an einer Schulungs- und Bildungsveranstaltung zur ordnungsgemäßen Erfüllung ihrer Aufgaben für erforderlich, so legt sie dies in einem Beschluss – dem sogenannten Entsendungsbeschluss – fest. Dabei erstreckt sich der Beurteilungsspielraum der Personalvertretung auf sämtliche für die Erforderlichkeit relevanten Aspekte. Dazu gehört insbesondere die Auswahl des zu entsendenden Personalratsmitglieds, der Gegenstand (Inhalt) der Schulung, der Zeitpunkt und der Ort der Schulung, das Schulungsformat sowie die Dauer und der Anbieter der Veranstaltung (BVerwG vom 14. 6. 2006 – 6 P 13.05; OVG Berlin-Brandenburg vom 16. 1. 2014 – OVG 62 PV 14.12).

Die Personalvertretung hat ihren Beschluss der Dienststelle schriftlich oder in elektronischer Form rechtzeitig vorzulegen. Zu der Mitteilung gehört auch eine Begründung zur Erforderlichkeit der Schulungsveranstaltung sowie die Übermittlung der weiteren wesentlichen Informationen. Insbesondere bei Spezialschulungen sind die Auswahl des zu entsendenden Personalratsmitglieds und die Erforderlichkeit des Schulungsinhalts konkret darzulegen.

Die Veranstaltungen im Sinne von § 44 Abs. 1 LPVG liegen nicht nur alleine im Interesse des Personalratsmitglieds, „sondern vor allem im Interesse der Beschäftigten und der Dienststelle an einer ordnungsgemäßen Wahrnehmung personalvertretungsrechtlicher Aufgaben“ (BVerwG vom 27. 4. 1979, BVerwGE 58, 54).

Konferenzen

Personalratsvorsitzende und jeweils einer der stellvertretenden Vorsitzenden haben unter Fortzahlung der Besoldung oder des Arbeitsentgelts viermal im Jahr das Recht auf Teilnahme an einer von der zuständigen Gewerkschaft einberufenen Konferenz der Personalratsvorsitzenden. Zweimal im Jahr haben alle Mitglieder des Personalrats Anspruch zur Teilnahme an einer gleichen Konferenz für Personalvertreter. Die Teilnahme an einer dieser Konferenzen ist durch eine von der zuständigen gewerkschaftlichen Konferenzleitung ausgestellten Teilnahmebescheinigung nachzuweisen.

Sitzungen der Personalvertretung

Einberufung der Personalratssitzung (§ 30 LPVG)

Einladung durch Vorsitzenden

Die Einladung zur Personalratssitzung erfolgt durch den Vorsitzenden des Personalrats (§ 30 Abs. 1 LPVG). Die Häufigkeit richtet sich nach pflichtgemäßem Ermessen, entsprechend Zahl und Dringlichkeit der anfallenden Geschäftsvorgänge. Die Erforderlichkeit zur Durchführung einer Sitzung besteht immer dann, wenn der Personalrat eine Angelegenheit zu erörtern oder zu entscheiden hat, die in seinen Zuständigkeitsbereich fällt. Erhält

z. B. die Personalvertretung eine Beteiligungsvorlage, muss sie innerhalb einer vorgegebenen Frist eine Sitzung durchführen, um eine Entscheidung zu treffen.

Praxis-Tipp:
Personalvertretungen in kleinen Dienststellen mit wenigen Aufgaben müssen nur sporadisch Sitzungen durchführen, während große Personalvertretungen und Stufenvertretungen wöchentlich oder alle zwei Wochen einen festen Sitzungstag haben.

Antragsrecht

Einberufungspflicht besteht auf Antrag bestimmter Personen, Gruppen oder der Sondervertretungen (§ 30 Abs. 3 LPVG). Den Antrag können stellen:

- ein Viertel der Mitglieder des Personalrats
- die Mehrheit der Vertreter einer Gruppe
- der Leiter der Dienststelle
- die Schwerbehindertenvertretung in Angelegenheiten, die besonders schwerbehinderte Beschäftigte betreffen
- die Mehrheit der Jugend- und Ausbildungsvertretung in Angelegenheiten, die besonders die in § 59 Abs. 1 LPVG genannten Beschäftigten betreffen
- die Beauftragte für die Chancengleichheit in Angelegenheiten, die die Gleichstellung von Frauen und Männern betreffen
- der Richter- oder Staatsanwaltsrat (§ 31 Abs. 2 LPVG).

Der Gegenstand, dessen Erörterung beantragt worden ist, muss auf die Tagesordnung gesetzt werden. Unterlässt die vorsitzende Person ohne besonderen Grund die Einladung, stellt dies eine grobe Pflichtverletzung dar, die nach § 24 Abs. 1 LPVG zum Ausschluss aus der Personalvertretung führen kann. Andere Personen (z. B. einzelne Personalratsmitglieder oder Beschäftigte) sowie Gruppen (z. B. Gewerkschaften) besitzen kein Antragsrecht. Diese können lediglich Anregungen zur Tagesordnung geben. Dieses wird beispielsweise immer dann der Fall sein, wenn an ein Mitglied des Personalrats Anregungen oder Be-

5

schwerden von Beschäftigten herangetragen worden sind und diese im Gremium erörtert werden müssen.

Dienstliche Erfordernisse

Die Sitzungen finden unter Berücksichtigung der dienstlichen Erfordernisse (§ 30 Abs. 1 2. Halbsatz LPVG) in der Regel während der Arbeitszeit statt (§ 32 Abs. 1 2. Halbsatz LPVG). Unter Arbeitszeit versteht der Gesetzgeber die allgemein übliche Arbeitszeit in der Dienststelle und nicht die individuelle Arbeitszeit des einzelnen Personalratsmitglieds. Sind Mitglieder des Personalrats teilzeitbeschäftigt oder arbeiten im Schichtdienst, ist dies durchaus problematisch. Zumindest bei Teilzeitbeschäftigten sollte der Vorsitzende deren individuelle Arbeitszeit berücksichtigen. Eine Verpflichtung hierfür besteht allerdings nicht. Der Gesetzgeber hat insbesondere auch für diese Fälle vorgesehen, dass Personalratsmitgliedern, die außerhalb ihrer individuellen Arbeitszeit beansprucht werden, dafür im entsprechenden Umfang Freizeitausgleich zu gewähren ist.

Die Personalvertretung hat bei der Anberaumung ihrer Sitzungen auf die dienstlichen Erfordernisse Rücksicht zu nehmen. Auch im Eigeninteresse sollte eine Personalvertretung die Sitzungen zu einem Zeitpunkt abhalten, von dem bekannt ist, dass allen Mitgliedern des Plenums eine Teilnahme möglich ist. Bei Personalvertretungen mit festen Sitzungszeiten stellt sich in der Praxis dieses Problem nicht, denn die Termine sind über einen längeren Zeitraum im Voraus bekannt.

Unterrichtung des Leiters der Dienststelle

Der Leiter der Dienststelle ist vom Zeitpunkt der Sitzung vorher zu verständigen (§ 30 Abs. 2 LPVG) und zu den Tagesordnungspunkten, zu denen er teilnehmen soll, zu laden. Damit ist allerdings nicht gemeint, dass der Termin der Sitzung mit der Dienststelle zu vereinbaren ist. Bei Personalvertretungen mit festgelegten Sitzungsterminen wird es ausreichend sein, wenn die Zeiten zu Beginn der Amtszeit mitgeteilt worden sind.

Rechtzeitige Ladung

Die Mitglieder des Personalrats, die Schwerbehindertenvertretung und das von der Jugend- und Auszubildendenvertretung benannte Mitglied sind rechtzeitig unter Mitteilung der Tagesordnung vom Vorsitzenden einzuladen (§ 30 Abs. 1 Satz 3 LPVG). Die vom Gesetzgeber geforderte rechtzeitige Ladung ist unverzichtbare Voraussetzung für die Wirksamkeit eines in der Sitzung zu fassenden Beschlusses (vgl. BetrVG, BAG vom 24. 5. 2006, Leits. ZfPR 2008, 44).

Sofern sie allgemein oder auf Beschluss des Personalrats teilnahmeberechtigt sind, müssen vom Vorsitzenden auch geladen werden:

- weitere Mitglieder der Jugend- und Auszubildendenvertretung
- Beauftragte von Stufenvertretungen
- Beauftragte des Gesamtpersonalrats
- die Beauftragte für Chancengleichheit

Hat der Personalrat im Vorfeld die Teilnahme weiterer Personen (Dienststellenleiter, Gewerkschaftsbeauftragte, Sachverständige) beschlossen, müssen auch diese rechtzeitig unter Mitteilung der sie betreffenden Tagesordnungspunkte eingeladen werden. Schriftform ist zwar nicht zwingend vorgesehen, da die Ladung und die Tagesordnung aber den Mitgliedern eine Vorbereitung ermöglichen sollen, ist diese empfehlenswert. Bei der Definition des Begriffs „rechtzeitig" kommt es sehr auf den Einzelfall und die äußeren Umstände an. Die Ladung durch den Vorsitzenden muss so erfolgen, dass die einzelnen Mitglieder des Personalrats und auch die weiteren Teilnahmeberechtigten sich auf die Sitzung einstellen können (das heißt insbesondere, den jeweiligen Vorgesetzten in Kenntnis setzen sodass dieser ggf. eine Vertretung am Arbeitsplatz organisieren kann). Den Teilnehmern an einer Sitzung muss eine angemessene Vorbereitungszeit eingeräumt werden. Jedes Personalratsmitglied muss aufgrund der vorliegenden Tagesordnung die Möglichkeit haben, sich noch sachkundig zu machen. Darüber hinaus muss die Möglichkeit bestehen, dem Vorsitzenden eine etwaige Verhinderung mitzuteilen, damit die Ladung eines Ersatzmitglieds noch rechtzeitig erfolgen kann. Bei kurzen Äußerungsfristen lässt sich jedoch eine kurzfristige Ladung im Einzelfall nicht vermeiden. Insbesondere Ersatzmitglieder müssen in der Praxis häufig kürzere Ladungsfristen in Kauf nehmen.

Teilnahmerechte (§ 32 LPVG)

Nichtöffentlichkeit der Sitzung

Die Sitzungen des Personalrats sind nicht öffentlich (§ 32 Abs. 1 1. Halbsatz LPVG). Dieser gesetzlich normierte Grundsatz dient dazu, eine von sachfremden Einflüssen freie Beratung und Beschlussfassung zu ermöglichen. Insbesondere muss die Vertraulichkeit der behandelten Gegenstände und des Abstimmungsverhaltens des einzelnen Personalratsmitglieds gewährleistet sein. Die freie Meinungsäußerung der Personalratsmitglieder und eine von äußeren Einflüssen freie Willensbildung sind sicherzustellen. Jedes Personalratsmitglied muss darauf vertrauen können, dass seine Äußerungen nicht nach außen getragen werden (VGH Bayern vom 31. 7. 1985, ZBR 1986, 92). Der Vorsitzende des Personalrats hat aus diesem Grundsatz heraus darauf zu achten, dass nur solche Personen an der Sitzung teilnehmen, denen das Gesetz dieses Recht ausdrücklich einräumt.

Wichtig: Eine Erweiterung des im Gesetz ausdrücklich genannten Teilnehmerkreises ist auch ausnahmsweise nicht zulässig. Die Aufzählung der Ausnahmen ist durch den Gesetzgeber abschließend und erschöpfend geregelt. Weder im Einvernehmen noch durch Beschluss oder gar in der Geschäftsordnung können weitere Teilnahmerechte für zulässig erklärt werden (BVerwG vom 14. 7. 1977, BVerwGE 54, 195 = PersV 1978, 126).

Teilnehmende Personalratsmitglieder

Teilnahmeberechtigt sind zunächst die ordentlichen Personalratsmitglieder, bei deren Verhinderung das jeweilige Ersatzmitglied (§ 27 Abs. 1 LPVG). Der Eintritt eines Ersatzmitglieds erfolgt kraft Gesetzes in den dort abschließend geregelten Fällen.

Der Personalrat soll möglichst in seiner vollständigen Besetzung zusammentreten. Der Gesetzgeber will damit eine möglichst große Meinungsvielfalt sicherstellen und Willkür bei der Meinungsbildung ausschließen. Es handelt sich zu diesem Zeitpunkt folgerichtig nicht um eine Frage der Beschlussfähigkeit der Personalvertretung.

Fernbleiben nur aus wichtigen Gründen

Ein Personalratsmitglied kann nicht der Sitzung mit der Begründung fernbleiben, dass es dienstlich überlastet sei. Personalratstätigkeit geht dem ordentlichen Dienst vor. Bleibt ein Personalratsmitglied aus nicht tragenden Gründen der Sitzung fern, so kann dies den Tatbestand des § 24 Abs. 1 LPVG erfüllen und zum Ausschluss aus dem Personalrat führen. Jedes Personalratsmitglied ist verpflichtet, für eine gedeihliche Zusammenarbeit innerhalb der Personalvertretung zu sorgen (OVG Münster vom 8. 5. 1961, ZBR 1962, 162 = PersV 1963, 111) und alles zu vermeiden, was eine Beschlussunfähigkeit zur Folge haben könnte.

Zeitweilige Verhinderung

5

Ist ein Personalratsmitglied zeitweilig verhindert oder ruht die Mitgliedschaft, rückt das Ersatzmitglied nur für die Dauer der Verhinderung in die Rechtsstellung des Personalratsmitglieds ein. Als Fälle der zeitweiligen Verhinderung kommen insbesondere folgende Tatbestände in Betracht: Urlaub, Elternzeit, Krankheit, dienstliche Abwesenheit, Kur, Ruhen der Mitgliedschaft und Fälle der Befangenheit.

Eine Verhinderung liegt nicht vor, wenn ein Personalratsmitglied während der Sitzung plötzlich erkrankt und deshalb einen Arzt aufsuchen muss oder aus persönlichen Beweggründen der Sitzung fernbleibt. Dasselbe gilt, wenn plötzlich und unvorhersehbar ein Dienstgeschäft zu erledigen ist. Hat der Personalrat seinen Rücktritt beschlossen oder ist er durch verwaltungsgerichtliche Entscheidung aufgelöst, erfolgt kein Eintritt der Ersatzmitglieder (§ 27 Abs. 4 LPVG).

Ist ein Personalratsmitglied zeitweilig verhindert, ist es verpflichtet, dies dem Vorsitzenden anzuzeigen und das jeweilige Ersatzmitglied in Kenntnis zu setzen. Die Ladung des Ersatzmitglieds erfolgt dann durch den Vorsitzenden. Diese muss auch dann noch erfolgen, wenn der Vorsitzende unmittelbar zu Beginn der Sitzung von der Verhinderung eines Personalratsmitglieds erfährt und der Eintritt des Ersatzmitglieds problemfrei möglich ist. Der Eintritt wird immer dann erfolgen müssen, wenn die Ladung zeitlich und örtlich noch möglich ist und dem jeweiligen Ersatzmitglied die Teilnahme noch zugemutet werden kann. Der Vorsitzende ist im Falle eines unangezeigten Nichterscheinens eines von ihm ordnungsgemäß zur Sitzung geladenen Personalratsmitglieds nicht verpflichtet, sich sachkundig zu machen, ob eine Verhinderung tatsächlich vorliegt (SächsOVG vom 7. 4. 1998, PersV 1999, 500).

Der Vorsitzende trägt die volle Verantwortung für die ordnungsgemäße Ladung der Personalrats- und im Verhinderungsfall der Ersatzmitglieder. Ein unkorrektes Verhalten kann, insbesondere wenn es mehrfach erfolgt, eine grobe Pflichtverletzung im Sinne des § 24 Abs. 1 LPVG sein und zum Ausschluss aus der Personalvertretung führen (BVerwG vom 14. 2. 1969, PersV 1970, 60).

Ausscheiden aus dem Personalrat

Scheidet ein Personalratsmitglied während der Amtszeit aus, so tritt das Ersatzmitglied gemäß § 27 Abs. 1 Satz 1 LPVG bis zum Ende der Amtszeit in die Rechtsstellung des ausgeschiedenen Mitglieds ein.

Reihenfolge des Eintritts der Ersatzmitglieder

Nicht möglich ist ein Nachrücken in eine besondere Vertrauensstellung (vorsitzende Person, Stellvertreterin/Stellvertreter), die dem ausgeschiedenen oder zeitweilig verhinderten Mitglied durch personalratsinterne Wahl zugefallen ist. In § 27 Abs. 2 LPVG wird bestimmt, in welcher Reihenfolge die Ersatzmitglieder eintreten. Bei Listenwahl ist ein Rückgriff auf andere Listen auch dann nicht gestattet, wenn die betroffene Liste erschöpft ist. Das würde nach ständiger Rechtsprechung den Wählerwillen verfälschen, da der Wähler sich mit seiner Entscheidung bewusst für diese Liste und gegen eine andere ausgesprochen hat. Eine fehlerhafte Besetzung der Personalvertretung lässt die Gültigkeit der Beschlüsse zweifelhaft erscheinen (BVerwG vom 24. 10. 1975 – VII P 14/73, BVerwGE 49, 271 = ZBR 1976, 195). Die Anwesenheit eines nicht teilnahmeberechtigten, z. B. in Elternzeit befindlichen Personalratsmitglieds ist nur dann von erheblicher Bedeutung, wenn das verhindert gewesene Mitglied durch seine bloße Anwesenheit oder Mitsprache wesentlichen Einfluss auf das Beratungs- und Beschlussergebnis genommen hätte (SächsOVG vom 7. 4. 1998, PersV 1999, 500).

Weitere Teilnahmerechte

Diese ergeben sich unmittelbar aus den rechtlichen Bestimmungen:

- ein Mitglied bzw. die weiteren Mitglieder der Jugend- und Auszubildendenvertretung (§ 32 Abs. 4 LPVG)
- Vetrauensperson der Schwerbehinderten (§ 32 Abs. 5 LPVG)
- die Beauftragte für Chancengleichheit (§ 32 Abs. 6 LPVG)
- die Dienststellenleitung oder die von ihr beauftragte Person (§ 32 Abs. 3 Satz 3 LPVG)
- je ein Beauftragter einer im Personalrat vertretenen Gewerkschaft (§ 32 Abs. 3 Satz 1 LPVG)
- ein Mitglied der Arbeitgebervereinigung, der die Dienststelle angehört (§ 32 Abs. 3 Satz 3 2. Halbsatz LPVG)
- (evtl.) Büropersonal zur Aufnahme der Niederschrift (§ 32 Abs. 2 LPVG)
- Mitglieder des Richterrats oder des Staatsanwaltsrats in Wahrnehmung gemeinsamer Aufgaben (§ 31 LPVG)
- (evtl.) Sachverständige und andere Auskunftspersonen (§ 32 Abs. 7 LPVG)
- Betroffene Beschäftigte zur Anhörung (§ 32 Abs. 8 LPVG)

Der Entscheidung des Bundesverwaltungsgerichts, wonach auf Beschluss der Personalvertretung auch Sachverständige und andere Auskunftspersonen an der Sitzung teilnehmen können (BVerwG vom 24. 10. 1975, BVerwGE 49, 259), hat der Gesetzgeber in der Regelung des § 32 Abs. 7 LPVG Rechnung getragen.

Sind in einer Angelegenheit sowohl der Personalrat als auch der Richter- oder der Staatsanwaltsrat beteiligt, so entsendet der Richterrat und/oder Staatsanwaltsrat Mitglieder in den Personalrat (§ 31 LPVG i. V. m. § 30 LRiStAG).

Wichtig: Die Teilnahme von Sachverständigen, Auskunftspersonen oder betroffenen Beschäftigten erfolgt im Rahmen der Anhörung nur für die Dauer der Erörterung. Die Beratung und

Beschlussfassung der Personalvertretung, insbesondere die Meinungsbildung und das Abstimmungsverhalten der einzelnen Personalratsmitglieder, unterliegen dem besonderen Vertrauensschutz. Werden in einer Personalratssitzung schutzbedürftige, personenbezogene Daten eines Beschäftigten im Rahmen personeller oder sozialer Einzelangelegenheiten erörtert, können an dieser Beratung Gewerkschaftsbeauftragte nur teilnehmen, wenn der Beschäftigte vorher seine schriftliche Zustimmung erteilt hat. Soweit der Gesetzgeber eine beratende Teilnahme ermöglicht hat, ist allein aus dieser Befugnis nicht auch automatisch ein Recht auf Anwesenheit während der Beschlussfassung abzuleiten.

Nach dem Landespersonalvertretungsgesetz steht einem Personalrat das Recht zu, eine ihm nicht angehörende Person zur Protokollführung oder als Bürokraft zur Anfertigung der Niederschrift hinzuzuziehen und an der Sitzung teilnehmen zu lassen.

Ein Verstoß gegen das Gebot der Nichtöffentlichkeit durch Teilnahme nichtberechtigter Personen führt grundsätzlich nicht dazu, dass gefasste Beschlüsse ungültig sind. Eine Unwirksamkeit eines Beschlusses ist nur dann anzunehmen, wenn hinreichende Anhaltspunkte dafür vorliegen, dass die Teilnahme nicht berechtigter Personen die Beschlussfassung beeinflusst hat. Danach ist von einer Ungültigkeit des Beschlusses nur dann auszugehen ist, wenn der Beschluss ohne die bloße Anwesenheit oder dem Wortbeitrag der nichtberechtigt anwesenden Personen anders gefasst worden wäre. Nach der strengeren weitergehenden Auslegung durch das Sächsische Oberverwaltungsgericht (SächsOVG vom 7. 4 1998, PersV 1999) ist von der Ungültigkeit bereits dann auszugehen, wenn nicht ausgeschlossen werden kann, dass der Beschluss ohne die nicht teilnahmeberechtigte Personen anders gefasst worden wäre. Eine wiederholte Übertretung dieser Ordnungsvorschrift erfüllt aber den Tatbestand einer groben Vernachlässigung der gesetzlichen Pflichten im Sinne des § 24 Abs. 1 LPVG.

Die Tagesordnung

Die Festsetzung der Tagesordnung erfolgt durch den Vorsitzenden (§ 30 Abs. 1 Satz 2 LPVG). Einzelne Personalratsmitglieder können Tagesordnungspunkte empfehlen, haben aber kein eigenständiges Antragsrecht. Dies wird z. B. immer dann der Fall sein, wenn eine Beschäftigte/ein Beschäftigter eine Anregung oder Beschwerde an ein Personalratsmitglied herangetragen und um Prüfung durch den Personalrat gebeten hat. Zwang zur Aufnahme einzelner Punkte in die Tagesordnung besteht unter bestimmten im Gesetz genannten Voraussetzungen (§ 32 Abs. 3, Abs. 6 Nr. 1 LPVG). Der Vorsitzende muss den Gegenstand, der beantragt ist, auf die Tagesordnung setzen.

Konkretisierung der Tagesordnung

Die mitgeteilte Tagesordnung muss es jedem Personalratsmitglied ermöglichen, sich eine eigenständige Meinung von den zur Beratung anstehenden Fragen bilden zu können. Die jeweilige zur Beschlussfassung anstehende Maßnahme muss ausführlich und konkret bezeichnet sein. Eine nur globale und zahlenmäßige Angabe der Beratungsgegenstände reicht nicht aus.

5

Beispiel:

Ein Tagesordnungspunkt „TOP 4 Beschlussvorlage der Gruppe Arbeitnehmer" ist nicht zulässig.

Jedes geladene Personalratsmitglied muss einen unmittelbar aus der Tagesordnung ersichtlichen Bezug zu den konkreten Einzelfällen herstellen können, die in der Sitzung behandelt werden sollen. Die übersandte Tagesordnung muss eine so deutliche Bezeichnung der Beratungsgegenstände enthalten, dass ohne Weiteres erkennbar ist, über welchen Sachverhalt entschieden werden soll. Fehlt es an einer solchen Konkretisierung, ist dem einzelnen Personalratsmitglied eine sachgerechte Vorbereitung auf die Sitzung und zu den einzelnen Beratungsgegenständen nicht möglich (OVG Nordrhein-Westfalen vom 27. 4. 2015 – 20 A122/14.PVB). Eine weitere Informationsmöglichkeit besteht etwa durch Einsichtnahme in die Unterlagen.

Allerdings haben die Mitglieder der Personalvertretung keinen Rechtsanspruch auf vorherige Übersendung aller für die Sitzung vorgesehenen Unterlagen. Einzige Informationsquelle ist nach einer Entscheidung des Bundesverwaltungsgerichts (BVerwG vom 29. 8. 1975, ZBR 1976, 124) die Personalratssitzung. Die vorsitzende Person ist insoweit verpflichtet, in der Sitzung den Mitgliedern der Personalvertretung die Unterlagen in derselben Vollständigkeit zur Verfügung zu stellen, wie sie ihr selber vorgelegen haben (HessVGH vom 9. 4. 1980 – BVP TK 15/78). Ferner besteht gegenseitige Auskunftspflicht in der Personalratssitzung.

Ergänzungen oder Änderungen der Tagesordnung

Eine Ergänzung oder Änderung der Tagesordnung ist nur unter bestimmten Voraussetzungen möglich. Ein Personalratsbeschluss zu einem Gegenstand ist rechtswidrig, wenn dieser in der Tagesordnung nicht enthalten war, erst in der Personalratssitzung auf die Tagesordnung gesetzt wurde und nicht alle anwesenden Personalratsmitglieder damit einverstanden sind, er also gegen den Widerspruch einzelner Mitglieder nachträglich auf die Tagesordnung gesetzt wurde (OVG Nordrhein-Westfalen vom 27. 4. 2015 – 20 A122/14.PVB; BAG vom 9. 7. 2013 – 1 ABR 2/13; BAG vom 22. 1. 2014 – 7 AS 6/13; BAG vom 15. 4. 2014 – 1 ABR 2/13).

5

In der Praxis wird es immer wieder vorkommen, dass dem Personalrat kurzfristig und erst nach Einladung der Mitglieder durch den Vorsitzenden von der Dienststelle beteiligungspflichtige Angelegenheiten zur Beschlussfassung vorgelegt werden. In diesen Fällen hat der Vorsitzende die Möglichkeit, zu Beginn der Sitzung um Ergänzung der Tagesordnung zu bitten und hierüber Beschluss fassen zu lassen. Sind alle anwesenden Personalratsmitglieder mit der Ergänzung der Tagesordnung einverstanden, wird der in der Nichtmitteilung des Tagesordnungspunktes liegende Ladungsfehler als geheilt angesehen (vgl. BPersVG; Ilbertz/Widmaier, § 34 Anm. 18; BayVGH vom 14. 11. 2001 – 17 P 01.1526).

Von der Rechtsprechung zum Personalvertretungsrecht, dass bei einer solchen Beschlussfassung auch alle Personalratsmitglieder anwesend sein müssen, sind das Bundesarbeitsgericht und das OVG Nordrhein-Westfalen in der neueren Rechtsprechung zum Betriebsverfassungsrecht abgerückt. Das LPVG regelt die Voraussetzungen einer wirksamen Beschlussfassung. Das Gesetz bestimmt in § 34 Abs. 1 Satz 1 LPVG, dass die Beschlüsse des Personalrats mit einfacher Stimmenmehrheit der anwesenden

Mitglieder gefasst werden. Der § 34 Abs. 2 LPVG regelt, dass der Personalrat beschlussfähig ist, wenn mindestens die Hälfte seiner Mitglieder anwesend ist. Für die Heilung des Verfahrensmangels reicht es aus, dass alle Personalratsmitglieder, im Falle einer Verhinderung die erforderlichen Ersatzmitglieder, rechtzeitig zur Personalratssitzung geladen worden sind, Beschlussfähigkeit gegeben ist und die Erschienenen die Ergänzung oder Erstellung der Tagesordnung einstimmig beschließen. Nicht erforderlich ist, dass an dieser Sitzung alle Personalratsmitglieder teilnehmen. Dem Schutz der Willensbildung wird bereits durch das oben dargestellte Erfordernis der Einstimmigkeit für die Ergänzung oder Aufstellung der Tagesordnung angemessen und hinreichend Rechnung getragen (BAG vom 9. 7. 2013 – 1 ABR 2/13).

Die Sitzungsdurchführung

Die Sitzungs-(Verhandlungs-)leitung obliegt dem Vorsitzenden (§ 30 Abs. 1 Satz 2 2. Halbsatz LPVG). Sie kann im Rahmen der Sitzungsdurchführung bestimmte Tagesordnungspunkte einem einzelnen Personalratsmitglied übertragen. Zugleich leitet sie dann die Verhandlung, wenn eine Vertreterin/ein Vertreter der Dienststelle anwesend ist, und übt das Hausrecht aus.

Die vorsitzende Person hat im Rahmen der Verhandlungsleitung folgende Aufgaben:

- Eröffnen und Schließen der Sitzung
- Feststellen der Anwesenheit, der Verhinderung und der Beschlussfähigkeit
- Erteilung und Entzug des Wortes
- Vornahme und Auswertung von Abstimmungen
- Führen einer Anwesenheitsliste, Niederschrift

Abstimmungen/Beschlussfähigkeit

Zum Zeitpunkt der Abstimmung muss die Beschlussfähigkeit des Personalrats gegeben sein (§ 34 Abs. 2 LPVG). Beschlussfähig ist der Personalrat immer dann, wenn mindestens die Hälfte seiner Mitglieder anwesend ist. Im Verhinderungsfall erfolgt eine Stellvertretung durch Ersatzmitglieder.

Durchführung mittels Video- oder Telefonkonferenz (§ 34 Abs. 1a LPVG)

Bei Vorliegen besonderer Umstände kann der Vorsitzende des Personalrats alle oder einzelne Mitglieder des Personalrats sowie sonstige teilnahmeberechtigte Personen zur Teilnahme mittels Video- oder Telefonkonferenztechnik an einer Sitzung zulassen. Die Sitzung kann damit – soweit die im Gesetz genannten Kriterien erfüllt sind – vollständig oder unter Zuschaltung einzelner Personalratsmitglieder mittels moderner Konferenztechnik durchgeführt werden. Die im Gesetz genannten Kriterien lauten:

- Nutzung vorhandener Einrichtungen, die durch die Dienststelle zur dienstlichen Nutzung freigegeben sind und die datenschutzrechtlichen Voraussetzungen erfüllen
- Sicherstellung geeigneter organisatorischer Maßnahmen durch den Personalrat, um zu gewährleisten, dass Dritte vom Inhalt der Sitzung keine Kenntnis nehmen können
- Kein Widerspruch gegenüber dem Vorsitzenden von wenigstem einem Viertel der Mitglieder des Personalrats unverzüglich nach Bekanntgabe der Absicht des Vorsitzenden zum Einsatz von Video- oder Telefonkonferenztechnik (Achtung: von dieser Regelung kann in der Geschäftsordnung abgewichen werden.)

Über die Verweise in § 50 Abs. 4 und § 55 Abs. 3 LPVG gilt die Regelung auch für die Stufenvertretungen sowie für den Gesamtpersonalrat.

Ob der Personalrat die Möglichkeit des Einsatzes der Kommunikationsmittel nutzt, liegt in seiner Entscheidung. Ein hohes Sicherheitsniveau wird dadurch gewährleistet, dass der Personalrat auf die ausschließliche Nutzung der durch die Dienststelle freigegebenen Technik begrenzt ist. Der Personalrat hat sicherzustellen, dass keine ihm nicht angehörende Person Kenntnis vom Inhalt der Sitzung nimmt. Auf Verlangen ist dies dem Personalrat gegenüber zu bestätigen und im Protokoll zu vermerken. Es muss weiterhin sichergestellt sein, dass die vorhandene Technik nach den Regelungen des Landes-Behindertengleichstellungsgesetzes (L-BGG) und der Barrierefreie-Informationstechnik-Verordnung (BITV 2.0) sowie Landes-Behindertengleichstellungsgesetz-Durchführungsverordnung (L-BBG-DVO) auch für Beschäftigte mit Behinderungen barrierefrei zugänglich und nutzbar ist. Der Gesetzgeber hat die Durchführung der Sitzung mittels Video- oder Telefonkonferenz auf das Vorliegen besonderer Umstände begrenzt. Kosten- und Zeitfaktoren sind keine besonderen Umstände. Auch kann nicht das einzelne Personalratsmitglied über seine Zuschaltung entscheiden. Der Gesetzestext stellt eindeutig klar, das ausschließlich der Vorsitzenden zu einer entsprechenden Sitzung einladen kann. Personalratsentscheidungen dürfen nur in einer ordnungsgemäß einberufenen und durchgeführten Sitzung getroffen werden, also nicht „zufällig" oder nur durch den Vorstand bzw. den Vorsitzenden.

Befangenheit (§ 33 LPVG)

5

Es ist selbstverständlich, dass betroffene und interessierte Personen sich innerhalb eines objektiven und neutralen Gremiums jeder Tätigkeit in Bezug auf ihre persönliche Rechtsstellung enthalten (BVerwG vom 28. 4. 1967, ZBR 1968, 20). Der Gesetzgeber hat dies in § 33 LPVG konkretisiert. Er hat die Sachverhalte aufgeführt, in denen das Personalratsmitglied an der Mitwirkung gehindert ist. Dies ist der Fall, wenn die Angelegenheit dem Personalratsmitglied selbst oder den folgenden Personen einen Vor- oder Nachteil bringen kann:

- dem Ehegatten
- dem Lebenspartner nach § 1 des Lebenspartnerschaftsgesetzes
- einem in gerader Linie oder in der Seitenlinie bis zum dritten Grad Verwandten
- einem in gerader Linie oder in der Seitenlinie bis zum zweiten Grad Verschwägerten
- einem als verschwägert Geltenden, solange die die Schwägerschaft begründende Ehe oder Lebenspartnerschaft nach § 1 des Lebenspartnerschaftsgesetzes besteht
- einer kraft Gesetzes oder Vollmacht vertretenen Person.

Hat ein dem Personalrat angehörendes Mitglied aufseiten der Dienststelle an einer zur Beschlussfassung anstehenden Maßnahme verantwortlich mitgewirkt oder sie vorbereitet, ist es ebenfalls befangen und darf an diesem Tagesordnungspunkt nicht mitwirken. Ein Personalratsmitglied ist auch dann befangen, wenn es sich selbst um eine Stelle be2worben hat, aber nicht ausgewählt wurde. Dies ist ein Ausdruck des Gebots der Unbefangenheit von Amtsträgern (BVerwG vom 19. 10. 2015 – 5 P 11.14). Die Befangenheit gilt hier nicht nur in Personalangelegenheiten, sondern auch in anderen Angelegenheiten, in denen die Dienststelle den Personalrat beteiligt. Das befangene Personalratsmitglied muss die Sitzung verlassen. In der Verhandlungsniederschrift wird dies entsprechend festgehalten. Hat ein Personalratsmitglied an der Beratung oder der Beschlussfassung zu einem Tagesordnungspunkt mitgewirkt, zu dem Befangenheit vorlag, dann ist ein solcher Beschluss rechtswidrig (vgl. für das BetrVG: BAG vom 3. 8. 1999, BB 2000, 621 = DB 2000, 626; Leits. ZBVR 1999, 106).

Ein Mitglied des Personalrats, bei dem zu einem zur Beratung und Beschlussfassung anstehenden Tagesordnungspunkt Befangenheit vorliegen könnte, hat dies vor Beginn der Beratung dem Vorsitzenden mitzuteilen. Ob ein Befangenheitsgrund vorliegt, entscheidet in Zweifelsfällen der Personalrat in Abwesenheit des betroffenen Personalratsmitglieds.

Unter die Befangenheit fällt nicht die Mitwirkung in personalratsinternen Angelegenheiten wie z. B. interne Wahlen und Entsendungsbeschlüsse. Ferner fällt darunter auch nicht die zur Entscheidung anstehende Angelegenheit, die nur die gemeinsamen Interessen der Berufs- oder Beschäftigtengruppe berührt.

Ist der Vorsitzende befangen, so ist er daran gehindert, den Beschluss schriftlich abzufassen und gegenüber der Dienststelle zu vertreten. Nach der Rechtsprechung und herrschender Meinung handelt es sich bei der Befangenheit um einen Fall der Verhinderung. Dies hätte zur Folge, dass für das befangene Personalratsmitglied das Ersatzmitglied zu diesem Tagesordnungspunkt an der Sitzung teilnimmt (vgl. für das BetrVG: BAG vom 26. 8. 1981, BB 1982, 738 = DB 1991, 1937). Unterbleibt eine solche Ladung, so ist der Personalratsbeschluss nach einer Entscheidung des Landesarbeitsgerichtes München nichtig (LAG München vom 23. 1. 1991, PersR 1991, 428). In der Praxis dürfte dies allerdings nur dann kein Problem darstellen, wenn der Vorsitzende bereits beim Aufstellen der Tagesordnung erkennt, dass von der zur Beteiligung vorgelegten Maßnahme ein Personalratsmitglied unmittelbar betroffen ist und somit eine Befangenheit vorliegt. Das Gleiche gilt, wenn das vermutlich befangene Personalratsmitglied diesen Umstand unmittelbar nach Erhalt der Tagesordnung dem Vorsitzenden mitgeteilt hat.

Befangenheit des betroffenen Personalratsmitglieds/Ladung des Ersatzmitglieds (LAG München vom 23. 1. 1991, PersR 1991, 428)

Das Personalratsmitglied, um dessen Kündigung es geht, ist daran gehindert, an der Beratung und Beschlussfassung der Personalvertretung über die Kündigung teilzunehmen. Anstelle des betroffenen Personalratsmitglieds ist ein Ersatzmitglied zu laden. Unterbleibt eine solche Ladung, so ist der Personalratsbeschluss nichtig.

Berücksichtigung des Gruppenprinzips

Die im Personalrat vertretenen Gruppen beraten und beschließen gemeinsam. Danach sollen nicht nur gemeinsame Angelegenheiten, sondern auch die, die nur eine Gruppe betreffen, grundsätzlich gemeinsam beschlossen werden. Dem gegenüber steht das sogenannte Gruppenprinzip, welches in § 34 Abs. 4 Satz 2 LPVG geregelt wird.

Unter Berücksichtigung des Gruppenprinzips finden Abstimmungen wie folgt statt:

- Gemeinsame Angelegenheiten werden vom Personalrat gemeinsam beraten und beschlossen.
- Bei Gruppenangelegenheiten erfolgt nach gemeinsamer Beratung die Abstimmung nur in der Gruppe, wenn dies in der Geschäftsordnung festgelegt ist, oder die Mehrheit der Vertreterinnen und Vertreter der betroffenen Gruppe dies wünscht. Andernfalls erfolgt die Abstimmung ebenfalls durch den gesamten Personalrat.

Praxis-Tipp:

Eine Abstimmung nur in der Gruppe wird in der Praxis wohl vor allem dann gewünscht sein, wenn die betroffene Gruppe in der Beratung den Eindruck gewinnt, dass sie von der Mehrheit des Personalrats überstimmt werden würde.

Zweck des Gruppenprinzips ist es also, eine Dominanz der mitgliederstärkeren Gruppe des gesamten Personalrats gegenüber der kleineren, betroffenen Gruppe zu verhindern. Der Gesetzgeber hat insoweit einen Schutz vor Benachteiligung einer Minderheit verankert.

Klassische Gruppenangelegenheiten sind personelle Einzelmaßnahmen. Zu beachten ist hierbei, dass es um die Person, nicht um die Stelle geht. Soll beispielsweise ein Arbeitnehmer auf eine Planstelle eines für einen Beamten ausgewiesenen Dienstpostens versetzt werden, ist hievon unmittelbar nur die Gruppe Arbeitnehmer betroffen (BVerwG vom 5. 2. 1971, ZBR 1971, 249).

Beschlussfassung (§ 34 LPVG)

Einfache Stimmenmehrheit

Die Beschlussfassung erfolgt mit einfacher Stimmenmehrheit der anwesenden Mitglieder (§ 34 Abs. 1 Satz 1 LPVG). Der Gesetzgeber hat demnach den Mehrheitsbegriff auf die anwesenden Mitglieder abgestellt. Bei Stimmengleichheit ist der Antrag abgelehnt (§ 34 Abs. 1 Satz 2 LPVG). Ist die Jugend- und Auszubildendenvertretung stimmberechtigt, werden diese Stimmen mitgezählt.

Die Abstimmungsfrage muss so gestellt werden, wie die Angelegenheit zur Beteiligung vorgelegt worden ist. Im Falle einer absehbaren Stimmengleichheit kann nicht dadurch manipuliert werden, dass die Abstimmungsfrage vom Vorsitzenden negativ formuliert wird.

Aufhebung oder Änderung eines Beschlusses

Der Personalrat kann einen Beschluss nur aufheben oder ändern, solange aus ihm noch keine Rechtswirkungen nach außen, das heißt außerhalb des Personalrats, entstanden sind. Die Rechtswirkung nach außen ist spätestens dann eingetreten, wenn die Mitteilung des Personalrats in den Zugriffsbereich der Dienststellenleitung gelangt ist. Sie muss ihm nicht selbst bekannt sein. Daraus folgt, dass Personalvertretungen Beschlüsse, die noch keine Rechtswirkung nach außen erzielt haben, verändern können. Eine solche Veränderung setzt grundsätzlich nur voraus, dass sie mit einfacher Stimmenmehrheit der anwesenden Mitglieder beschlossen wird. Soll ein zu einem bestimmten Tagesordnungspunkt gefasster Beschluss noch einmal beraten und eventuell verändert werden, muss es der Vorsitzende zulassen, sofern dies von der einfachen Mehrheit der anwesenden Mitglieder verlangt wird. Eine erneute Behandlung der Angelegenheit in derselben Sitzung stellt aber eine Erweiterung der Tagesordnung dar, die der Zustimmung aller Mitglieder bedarf (vgl. BPersVG Lorenzen u. a., § 37 Anm. 7; Kunze, PersV 1995, 337). An dieser erneuten Beschlussfassung müssen alle Personalratsmitglieder beteiligt werden, die bei der ursprünglichen Abstimmung anwesend waren, um Zufallsmehrheiten zu vermeiden (BVerwG vom 5. 5. 1989, PersV 1989, 485 = ZfPR 1989, 136).

Beschluss im Umlaufverfahren

Nach § 34 Abs. 3 LPVG kann der Vorsitzende in einfacheren Angelegenheiten im schriftlichen oder im elektronischen Umlaufverfahren beschließen lassen. Weitere Voraussetzung ist, dass die Angelegenheit nicht durch Geschäftsordnung anderweitig übertragen worden ist und kein Mitglied des Personalrats diesem Verfahren widerspricht. Die Definition der einfach gelagerten Angelegenheiten und das Verfahren sind in einer Geschäftsordnung zu regeln. In der dem Verfahren folgenden Personalratssitzung ist das Ergebnis des Umlaufbeschlusses bekanntzugeben.

Übertragung von Befugnissen auf den Vorstand des Personalrats (§ 36 LPVG)

Mit dieser Regelung soll die Möglichkeit der Übertragung von Entscheidungsbefugnissen des Personalrats auf den Vorstand ermöglicht werden. Die Übertragung kann in einfachen Mitbestimmungsangelegenheiten und in den Mitwirkungsangelegenheiten erfolgen, mit Ausnahme der Regelungsinhalte des § 81 Abs. 2 LPVG. In einer Geschäftsordnung ist festzulegen, in welchem Umfang die Befugnisse des Personalrats auf den Vorstand übertragen werden sollen. Die Übertragung ist maximal bis zum Ablauf der Amtszeit des Personalrats zulässig.

Einspruchsrecht/Suspensives Veto § 37 LPVG)

Die Möglichkeit zur Aussetzung von Beschlüssen 37 stellt eine Erweiterung des Minderheitenschutzes dar.

Die Aussetzung erfolgt auf Antrag

- der Mehrheit der Vertreter einer Gruppe
- der Mehrheit der Mitglieder der Jugend- und Auszubildendenvertretung
- der Schwerbehindertenvertretung

wegen einer erheblichen Beeinträchtigung wichtiger Interessen der durch sie vertretenen Beschäftigten. Der Gesetzgeber benennt abschließend den Kreis derjenigen, die befugt sind, den Antrag auf Aussetzung zu stellen.

Die Aussetzung eines Personalrats- oder Gruppenbeschlusses erfolgt

- für die Dauer von einer Woche und
- hat eine Fristverlängerung zur Folge.

Die Aussetzungsfrist von einer Woche beginnt mit dem Zeitpunkt der Beschlussfassung. Bei Aussetzung eines Beschlusses und Unterrichtung der Dienststelle verlängert sich die gesetzliche Beteiligungsfrist um die Dauer der Aussetzung.

Wichtig: Unverzichtbare Voraussetzung für die Fristverlängerung ist folglich die Unterrichtung der Dienststelle.

Innerhalb der Aussetzungsfrist soll, gegebenenfalls durch Einbeziehung der unter den Mitgliedern der Vertretungen oder dem Personalrat vertretenen Gewerkschaften, ein Versuch der Verständigung unternommen werden. Unmittelbar nach Ablauf der Frist erfolgt eine erneute Beschlussfassung. Wird der Ursprungsbeschluss bestätigt, ist es nicht möglich, die Aussetzung erneut zu beantragen.

Niederschrift (§ 38 LPVG)

Bei der Verhandlungsniederschrift handelt es sich um eine Urkunde des privaten Rechts im Sinne von § 416 ZPO. Sie unterliegt dem strafrechtlichen Schutz des § 267 StGB und kann für den Beweis von Rechten und Rechtsverhältnissen erheblich sein. Die Verhandlungsniederschrift soll als Mindestangaben gemäß Abs. 1 Satz 1 den Wortlaut der Beschlüsse und die

Stimmenmehrheit mit der sie gefasst worden sind (Abstimmungsergebnis) enthalten. Über die Mindestangaben hinausgehend sollten Ort und Tag der Sitzung, der behandelte Gegenstand und die gestellten Anträge enthalten sein. In der Praxis wird die Niederschrift als Ergebnisprotokoll geführt. Ein Wortprotokoll ist allerdings auch zulässig, da der Gesetzgeber von Mindestangaben spricht.

Wichtig: Unzulässig wäre allerdings der Wechsel zwischen Wort- und Ergebnisprotokoll, wenn damit z. B. beabsichtigt ist, nur bestimmte (negative) Wortbeiträge eines bestimmten Personalratsmitglieds oder anderer Teilnahmeberechtigter zu protokollieren. Die Verhandlungsniederschrift ist somit entweder als Wort- oder als Ergebnisprotokoll zu führen.

Die Anwesenheitsliste mit eigenhändiger Unterschrift aller an der Personalratssitzung teilnehmenden Personen ist der Verhandlungsniederschrift beizufügen (§ 38 Abs. 1 Satz 3 LPVG). Im Fall der Durchführung der Sitzung per Video- oder Telefonkonferenz trägt der Vorsitzende die zugeschalteten Teilnehmer in die Liste ein (§ 34 Abs. 1a Satz 4 letzter Halbsatz LPVG). Die Liste dient dem gerichtsverwertbaren Nachweis, dass nur solche Teilnehmer anwesend waren, denen das Gesetz dieses Recht ausdrücklich einräumt. Daher ist darauf zu achten, dass alle Teilnehmerinnen und Teilnehmer, also nicht nur die Personalratsmitglieder, ihre Anwesenheit bestätigen.

Die Unterzeichnung der Verhandlungsniederschrift erfolgt durch den Vorsitzenden und ein weiteres Personalratsmitglied (§ 38 Abs. 1 Satz 2 LPVG). Fertigt die Bürokraft des Personalrats die Niederschrift, so unterschreibt sie nur dann, wenn sie zugleich auch Personalratsmitglied ist.

Den Mitgliedern des Personalrats steht ein jederzeitiges, niemals einschränkbares Einsichtsrecht in die Verhandlungsniederschriften zu (BVerwG vom 24. 10. 1969, ZBR 1970, 98 = PersV 1970, 107). Der Dienststelle und den Gewerkschaften steht im Falle ihrer Sitzungsteilnahme ein Auszug zu, soweit sie mit einer Vertreterin/einem Vertreter teilgenommen haben. Die weiteren möglichen Teilnehmer, die Beauftragte für Chancengleichheit, die Schwerbehindertenvertretung, die Mitglieder der Jugend-

und Auszubildendenvertretung, Beauftragte der Stufenvertretungen und des Gesamtpersonalrats haben das Recht, Einsicht zu nehmen. Entsprechende Abschriften können gefertigt werden.

Gegen die Niederschrift können Einwendungen erhoben werden. Sie sind unverzüglich schriftlich zu erheben und der Niederschrift beizufügen (§ 38 Abs. 2 Satz 2 LPVG).

Beteiligungsrechte der Personalvertretung

Allgemeine Aufgaben der Personalvertretung

Allgemeine Aufgaben sind die Zuständigkeiten, die den Personalvertretungen zugewiesen werden, ohne dass sie im Katalog der konkreten formellen Beteiligungsrechte genannt sind. Der § 70 LPVG erweitert somit die Zuständigkeit der Personalvertretungen um die dort genannten Aufgaben. Zusammengefasst handelt es sich hierbei um dem Personalrat übertragene Überwachungs-, Schutz- und Förderungsaufgaben. Der Personalrat muss diese allgemeinen Aufgaben neben den förmlichen Beteiligungsrechten wahrnehmen. Eine Unterlassung würde eine grobe Vernachlässigung der gesetzlichen Befugnisse darstellen. Auch aus den allgemeinen Aufgaben heraus steht der Personalvertretung ein sehr umfassendes Informationsrecht zu. Sie kann diese Aufgaben nur wahrnehmen, wenn sie über die entsprechenden Informationen verfügt.

6

Das Bundesverwaltungsgericht hat in den letzten Jahren mehrfach festgestellt, dass eine Personalvertretung nur dann die Möglichkeit hat, den Überwachungsauftrag nach § 70 Abs. 1 Nr. 2 und § 69 Abs. 1 LPVG zu erfüllen und Unbilligkeiten entgegenzuwirken, wenn sie von der Dienststelle umfassend und frühzeitig informiert worden ist und ihr die erforderlichen Unterlagen zur Verfügung gestellt worden sind.

Informationsanspruch der Personalvertretung (§ 71 LPVG)

Der Personalrat ist zur Durchführung seiner Aufgaben rechtzeitig und umfassend durch die Dienststelle zu unterrichten (Abs. 1 Satz 1). Ihm sind die hierfür erforderlichen Unterlagen vorzulegen. Je umfassender eine Personalvertretung über den ihrer Beteiligung unterliegenden Bereich von der Dienststellenleitung unterrichtet wird, umso nützlicher und reibungsloser wird sich die auf das Wohl der Beschäftigten und die Erfüllung der dienstlichen Aufgaben gerichtete vertrauensvolle Zusammenarbeit gestalten lassen (BVerwG vom 26. 2. 1960 – VII P 4/59, n. v.). Beabsichtigt die Dienststelle, Organisationsentscheidungen zu treffen, die beteiligungspflichtige Maßnahmen zur Folge haben, hat sie den Personalrat frühzeitig und fortlaufend zu informieren. Richtet sie zur Vorbereitung derartiger Entscheidungen Arbeitsgruppen ein, kann der Personalrat beratend teilnehmen.

Rechtzeitige Unterrichtung

Rechtzeitig ist die Information für den Personalrat dann, wenn er durch seine Einwände und Vorstellungen noch gestaltend in die zur Beteiligung vorgelegte Maßnahme eingreifen kann. Dies ist aber nur dann der Fall, wenn aufseiten der Dienststelle nicht bereits unabänderliche Fakten geschaffen worden sind, die im Beteiligungsverfahren nicht mehr verändert werden können. Die beabsichtigte Maßnahme muss noch gestaltungsfähig sein. Die Personalvertretung wird nur dann rechtzeitig unterrichtet, wenn auf die von der Dienststelle beabsichtigte Maßnahme noch eingewirkt werden kann und nicht schon eine Vorentscheidung getroffen worden ist, die bereits vollendete Tatsachen geschaffen hat (BVerwG vom 12. 1. 1962, BVerwGE 13, 291 = ZBR 1962, 156 = PersV 1962, 60; BVerwG vom 28. 4. 1967, ZBR 1967, 274). Die Personalvertretung muss die Möglichkeit haben, sich ein eigenständiges ausgewogenes Meinungsbild zu machen.

Umfassende Unterrichtung

Die Unterrichtung des Personalrats ist dann als umfassend anzusehen, wenn ihm die Unterlagen vorliegen, die die Dienststelle ihrer Entscheidung zugrunde gelegt hat. Auf Grundlage dieser Unterlagen kommt es dann zur Beratung und Beschlussfassung einer Maßnahme. Als einschlägig sind alle Unterlagen zu betrachten, die sich auf die mitbestimmungspflichtige Maßnahme beziehen. Auf Verlangen des Personalrats sind ihm im Rahmen von Einstellungen die Bewerbungsunterlagen aller Bewerber vorzulegen, soweit nicht berechtigte Belange des Bewerbers entgegenstehen. Eine umfassende Unterrichtung der Personalvertretung fördert die Zusammenarbeit zwischen Personalvertretung und Dienststelle und liegt im Interesse der Erfüllung der dienstlichen Aufgaben und im Interesse der Beschäftigten.

Über konkrete Einzelinformationen hinaus benötigt der Personalrat den Überblick über alle Fakten und Vorhaben, die damit in Zusammenhang stehen. Nur so hat er die Möglichkeit, eventuellen Rechtsverstößen und Unbilligkeit im Vorfeld entgegenzuwirken (BVerwG vom 27. 2. 1985, PersR 1985, 124). Die Verpflichtung zur Information des Personalrats bleibt nicht auf die Ausübung der konkreten Beteiligungsrechte beschränkt. Vielmehr bezieht sie sich auch auf die Wahrnehmung der im Gesetz aufgezählten allgemeinen Aufgaben.

Beispiele für allgemeine Aufgaben:

Eingliederung und berufliche Förderung schwerbehinderter Menschen, Eingliederung ausländischer Beschäftigter (Entscheidung des Bundesverwaltungsgerichtes vom 27. 7. 1983 – ZBR 1984, 79).

Der Zweck dieser Vorschrift besteht demnach darin, dem Personalrat die notwendigen rechtlichen und tatsächlichen Grundlagen zu vermitteln. Er muss zu einer sachgerechten, das heißt seinem allgemeinen Vertretungsauftrag gerecht werdenden Entscheidung befähigt werden. Ohne eine ausreichende Information kann keine Personalvertretung die ihr vom Gesetz übertragenen Rechte und Pflichten erfüllen. Die Personalvertretung muss sich in demselben Informationsstand befinden wie die Dienststellenleitung. Nur dann ist die für eine tatsächlich wirksame Personalratsarbeit unerlässliche „geistige Waffengleichheit" gewährleistet (OVG Rheinland-Pfalz vom 16. 9. 1986 – 5 A 6/86). Die Personalvertretung wäre sonst zu einem sachlichen Gespräch mit der Dienststelle nicht in der Lage, wie es gerade bei Wahrnehmung der allgemeinen Überwachungsaufgabe geboten ist.

Auf Wunsch eines Beschäftigten ist ein Mitglied des Personalrats befugt, an Besprechungen mit entscheidungsbefugten Personen der Dienststelle teilzunehmen, soweit dabei beteiligungspflichtige Angelegenheiten berührt werden. Zu den beteiligungspflichtigen Aufgaben des Personalrats zählen auch die Überwachungs-, Schutz- und Förderungsaufgaben der §§ 69 Abs. 1 und 70 Abs. 1 LPVG.

Unterlagen, die der Personalrat zur Wahrnehmung seiner Beteiligungsrechte mehrmals oder immer wieder benötigt, sind ihm auf Dauer in Kopie von der Dienststelle zu überlassen. Dazu gehören unter anderem der Stellenplan und die Personalbedarfsberechnung (BVerwG vom 23. 1. 2002 – 6 P 5/01).

Grenzen des Informationsrechts

Welche Unterlagen dem Personalrat von der Dienststelle im Rahmen der Informationspflicht vorzulegen sind, ergibt sich unmittelbar aus der Vorschrift des § 71 Abs. 1, 2, 3 und 4 LPVG. Daraus folgt, dass dem Personalrat kein allumfassendes Informationsrecht zusteht, er insbesondere nicht die Vorlage aller Unterlagen der Dienststelle verlangen kann, um dadurch eine allgemeine Kontrolle der Tätigkeit der Dienststelle vorzunehmen.

Personalakten

So setzt bereits der § 71 Abs. 1 Satz 3 LPVG dem Personalrat Grenzen bei der Einsicht in Personalakten. Danach dürfen Personalakten nur mit Einwilligung des Beschäftigten und gegebenenfalls nur von diesem bestimmten Mitgliedern der Personalvertretung eingesehen werden. Ausgenommen hiervon sind listenmäßig aufgeführte Personaldaten, die regelmäßig Entscheidungsgrundlage in beteiligungspflichtigen Angelegenheiten sind. Ebenso dürfen dienstliche Beurteilungen dem Personalrat nur auf Verlangen der/des Beschäftigten zur Kenntnis gebracht werden (§ 71 Abs. 4 Satz 4 LPVG). Das Gesamtergebnis regelmäßiger Beurteilungen im Sinne von § 51 LBG ist dem Personalrat in anonymisierter Form mitzuteilen. Insoweit bestehen keine Bedenken, wenn die Personalvertretung eine Aufgliederung des Notenspiegels nach Abteilungen und Laufbahngruppen getrennt erhält.

Betriebliches Eingliederungsmanagement

Entsprechende Grenzen ergeben sich nach der Rechtsprechung auch im Rahmen des betrieblichen Eingliederungsmanagements (BVerwG vom 4. 9. 2012 – 6 P 5.11). Nach dieser Entscheidung ist die Dienststelle verpflichtet, einem vom Personalrat benannten Mitglied regelmäßig die Namen derjenigen Beschäftigten mitzuteilen, denen ein betriebliches Eingliederungsmanagement anzubieten ist. Ferner ist die Dienststelle verpflichtet, diesem

Mitglied Einsicht in das Hinweisschreiben an die betroffenen Beschäftigten zu gewähren.

Die Vorlage von Unterlagen an den Personalrat muss daher ebenso wie die Information in untrennbarer Beziehung zu seinen Aufgaben und deren Wahrnehmung stehen. Die Erforderlichkeit muss sich aus einer bestimmten und konkreten Aufgabe des Personalrats ergeben. Sie besteht immer dann, wenn ohne Vorlage dieser Unterlagen die Beteiligungsrechte nicht oder nur unvollkommen wahrgenommen werden könnten.

Formen der Mitbestimmung

Der Gesetzgeber unterscheidet bei der Beteiligung der Personalvertretungen unterschiedliche Formen: uneingeschränkte Mitbestimmung, eingeschränkte Mitbestimmung, Mitwirkung und Anhörung.

Dabei hat die konkrete Aufzählung der Beteiligungsfälle im LPVG Klarheit und Rechtssicherheit geschaffen:

§ 74 LPVG	uneingeschränkte Mitbestimmung
§ 75 LPVG	eingeschränkte Mitbestimmung
§ 80 LPVG	Mitwirkung
§ 86 LPVG	Anhörung

Uneingeschränkte Mitbestimmung (§ 74 LPVG)

Das Verfahren der uneingeschränkten Mitbestimmung richtet sich nach den Vorschriften der §§ 73 und 76 bis 78 LPVG. Danach kann eine Maßnahme, die der Mitbestimmung des Personalrats unterliegt, nur mit dessen Zustimmung getroffen werden (§ 73 Abs. 1 Satz 1 LPVG). Eine solche Maßnahme liegt bereits dann vor, wenn durch eine Handlung eine mitbestimmungspflichtige Maßnahme vorweggenommen oder festgelegt wird (§ 73 Abs. 1 Satz 2 LPVG).

Der Personalrat kann seine Zustimmung zu Maßnahmen, die seiner Mitbestimmung unterliegen, in zuvor festgelegten Einzelfällen oder für vorher festgelegte Fallkonstellationen vorab erteilen. Der Personalrat hat diese Einzelfälle oder Fallkonstellationen in einer Geschäftsordnung festzulegen. Die Festlegung gilt für die Dauer der Amtszeit des Personalrats und kann jederzeit geändert oder widerrufen werden. Die konkreten Maßnahmen, von denen in der Vorabzustimmung des Personalrats Gebrauch gemacht worden ist, sind in der nächsten Personalratssitzung bekanntzugeben.

Das Mitbestimmungsverfahren wird dadurch eingeleitet, dass die Dienststelle den Personalrat von der beabsichtigten Maßnahme unterrichtet und hierzu seine Zustimmung beantragt (§ 76 Abs. 1 LPVG). Die Leiterin/der Leiter der Dienststelle hat auf Verlangen des Personalrats die Maßnahme begründen (§ 76 Abs. 5 LPVG).

Praxis-Tipp:
Aus Gründen der Rechtssicherheit sollte für die Einleitung des Beteiligungsverfahrens grundsätzlich im beiderseitigen Interesse Schriftform vereinbart werden.

Fehlt der Erklärung des Personalrats die Begründung oder haben die vom Personalrat angeführten Gründe offenkundig keinen unmittelbaren Bezug zu der konkreten Mitbestimmungsangelegenheit, so ist diese unbeachtlich. Die Dienststelle muss von der Personalvertretung in die Lage versetzt werden, deren Standpunkt zu der beabsichtigten Maßnahme zu erkennen und zu erfahren, auf welche Einwendungen die Ablehnung gestützt wird.

Soweit Beschwerden oder Behauptungen tatsächlicher Art vorgetragen werden, die für einen Beschäftigten ungünstig sind oder für ihn nachteilig werden können, ist dem Beschäftigten Gelegenheit zur Äußerung zu geben; die Äußerung ist aktenkundig zu machen (§ 76 Abs. 9 Satz 2 LPVG). Daraus lässt sich aber kein generelles Anhörungsrecht der Beschäftigten im Rahmen eines Beteiligungsverfahrens ableiten. Allerdings steht dem Personalrat ein Selbstinformationsrecht zu, wenn sich aufgrund der von der Dienststelle vorgelegten Materialien Zweifelsfragen ergeben. In diesem Fall kann der Personalrat im Interesse einer ordnungsgemäßen Entscheidungsfindung zur Anhörung des betroffenen Beschäftigten verpflichtet sein (OVG Münster vom 4. 3. 1993, PersV 1994, 235 = Leits. ZfPR 1994, 57; Ilbertz/Widmaier, § 69 Anm. 19).

Stehen die sozialen oder personellen Angelegenheiten der Beschäftigten, über die zwischen dem Personalrat und der Dienststelle eine Einigung nicht erzielt werden konnte, in der Sitzung des Hauptorgans einer Gemeinde, eines Gemeindeverbandes, eines Zweckverbandes oder eines anderen öffentlich-rechtlichen Verbandes kommunaler Gebietskörperschaften zur Beratung an, so ist der Vorsitzende des Personalrats zur Darlegung der Auffassung des Personalrats in nichtöffentlicher Sitzung zu laden. Für Ausschüsse der Hauptorgane oder für vergleichbare Gremien, die aufgrund ihrer Satzung oder Verfassung als Beschlussorgan vorgesehen sind, findet diese Regelung entsprechend Anwendung (§ 89 Abs. 2 LPVG).

Soweit ein Mitbestimmungsverfahren in besonderen Verwaltungszweigen durchgeführt wird, sind die Regelungen des elften bis sechzehnten Teils des LPVG, die abweichende oder ergänzende Bestimmungen für das Verfahren enthalten können, zu berücksichtigen.

Mitteilungsfrist

6

Der Personalrat ist gehalten, seinen Beschluss über die beantragte Maßnahme innerhalb einer Frist von drei Wochen der Dienststelle mitzuteilen (§ 76 Abs. 6 Satz 1 LPVG).

Die Mitteilungsfrist beginnt mit dem Zugang der Mitteilung über die beabsichtigte Maßnahme beim Personalrat, wegen der Außenvertretungsbefugnis im Regelfall also immer beim Vorsitzenden des Personalrats. Bei großen Personalvertretungen, die über eine Geschäftsstelle verfügen, wird unter Berücksichtigung der tatsächlichen Gegebenheiten und des jeweiligen Organisationsgrades auch der Eingang des Schriftsatzes auf der Geschäftsstelle als ausreichend angesehen werden können. Die Mitteilung muss in den Machtbereich des Personalrats gelangt sein und dieser muss die Möglichkeit haben, von dem Inhalt der Erklärung Kenntnis zu nehmen (SächsOVG vom 12. 1. 1999, PersR 2000, 76). Die Frist wird allerdings nur durch eine die Anforderungen des Gesetzes erfüllende Vorlage in Gang gesetzt.

Die Fristberechnung erfolgt nach §§ 187 bis 193 BGB, das heißt, die Frist beginnt an dem auf den Tag der Unterrichtung folgenden Arbeitstag und endet mit Ablauf des letzten Tages der Beteiligungsfrist.

Wichtig: Bei der Fristberechnung sind nur Werktage im Sinne des BGB zu berücksichtigen.

Bei Eingang einer Maßnahme hat der Personalrat zunächst zu prüfen, ob das Beteiligungsverfahren korrekt eingeleitet ist, das heißt, er umfassend informiert worden ist und damit die Beteiligungsfrist begonnen hat. Gegebenenfalls müsste der Personalrat die fehlenden Informationen und Unterlagen nachfordern und gleichzeitig mitteilen, dass die Beteiligungsfrist nach § 76 Abs. 6 LPVG nach seiner Auffassung nicht in Gang gesetzt ist.

Fristverkürzung und Fristverlängerung nur in Einzelfällen

In besonders dringenden Fällen kann die Dienststelle die Äußerungsfrist des Personalrats auf eine Woche verkürzen (§ 76 Abs. 6 Satz 2 LPVG). Es handelt sich hierbei um eine verkürzte Frist im besonders begründeten Einzelfall. Ein Grund für einen solchen Einzelfall ist gegeben, wenn andernfalls Rechtsverluste bei einem Beschäftigten drohen oder Rechtsnachteile bei der Dienststelle eintreten, die gegenüber der Allgemeinheit nicht zu vertreten sind (BVerwG vom 15. 11. 1995, ZfPR 1996, 88).

Hält die Personalvertretung die Voraussetzungen für die Verkürzung der Äußerungsfrist für nicht gegeben, so kann sie das Verwaltungsgericht anrufen. In diesem Fall ist der Antrag auf Erlass einer einstweiligen Verfügung zulässig. Der Antrag ist innerhalb der verkürzten Frist beim zuständigen Verwaltungsgericht zu stellen. In den Fällen des § 37 LPVG – das heißt ein suspensives Veto ist eingelegt worden – verlängert sich die Beteiligungsfrist um eine Woche.

Für die Dauer der Amtszeit des gewählten Personalrats können zwischen ihm und der Dienststelle abweichende Fristen vereinbart werden. In Einzelfällen kann die Dienststelle die Fristen auch verlängern. Dies wird regelmäßig im Rahmen komplexer Beteiligungsverfahren erforderlich sein. Im Einvernehmen mit dem Personalrat kann die Beteiligungsfrist in besonders begründeten Einzelfällen auch verkürzt werden.

Der Vorsitzende des Personalrats kann aufgrund eines Beschlusses des Vorstandes im Einzelfall bei der Dienststelle eine längere Frist beantragen. Die Erforderlichkeit der Fristverlängerung ist zu begründen und die Dauer der Fristverlängerung zu benennen. Soweit seitens der Dienststelle keine andere Frist bewilligt wird, verlängert sich die Frist um drei Arbeitstage. Entscheidet die Dienststelle nicht innerhalb von drei Arbeitstagen nach Zugang über den Antrag, gilt die Fristverlängerung im vom Vorstand beantragten Umfang als bewilligt. Der Antrag auf Fristverlängerung kann nicht wiederholt werden (§ 76 Abs. 8 LPVG).

Zustimmungsfiktion

Sollte der Personalrat nicht innerhalb der Fristen seine Zustimmung zu der von der Dienststelle vorgelegten Maßnahme unter Angabe von Gründen schriftlich oder elektronisch verweigern, so gilt die Maßnahme durch Fristablauf als gebilligt (§ 76 Abs. 9 Satz 1 LPVG).

Verweigerung der Zustimmung

Sofern der Personalrat beabsichtigt, der Maßnahme nicht zuzustimmen, hat er dies nach Zugang des Antrags innerhalb der vorstehend genannten Fristen von drei Wochen bzw. einer Woche der Dienststelle mitzuteilen.

Wenn der Personalrat das Schreiben, mit dem er seine Zustimmung verweigert, als eingescannte PDF-Datei als Anhang zu einer E-Mail dem Leiter der Dienststelle übermittelt, so ist das im Personalvertretungsgesetz geforderte Schriftformerfordernis erfüllt. Das eingescannte Schreiben muss die Gründe für die Ablehnung und eine bildliche Wiedergabe der eigenhändigen Unterschrift(en) des Vorsitzenden sowie je nach Sachverhalt im Rahmen der Mitvertretungsregelung die des Gruppenvertreters enthalten, zumindest aber deren Namen wiedergeben. (BVerwG vom 15. 12. 2016 – 5 P 9.15). Das diesen Anforderungen genügende eingescannte Schreiben trägt der Identitätsfunktion, die für die Erklärung unverzichtbar ist, ausreichend Rechnung. Für diese Feststellung ist nicht notwendigerweise eine Originalunterschrift erforderlich. Die Identität wäre bereits dann gewahrt, wenn die eigenhändige Unterschrift nicht bildlich wiedergegeben wäre (BAG vom 9. 12. 2008 – 1 ABR 79/07).

Nach der oben genannten Entscheidung des Bundesverwaltungsgerichtes ist ein bei fehlender Unterschrift geringfügig höheres Fälschungsrisiko zu vernachlässigen. Eine von einem Unbefugten abgegebene Zustimmungsverweigerung hätte keine Folgen. Rechtlich maßgeblich ist allein der vom Personalrat gefasste Beschluss (BVerwG a.a.O). Dieser Entwicklung hat der Landesgesetzgeber mit seiner in § 76 Abs. 9 LPVG vorgenommenen Ergänzung „oder elektronisch" Rechnung getragen.

Fehlt der Erklärung des Personalrats die Begründung oder haben die vom Personalrat angeführten Gründe offenkundig keinen unmittelbaren Bezug zu der konkreten Mitbestimmungsangelegenheit, so ist diese unbeachtlich. Die Dienststelle muss von der Personalvertretung in die Lage versetzt werden, deren Standpunkt zu der beabsichtigten Maßnahme zu erkennen und zu erfahren, auf welche Einwendungen die Ablehnung gestützt wird.

Beachtlichkeit einer Zustimmungsverweigerung

Verweigert der Personalrat seine Zustimmung zu einer Maßnahme, so ist dies nach ständiger Rechtsprechung des Bundesverwaltungsgerichts unbeachtlich, wenn die angegebenen Gründe offensichtlich außerhalb Mitbestimmung liegen. Lassen sich die angeführten Gründe keinem Mitbestimmungstatbestand zuordnen, so gibt die Personalvertretung zu erkennen, dass sie keine Regelung auf der Grundlage eines Mitbestimmungsrechts anstrebt, sondern die Zustimmung ohne einen vom Gesetz gebilligten Grund verweigert. In einer derart unbeachtlichen Zustimmungsverweigerung gilt die Maßnahme nach Ablauf der gesetzlichen Stellungnahmefrist als gebilligt, und die Maßnahme kann durchgeführt werden (BVerwG vom 9. 12. 1992 – 6 P 16.91). Allerdings sind die vom Personalrat genannten Ablehnungsgründe nicht schon dann unbeachtlich, wenn sie offensichtlich außerhalb des betroffenen Mitbestimmungstatbestands liegen. Sie sind erst dann unbeachtlich, wenn die vom Personalrat vorgetragene Begründung offenkundig keinen Bezug zu den überhaupt in Betracht kommenden Mitbestimmungstatbeständen enthält.

Allgemeinpolitische Überlegungen (wie arbeitsmarkt-, haushalts- oder tarifpolitische Begründungen) erfüllen außerhalb des konkreten Einzelfalls nicht den Anspruch der Beachtlichkeit.

Bringt der Personalrat eine auf den konkreten Einzelfall bezogene Begründung vor, ist es der Dienststelle nach der oben zitierten Entscheidung des Bundesverwaltungsgerichts verwehrt, die angegebene Begründung einer Schlüssigkeitsprüfung zu unterziehen und die einzelnen Gründe auf ihre Richtigkeit zu untersuchen. Dies bleibt allein Sache der Einigungsstelle. Der Abbruch des Verfahrens ist nur dann zulässig, wenn die Ablehnung des Personalrats rechtsmissbräuchlich ist oder die Ablehnungsgründe von vornherein und eindeutig nicht zutreffend sein können, sie nach keiner vertretbaren Betrachtungsweise auch nur möglich erscheinen. Maßgeblich ist demnach nicht, ob die Begründung des Personalrats zutreffend ist oder ob ihr aus der Betrachtungsweise der Dienststelle eine fehlerhafte Bewertung zugrunde gelegt worden ist. Es kommt hierbei nicht auf die Betrachtungsweise der Dienststelle an (VG Dresden vom 11. 1. 2002 – K 2183/01, Rehak, SächsVBl. Heft 1/2003 S. 15).

Nach der Rechtsprechung des Bundesverwaltungsgerichts und der Instanzgerichte gilt der Grundsatz, dass dem Personalrat kein allgemeinpolitisches Mandat zusteht, sondern er auf die Geltendmachung der Interessen der Beschäftigten beschränkt ist.

Der Ablehnungsgrund muss sich folgerichtig auf den Schutzzweck der Mitbestimmung zurückführen lassen. Doch auch bei Tatbeständen, für die der „Versagungskatalog" nicht greift, darf sich die Zustimmungsverweigerung des Personalrats nicht außerhalb des konkreten Einzelfalles und nicht außerhalb des Mitbestimmungstatbestands bewegen. Allerdings dürfen an die Begründung der Zustimmungsverweigerung des Personalrats keine strengen Anforderungen gestellt werden, denn es ist zu berücksichtigen, dass eine Personalvertretung nicht immer über spezielle dienstrechtliche Kenntnisse verfügen kann (OVG Koblenz vom 17. 10. 2012 – 5 A 10523/12. OVG).

Die Zustimmungsverweigerung eines Personalrats muss, um wirksam zu sein, neben bestimmten formellen Erfordernisse auch inhaltliche Voraussetzungen erfüllen. Nur dann wird das Einigungsverfahren ausgelöst (Lautenbach, PersV 2007, 259 ff).

Vorläufige Regelungen

Bei Maßnahmen, die der Natur der Sache nach keinen Aufschub dulden, kann die Dienststelle bis zur Entscheidung vorläufige Regelungen nach § 88 Abs. 4 Nr. 1 LPVG treffen. Ob ein Grund für eine solche vorläufige Regelung vorliegt, entscheidet die Dienststelle nach pflichtgemäßem Ermessen. Allerdings muss dabei berücksichtigt werden, dass die vorläufige Maßnahme sachlich und zeitlich auf das unbedingt notwendige Maß beschränkt bleibt. Sie darf grundsätzlich nicht so weit gehen, dass eine wirkungsvolle Ausübung des Mitbestimmungsrechts dadurch unmöglich gemacht wird.

Durch die vorläufige Maßnahme dürfen weder rechtlich noch tatsächlich vollendete Tatsachen geschaffen werden. Eine solche Regelung wäre nur zulässig, wenn anderenfalls eine Schädigung überragender Gemeinschaftsgüter oder Interessen eintreten würde (BVerwG vom 22. 8. 1988, ZfPR 1989, 69). In einem derartigen Fall hat die Dienststelle dem Personalrat die vorläufige Regelung mitzuteilen, zu begründen und unverzüglich das Mitbestimmungsverfahren einzuleiten bzw. fortzusetzen. Nach der Rechtsprechung des Bundesverwaltungsgerichts bedeutet in einem solchen Fall unverzüglich „im selben Atemzuge" (BVerwG vom 8. 10. 1997 – 6 P 9.95). Durch eine solche Maßnahme dürfen allerdings weder rechtlich noch tatsächlich vollendete Tatsachen geschaffen werden, die im weiteren Verfahren nicht mehr veränderbar sind.

Der Personalrat hat auch in diesen Fällen die Möglichkeit, in einem personalvertretungsrechtlichen Beschlussverfahren vom Verwaltungsgericht überprüfen zu lassen, ob die von der Dienststelle genannten Dringlichkeitsgründe tatsächlich für das Verfahren nach § 88 Abs. 4 LPVG ausreichend sind.

Nichteinigung

Für den Fall der Nichteinigung zwischen Personalrat und Dienststelle bestimmen die Vorschriften über das Mitbestimmungsverfahren gemäß § 77 LPVG (Stufenverfahren der Mitbestimmung) die weitere Vorgehensweise. Die Einigungsstelle entscheidet endgültig oder gibt eine Empfehlung ab. Der Personalrat ist – von Fällen des Rechtsmissbrauchs abgesehen – zwecks Vermeidung des Eintritts der Billigungsfiktion nach § 77 Abs. 1 und 3 LPVG gehalten, sich mit einer Mitbestimmungsvorlage bei unveränderter Sach- und Rechtslage erneut zu befassen, nachdem er einen ersten Antrag auf Zustimmung abgelehnt hatte, ohne dass der Dienststellenleiter das Stufenverfahren eingeleitet hat (BVerwG vom 12. 9. 2011 – 6 PB 13.11).

Nachdem die Einigungsstelle durch die Parteien bindenden Beschluss entschieden hat, kann die oberste Dienstbehörde die Angelegenheit im Einzelfall unverzüglich der Landesregierung zur endgültigen Entscheidung vorlegen. Der bei der obersten Dienstbehörde gebildeten zuständigen Personalvertretung und der Einigungsstelle ist Gelegenheit zur Stellungnahme zu geben. Die Stellungnahme zur Vorlage an die Landesregierung ist innerhalb von zwei Wochen abzugeben. Die jeweilige Stellungnahme ist der Landesregierung zur Kenntnis zu geben. Die oberste Dienstbehörde hat die Entscheidung der Landesregierung den am Verfahren Beteiligten zur Kenntnis zu geben.

Bei den in § 78 LPVG endgültig entscheidenden Stellen handelt es sich

- für Beschäftigte des Landes um die Landesregierung,
- für Beschäftigte der Gemeinden, der Gemeindeverbände und der sonstigen Körperschaften, Anstalten und Stiftungen des öffentlichen Rechts um deren verfassungsmäßig zuständiges oberstes Organ oder der von diesem bestimmte Ausschuss. Sind diese nicht vorhanden, tritt an deren Stelle die Aufsichtsbehörde. In Zweifelsfällen bestimmt die zuständige oberste Landesbehörde diese Stelle (§ 89 Abs. 1 Nr. 1 LPVG).

Bei Maßnahmen im Bereich der Verwaltung des Landtags von Baden-Württemberg tritt an die Stelle der Landesregierung als endgültig entscheidende Stelle der Präsident des Landtags. Ferner tritt an die Stelle der Landesregierung im Geschäftsbereich des Rechnungshofs Baden-Württemberg der Präsident des Rechnungshofs. Die im LPVG getroffenen gesonderten Regelungen für besondere Dienststellen und Verwaltungszweige sind hier zu beachten.

Eingeschränkte Mitbestimmung (§ 75 LPVG)

In den der eingeschränkten Mitbestimmung unterliegenden Fällen § 75 LPVG richtet sich das Verfahren gleichfalls nach den Vorschriften der §§ 73 und 76 ff. LPVG.

Für den Fall der Nichteinigung zwischen Personalrat und Dienststelle bestimmen die Vorschriften über das Stufenverfahren der Mitbestimmungsverfahren gemäß § 77 LPVG (Verfahren bei Nichteinigung) die weitere Vorgehensweise. Wird in diesen Fällen die Einigungsstelle angerufen, so beschließt diese, wenn sie sich nicht der Auffassung der obersten Dienstbehörde anschließt, eine Empfehlung an diese. Die oberste Dienstbehörde ist an diese Empfehlung nicht gebunden. Sie entscheidet unter Beachtung von Recht und Gesetz nach pflichtgemäßem Ermessen endgültig. Zu beachten sind dabei die dienst- und beamtenrechtlichen Vorschriften sowie die dem Dienstherrn obliegende Fürsorgepflicht. Die oberste Dienstbehörde muss ihre Entscheidung begründen und der Einigungsstelle sowie den beteiligten Personalvertretungen mitteilen.

Wird trotz anderslautender Empfehlung der Einigungsstelle die ordentliche Kündigung eines Arbeitnehmers ausgesprochen, ist dem Arbeitnehmer mit der Kündigung durch die Dienststelle eine Abschrift der Empfehlung der Einigungsstelle zuzuleiten.

In den in § 75 Abs. 3 LPVG genannten Personalangelegenheiten der Beschäftigten bestimmt der Personalrat nur auf deren Antrag mit. Der Beschäftigte ist von der Dienststelle rechtzeitig darauf hinzuweisen, dass er die Möglichkeit hat, einen Antrag auf Durchführung des Beteiligungsverfahrens zu stellen (§ 76 Abs. 3 LPVG).

Einschränkungen in der Beteiligung der Personalvertretung hat der Gesetzgeber in § 75 Abs. 5 und 6 LPVG vorgenommen. Soweit in diesen Vorschriften nichts anderes geregelt ist, bestimmt der Personalrat nur mit in den in § 76 Abs. 2 LPVG genannten Fällen.

Weitere zusätzliche Einschränkungen können sich aus den Vorschriften über die besonderen Verwaltungszweige ergeben, die sich dann ausschließlich auf den jeweiligen konkreten Verwaltungszweig beziehen.

Der § 75 Abs. 2 Nr. 1 Buchstabe a LPVG nennt Beschäftigte, die zu selbstständigen Entscheidungen in Personalangelegenheiten befugt sind, und verweist wiederum zusätzlich auf den in § 9 Abs. 2 Satz 1 Nr. 3 LPVG genannten Personenkreis. Es muss sich bei den zu treffenden Entscheidungen um Personalangelegenheiten von nicht untergeordneter Bedeutung handeln. Dies ist nur der Fall, wenn die Dienstkraft die Kompetenz zu Maßnahmen hat, die zwischen Dienststelle und Personalrat förmlich zu verhandeln sind. Die Dienstkraft muss stellenplan- bzw. geschäftsordnungsmäßig die Befugnis haben, in Personalangelegenheiten in eigener Verantwortung endgültig zu entscheiden. Nicht beteiligungspflichtige Personalangelegenheiten, welche der Personalrat etwa im Rahmen seiner allgemeinen Aufgaben verfolgen mag, sind dagegen von nur untergeordneter Bedeutung (BVerwG vom 22. 6. 2005, 6 P 2/05).

Zur Beantwortung der Frage, wer zu selbstständigen Entscheidungen in Personalangelegenheiten befugt ist, ist im Regelfall auf die Zeichnungsbefugnis abzustellen. Bereitet eine Beschäftigte/ein Beschäftigter Entscheidungen nur vor und ist dann an die Zustimmung eines Vorgesetzten gebunden, so zählt sie/er nicht zu diesem Personenkreis.

Ferner ist vom Personalrat zu prüfen, ob nicht eventuell gemäß § 75 Abs. 5 Nr. 1 LPVG ein gänzlicher Ausschluss vorliegt oder nach § 75 Abs. 6 LPVG an die Stelle der Mitbestimmung die Mitwirkung tritt.

Ist die Mitbestimmung des Personalrats in Bezug auf diesen im Gesetz genannten Personenkreis von einem Antrag der Beschäftigten/des Beschäftigten abhängig, so ist dieser auch bereits dann erforderlich, wenn die dort erfasste Aufgabe erst übertragen werden soll. Ist eine von der vorstehend genannten Vorschrift erfasste Stelle zu besetzen, hat der Personalrat nur dann einen Anspruch auf Vorlage der Bewerbungsunterlagen, wenn die/der von der Dienststelle ausgewählte Bewerberin/Bewerber einen Antrag auf Beteiligung gestellt hat. Das Mitbestimmungsverfahren wird nicht dadurch ausgelöst, dass einer oder mehrere der weiteren Bewerber, die nicht zum Zuge gekommen sind, einen Antrag auf Beteiligung gestellt haben (BVerwG vom 20. 3. 2002 – 6 P 6/01).

Ausgewählte Einzelfälle der Mitbestimmung

Die Aufzählung der Beteiligungsfälle in § 74 LVPG (uneingeschränkte Mitbestimmung), § 75 LPVG (eingeschränkte Mitbestimmung), § 81 LPVG (Mitwirkung) und § 87 LPVG (Anhörung) wurde vom Gesetzgeber unterschiedlich gehandhabt: Dabei gibt es eindeutige Beteiligungstatbestände, etwa Einstellung und Kündigung. Andere wiederum sind abstrakt gefasst, z. B. die Regelung der Ordnung in der Dienststelle oder Maßnahmen zur Hebung der Arbeitsleistung. Einige Tatbestände sollen hier kurz erwähnt und stichwortartig behandelt werden. Eine komplette Abhandlung aller Tatbestände bleibt umfassenden Kommentaren vorbehalten.

Schlagwort Digitalisierung

In den kommenden Jahren werden sich Personalvertretung und Dienststelle mit der sich beschleunigenden Digitalisierung in der öffentlichen Verwaltung befassen müssen. Wie wirken sich die Möglichkeiten des mobilen Arbeitens auf Arbeitszeitregelungen in den Behörden und die Vereinbarkeit von Arbeits- und Privatleben aus? Lässt sich die cloud-basierte Arbeit im öffentlichen Dienst mit dem Beschäftigtendatenschutz vereinbaren? Wie kann ein Personalrat bei der Beteiligung an komplexen digitalisierten Verfahren in der Verwaltung Schritt halten? Wie können die Beschäftigten dabei technisch, körperlich und psychisch Schritt halten? Können digitale Arbeitsverfahren wirklich helfen, Sparvorgaben zu erfüllen oder die Auswirkungen des demografischen Wandels zu dämpfen? Das Update der öffentlichen Verwaltung auf die Version 4.0 wird begleitet von großen und vielfältigen gesellschaftlichen, technischen und politischen Megatrends, die viele Fragen aufwerfen.

Um welche Fragen wird es in der Personalratsarbeit der nächsten Jahre gehen?

Digitale Verwaltung und deren Auswirkungen auf die Beschäftigten

Unter Digitalisierung versteht man heute keinen ausschließlichen technischen Vorgang mit kalkulierbaren Folgen. Es handelt sich vielmehr um die Transformation unserer bisherigen „automatisierten Gesellschaft“ in eine „digitale Gesellschaft“. Im Rahmen dieser Entwicklung, die sich immer mehr beschleunigt, werden sich Werte wandeln und die Arbeitsbedingungen der Beschäftigten massiv ändern. Die Personalvertretungen als gewählte Interessenvertretung der Beschäftigten stehen vor der Herausforderung, die mit der Digitalisierung verbundenen Veränderungen kompetent zu begleiten. Es ist ein Prozess, der sich immer mehr beschleunigt und dessen Ende und Auswirkungen heute noch nicht abzuschätzen sind.

Beteiligungsrechte bei Verwaltungsmodernisierungen, insbesondere die Einführung technischer Einrichtungen

Die Digitalisierung der Verwaltung hat in den vergangenen Jahren rasant an Fahrt gewonnen, wird sich noch immer mehr beschleunigen. Personalräte stehen damit im Rahmen ihrer Beteiligungsrechte vor neuen Herausforderungen. Wie kann die Einführung elektronischer Verfahren sinnvoll begleitet werden, was sind die Möglichkeiten, was die Grenzen der dem Personalrat zustehenden Beteiligung? Dabei sind Fragen des Datenschutzes sowie einer möglichen Kontrolle des Arbeitsverhaltens der Beschäftigten von besonderer Bedeutung.

Beteiligungsrechte bei Verwaltungsmodernisierungen, Arbeitszeit/-modelle

Für die Beschäftigten sind bei der Gestaltung der Arbeitswelt von morgen Ideen und Regelungen von großer Bedeutung, die zu einer weiteren Flexibilisierung der Arbeitszeit bis hin zur Vertrauensarbeitszeit führen. Die Vereinbarkeit von Arbeits- und Privatleben, der Erhalt und die Verbesserung der Motivation und Arbeitszufriedenheit in Zeiten der digitalen Transformation der Gesellschaft sind dabei zentrale Anliegen. Gute Arbeitszeitmodelle dienen nicht nur diesen Zielen; sie sind auch ein Imagefaktor, gerade bei der Gewinnung von Nachwuchskräften.

Qualifizierung der Beschäftigten, Beteiligungs- und Initiativrechte

Im Zusammenhang mit der Digitalisierung der Verwaltung ist Qualifizierung eines der Schlüsselworte. Der Personalrat ist hiervon in zweifacher Hinsicht betroffen: Qualifizierung der Beschäftigten und der Personalratsmitglieder. Der Personalrat muss dafür Sorge tragen, dass die Beschäftigungsfähigkeit aller Kolleginnen und Kollegen durch geeignete Weiterbildungen und Qualifizierungen gefördert wird und bis ins Alter erhalten bleibt. Je nach Ausgestaltung in den einzelnen Paragrafen des Landespersonalvertretungsgesetzes unterliegen Fragen der Fortbildungsplanung und die Auswahl von Teilnehmerinnen und Teilnehmern an solchen Maßnahmen der Beteiligung des Personalrats. Zudem bietet das Initiativrecht hier Gestaltungsmöglichkeiten. Aber auch auf Seiten der Personalräte entsteht ein erhöhter Qualifizierungsbedarf. Nur so kann der Personalrat auf Augenhöhe mit der Dienststelle bleiben und gemeinsam mit ihr die digitale Zukunft gestalten.

Psychische Belastungen und Gesundheitsmanagement

Sparvorgaben, demografischer Wandel, Fachkräftemangel – auch im Hinblick auf die zunehmende Digitalisierung von Prozessen – und Wettbewerbsnachteile öffentlicher Dienstherren bei der Personalgewinnung sorgen in Verbindung mit ständig wachsenden und sich verändernden Aufgaben für teils erhebliche Mehrbelastungen der Beschäftigten. Dies führt häufig zu psychischen Belastungen für die Beschäftigten, aus denen sich ernsthafte Krankheiten wie Burnout, Depression oder Sucht entwickeln können.

Regelung der Ordnung in der Dienststelle und des Verhaltens der Beschäftigten (§ 74 Abs. 2 Nr. 1 LPVG)

Unter diesen Tatbestand, der der uneingeschränkten Mitbestimmung unterliegt, werden alle Regelungen des Leiters der Dienststelle zusammengefasst, die die Beschäftigten gleichermaßen betreffen.

Dazu gehören insbesondere: Verbot des Radiohörens, Verbot, eigene Elektrogeräte mitzubringen, Rauchverbot, Vergabe dienststelleneigener Parkplätze, Hausordnung, Mülltrennung, Dienstkleiderordnung, generelle Krankengespräche, Mobbing- oder Suchtvereinbarungen.

Die Mitbestimmung greift auch dann, wenn die Regelung aufgrund einer gesetzlichen Vorgabe erfolgt und dem Leiter der Dienststelle ein Gestaltungsspielraum bleibt. So gibt es ein gesetzliches Rauchverbot in öffentlichen Gebäuden, Ausgestaltung und Umsetzung können aber individuell geregelt werden. Von solchen Regelungen können auch andere Beteiligungstatbestände tangiert sein. Mobbing- oder Suchtvereinbarungen können auch im Rahmen der Verhütung von Gesundheitsschädigungen/Gesundheitsgefährdungen getroffen werden. Wird eine Parkfläche oder ein Parkhaus von der Dienststelle angemietet, handelt es sich um die Errichtung einer Sozialeinrichtung im Sinne von § 74 Abs. 2 Nr. 6 LPVG. Vergabe und Nutzungsbestimmungen sind vom Tatbestand des § 74 Abs. 2 Nr. 1 LPVG erfasst.

Beginn und Ende der täglichen Arbeitszeit und der Pausen sowie Verteilung der Arbeitszeit auf die einzelnen Wochentage (§ 74 Abs. 2 Nr. 2 LPVG)

Die uneingeschränkte Mitbestimmung bei der Arbeitszeit beruht auf den kollektiven Interessen der Beschäftigten und greift immer dann, wenn durch die Dienststelle Regelungen getroffen werden, die Teile oder die Gesamtheit der Beschäftigten berühren. Sie greift auch dann, wenn nur Teile der Arbeitszeit betroffen sind. Eine Einschränkung der Mitbestimmung ist nur insoweit gegeben, als gesetzliche oder tarifliche Vorgaben Vorrang haben und der Dienststelle kein eigenständiger Handlungsspielraum mehr verbleibt oder eine Dienstvereinbarung abgeschlossen wurde.

Beispiel:

Die Mitbestimmung erstreckt sich nicht nur auf den Beginn und das Ende der täglichen Arbeitszeit, sondern auch auf Pausen, die Verteilung auf die einzelnen Wochentage und auf die Anordnung von Mehrarbeit oder Überstunden. Die Anordnung von Rufbereitschaft ist eine Festlegung zu Beginn und Ende der Arbeitszeit und unterliegt daher der Mitbestimmung der Personalvertretung (BVerwG vom 4. 9. 2012 – 6 P 10.11).

Die Anordnung von Mehrarbeit oder Überstunden, Bereitschaftsdienst und Rufbereitschaft sind separat in § 74 Abs. 2 Nr. 4 LPVG geregelt. Die Ausgestaltung der Arbeitszeit ist in besonderer Weise über Dienstvereinbarungen möglich und damit ein erstrangiges Handlungsfeld für Personalvertretungen über das Initiativrecht.

Maßnahmen zur Verhütung von Dienst- und Arbeitsunfällen, Berufskrankheiten und sonstigen Gesundheitsschädigungen sowie von Gesundheitsgefährdungen (§ 74 Abs. 2 Nr. 7 LPVG)

Im Rahmen dieses Mitbestimmungsrechts hat der Personalrat darauf zu achten, dass die Dienststelle präventiv alle notwendigen Maßnahmen zur Verhütung von Dienst- und Arbeitsunfällen, Berufskrankheiten und sonstigen Gesundheitsschädigungen sowie von Gesundheitsgefährdungen ergreift. Dafür ist der Dienststellenleiter als gesetzlicher Vertreter der Behörde allein verantwortlich. Die Begriffe Dienst- bzw. Arbeitsunfall sind im jeweiligen Beamtenversorgungsgesetz und im SGB VII definiert. Der Begriff „sonstige Gesundheitsschädigungen" ist im Sinne der Arbeitsschutzregelungen auszulegen. Solche Schädigungen können sowohl physischer als auch psychischer Art sein. Gegenstand der Mitbestimmung ist die jeweilige vorgesehene Maßnahme im Einzelfall oder genereller Art. Vorbeugende (präventive) Maßnahmen können sein:

- Verhaltensmaßnahmen (z. B. Alkohol- oder Rauchverbote, Verhalten bei Mobbing)
- Organisatorische Maßnahmen (z. B. Sicherung von Arbeiten in gefährdeten Bereichen)
- Technische Maßnahmen (z. B. Schutzausrüstung)
- Medizinische Maßnahmen (z. B. vorbeugende Untersuchungen, Impfungen)

Einstellung von Arbeitnehmern (§ 75 Abs. 1 Nr. 2 1. Halbsatz LPVG)

Die Einstellung von Arbeitnehmern unterliegt der eingeschränkten Mitbestimmung des Personalrats. Es kommt eine Vereinbarung aufgrund tarifvertraglicher Vorgaben und Rahmenbedingungen (Rechte und Pflichten des Beschäftigten/der Beschäftigten) zustande, die eine Integration in die Dienststelle und ihrer weisungsabhängigen Arbeitsabläufe vorsieht.

Wichtig: Die Integrationsabsicht ist dabei der Auslöser der Mitbestimmung, nicht der Inhalt des Arbeitsvertrages.

Ein ohne Mitbestimmung des Personalrats abgeschlossener Arbeitsvertrag ist deshalb rechtswirksam, allerdings ist eine Beschäftigung in der Dienststelle ausgeschlossen, solange der Personalrat nicht zugestimmt hat.

Für die Beurteilung, ob eine Integrationsabsicht in die Dienststelle besteht, kann die vorgesehene Dauer der Beschäftigung und die tatsächliche Ausübung des Weisungsrechts des Dienststellenleiters ein wichtiges Indiz sein. Bei einer nur kurzfristig zu erbringenden Arbeitsleistung dürfte es in der Regel an einer Integrationsabsicht mangeln. Die Dauer der wöchentlichen Arbeitszeit oder die Höhe des vertraglich vereinbarten Entgeltes sind dagegen kein Indiz.

Durch die Rechtsprechung entwickelt ist auch die Mitbestimmung des Personalrats bei der Stufenzuordnung nach dem TVöD/TVL/TVöD-VKA, da entsprechende Rechte bereits bei der Eingruppierung greifen, ohne dass damit die Einstellung generell verhindert werden könnte.

Ein-, Höher-, Um- oder Rückgruppierung (§ 75 Abs. 1 Nr. 3 LPVG)

Höher- oder Rückgruppierung

Sie führt zur Zuordnung zu einer anderen Entgeltgruppe. Unmaßgeblich ist, aus welchem Grund der Arbeitgeber diese Feststellung trifft, z. B. durch Übertragung einer höherwertigen Tätigkeit, Veränderung des Aufgabenbereichs, Erfüllen persönlicher Voraussetzungen. Die Mitbestimmung erstreckt sich auch auf die Stufenzuordnung. Die Rückgruppierung kann entweder einvernehmlich, durch Übertragung einer niedriger zu bewertenden Tätigkeit oder durch die Korrektur einer falsch vorgenommenen Eingruppierung erfolgen.

Eingruppierung

Die Eingruppierung ist neben der Einstellung ein gesonderter Mitbestimmungstatbestand. Eine Eingruppierung kann aber auch bei Schaffung eines völlig neuen Arbeitsplatzes notwendig sein. Die Stufenzuordnung wird ebenfalls von der Mitbestimmung erfasst. Sofern für das Arbeitsverhältnis die einschlägigen tariflichen Regelungen gelten, ergibt sich die Eingruppierung aus deren Anwendung. Aber auch eine übertarifliche Eingruppierung unterliegt der Mitbestimmung. Weist der Dienststellenleiter einem Arbeitnehmer einen neuen Arbeitsplatz zu und beabsichtigt er die Beibehaltung der bisherigen Eingruppierung, so unterliegt dies der Mitbestimmung des Personalrats bei Eingruppierung; dies gilt auch, wenn der neue Arbeitsplatz schon einmal unter Beteiligung des Personalrats bewertet worden war (BVerwG vom 8. 11. 2011 – 6 P 23.10). Die Aufgabe des Personalrats ist es, darauf zu achten, dass hierbei die Behandlung aller Arbeitnehmer nach Recht und Billigkeit erfolgt (Gleichbehandlungs-, Leistungsgrundsatz) und die bestehenden Regelungen richtig angewendet werden.

Erlass von Richtlinien über die personelle Auswahl (§ 75 Abs. 4 Nr. 6 LPVG)

Dieser Mitbestimmungstatbestand ist – wie viele andere auch – aus dem Betriebsverfassungsgesetz entnommen. Bei den Richtlinien handelt es sich um generelle (abstrakte) Regelungen, die in den genannten Bereichen Transparenz und eine gleichmäßige Behandlung für die Einzelentscheidungen schaffen sollen. Sie gelten für:

- Einstellungen,
- Versetzungen,
- Höher-, Rück- oder Umgruppierungen,
- Kündigungen,
- Beförderungen und horizontalen Laufbahnwechsel nach § 75 Abs. 1 Nummer 4,
- beförderungsähnliche Übertragungen anderer Tätigkeiten und Übertragungen von Tätigkeiten, die einen Anspruch auf Zahlung einer Zulage auslösen,
- die Zulassung zum Aufstieg einschließlich Zulassung zur Eignungsfeststellung für den Aufstieg.

Richtlinien können entweder als Anweisung – mit Zustimmung des Personalrats – oder in Form einer Dienstvereinbarung ergehen. Die Mitbestimmung erfasst alle Beschäftigtengruppen.

Zudem schließt eine Mitbestimmung bei dieser generellen Regelung die Beteiligung bei den personellen Einzelmaßnahmen, die sich aus einer Richtlinie ergeben, keinesfalls aus. Aufgabe des Personalrats ist es, als Sachwalter der Interessen der Beschäftigten darauf zu achten, dass solche Regelungen rechtmäßig ergehen und die Interessen der Beschäftigten dabei ausreichend berücksichtigt werden.

Absehen von der Ausschreibung von zu besetzenden Dienstposten (§ 75 Abs. 4 Nr. 8 LPVG)

Stellen im öffentlichen Dienst sind grundsätzlich auszuschreiben. Die Ausschreibung dient der Absicherung des Bewerberverfahrensanspruchs und ist aus Art. 33 Abs. 2 Grundgesetz abgeleitet, wonach jeder Deutsche nach seiner Eignung, Befähigung und fachlicher Leistung gleichen Zugang zu einem öffentlichen Amt hat (Grundsatz der Bestenauslese).

Die Mitbestimmung des Personalrats greift unabhängig davon ein, ob die Nichtvornahme der Ausschreibung auf einem speziellen Regelwerk gründet oder in das Ermessen des Dienststellenleiters gestellt ist. Eine weitgehende Pflicht zur dienststellenbezogenen Ausschreibung eröffnet sich, wenn Frauen in einzelnen Bereichen unterrepräsentiert sind. Ein Zwang zur Ausschreibung kann insbesondere in größeren Dienststellen auch im Zusammenhang mit § 18 Teilzeit- und Befristungsgesetz entstehen, weil befristet Beschäftigte auf unbefristete Stellen hinzuweisen sind. Nach einem Urteil des BVerwG vom 14. 1. 2010 (6 P 10./09) rechtfertigt sich die Beteiligung des Personalrats bereits aus der Überlegung, dass die Auswahl der Person, mit der eine freie Stelle besetzt werden soll, in der Regel das berufliche Fortkommen oder sonstige Belange und Vorstellungen anderer in der Dienststelle Beschäftigten berührt. Deshalb besteht ein entsprechendes schutzwürdiges kollektives Interesse an der Mitbestimmung des Personalrats, um sein Recht der Richtigkeitskontrolle auszuüben. Zugleich wird mit der Mitbestimmung des Personalrats – so das BVerwG – vermieden, dass die Exekutive in die Lage versetzt wird, durch die Ausgestaltung der Ausnahmetatbestände die Mitbestimmung nach Belieben auszuschließen oder einzuschränken.

Einführung und Anwendung technischer Einrichtungen, die dazu geeignet sind, das Verhalten und die Leistung der Beschäftigten zu überwachen (§ 75 Abs. 4 Nr. 11 LPVG)

Unter dem Begriff „Einführung" ist nicht nur die erste Installierung der technischen Einrichtung, sondern auch deren Einbindung in bereits bestehende Einrichtungen sowie auch wegen einer schnellen leichten Verknüpfungsmöglichkeit der Anschluss zusätzlicher Geräte an bereits vorhandene zu verstehen (Beckschulze-Henkel, DB 2001, 1491, 1500).

Unter Anwendung ist die allgemeine Handhabung der eingeführten technischen Einrichtung, also die Festlegung der Art und Weise ihrer Verwendung zu verstehen (vgl. BPersVG, Ilbertz/Widmaier, § 75 Rn. 197). Nach der Rechtsprechung des Bundesverwaltungsgerichtes reicht es aus, wenn die technische Einrichtung nach ihrer Konstruktion oder konkreten Verwendungsweise in der Lage ist, entsprechende Verhaltens- und/oder Leistungsdaten zu erheben. Der Tatbestand ist selbst dann erfüllt, wenn ein entsprechendes Programm noch nicht vorhanden ist, die technische Einrichtung aber unmittelbar die Überwachung der Beschäftigten ermöglicht und ohne Weiteres mit einem entsprechenden Programm versehen werden kann (BVerwG vom 5. 2. 1990 – 6 PB 14.89, PersR 1990, 114; BVerwG vom 27. 11. 1991, ZBR 1992, 275 = PersV 1992, 385 = ZfPR 1992, 100; BVerwG vom 23. 9. 1992 – 6 P 26.90, BVerwGE 91, 45 = Leits. ZBR 1993, 129 = PersV 1993, 225 = ZfPR 1993, 40).

Wichtig: Voraussetzung für die Erfüllung des Tatbestandes ist damit allein, dass die technische Einrichtung unmittelbar die Überwachung von Verhalten und/oder Leistung der Beschäftigten ermöglicht. Maßgeblich ist demnach nicht, ob die Dienststelle entsprechende Kontrollen beabsichtigt und ob die Daten gesammelt und ausgewertet werden sollen (HessVGH vom 14. 11. 1990, Leits. ZBR 1991, 255). Allein entscheidend für das Auslösen des Mitbestimmungstatbestandes ist, ob eine Verhaltens- und/oder Leistungskontrolle möglich ist.

Beim heutigen Stand der Technik ist davon auszugehen, dass die meisten technischen Einrichtungen eine Verhaltens- und/oder Leistungskontrolle ermöglichen. Der Gesetzgeber hat in seiner Neuregelung auch deutlich gemacht, dass das Mitbestimmungsverfahren nur dann nicht durchgeführt werden muss, wenn eine Eignung zur Überwachung ausgeschlossen ist.

Der Sinn des Beteiligungstatbestandes ist es, eine ausreichende Berücksichtigung der persönlichen Belange und des Schutzes der Persönlichkeitsrechte der Beschäftigten sicherzustellen. Nach einer Entscheidung des Sächsischen Verfassungsgerichtshofs greift der Beteiligungstatbestand in besonderer Weise in die Rechte und Interessen der Beschäftigten und damit in die Grundrechtsphäre ein.

Gestaltung der Arbeitsplätze (§ 75 Abs. 4 Nr. 12 LPVG)

Nach der Rechtsprechung des Bundesverwaltungsgerichts besteht der Zweck der Mitbestimmung darin, durch anforderungsgerechte Gestaltung der Arbeitsplätze die Beschäftigten vor physischer oder psychischer Überforderung zu schützen (BVerwG vom 30. 8. 1985 – 6 P 20/83, PersR 85, 184). Vom Mitbestimmungsrecht sind die räumlichen Bedingungen erfasst. Bei Telearbeit kann das auch der häusliche Arbeitsplatz sein. Arbeitsplatz kann auch der Raum eines Kraftfahrzeuges (LKW oder PKW) sein, in dem ein Beschäftigter sich ständig oder überwiegend aufhält.

Zur Gestaltung eines Arbeitsplatzes zählen u. a.

- das Mobiliar,
- technische Geräte,
- Anzahl der Arbeitsplätze in einem Raum,
- Lichtverhältnisse,
- Belüftung, Lärm.

Die Mitbestimmung wird auch hier durch eine beabsichtigte Maßnahme ausgelöst, also nicht erst dann, wenn ein Arbeitsplatz bereits vollständig gestaltet ist.

Maßnahmen, die zur Hebung der Arbeitsleistung geeignet sind (§ 75 Abs. 4 Nr. 14 1. Halbsatz LPVG)

Darunter ist nach der Rechtsprechung des Bundesverwaltungsgerichts jede Maßnahme des Leiters der Dienststelle zu verstehen, die bei einem Beschäftigten zu einer körperlichen und/oder geistigen Mehrbelastung führt, die er an anderer Stelle nicht ausgleichen kann. Dabei müssen die folgenden Voraussetzungen erfüllt sein:

- es muss sich um eine beabsichtigte Maßnahme handeln,
- sie muss auf Dauer oder zumindest auf einen längeren Zeitraum angelegt sein,
- sie muss eine physische und/oder psychische Mehrbelastung darstellen,
- es darf keinen Ausgleich geben.

Sind diese Voraussetzungen erfüllt, greift das Mitbestimmungsrecht des Personalrats. Hintergrund des Beteiligungsrechtes ist es, überhöhte Leistungsanforderungen körperlicher und/oder geistiger Art und den daraus resultierenden permanenten Leistungsdruck von einzelnen Beschäftigten abzuwenden.

Einführung grundsätzlich neuer Arbeitsmethoden (§ 75 Abs. 4 Nr. 15 1. Halbsatz LPVG)

Bei der Einführung grundlegender neuer Arbeitsmethoden bestimmt der Personalrat im Wege der eingeschränkten Mitbestimmung mit. Voraussetzung ist allerdings eine erhebliche und andauernde körperliche oder geistige Auswirkung der beabsichtigten Maßnahme auf den oder die Beschäftigten. Die umfassende Umstellung und Neugestaltung von gewohnten Abläufen in der Arbeitserledigung sind hier ebenso gemeint wie die Verteilung von Aufgaben auf einen anderen Personenkreis (Teamarbeit) oder die Konzentration auf einzelne Beschäftigte. Substanziell veränderte neue Softwareprogramme, die den Arbeitsplatz des Beschäftigten in besonderer Weise neu prägen, sind ebenfalls hierunter zu fassen. Im Einzelfall ist jedoch die Abgrenzung zu anderen Beteiligungstatbeständen wie die Hebung der Arbeitsleistung, die Erleichterung im Arbeitsablauf oder die grundlegende Veränderung von Arbeitsverfahren und -abläufen nicht immer einfach.

Mitwirkung (§ 80 LPVG)

In den der Mitwirkung unterliegenden Fällen des § 81 LPVG richtet sich das Verfahren nach den Vorschriften der §§ 80, 82 und 83 LPVG.

Danach ist, soweit der Personalrat an Entscheidungen mitwirkt, die von der Dienststelle beabsichtigte Maßnahme rechtzeitig vor ihrer Durchführung bekanntzugeben. Auf Verlangen des Personalrats ist sie mit ihm zu erörtern (§ 80 LPVG) und zu begründen (§ 82 Abs. 3 LPVG).

Auch in diesem Verfahren muss sich der Personalrat innerhalb einer Frist von drei Wochen zu der vorgelegten Maßnahme äußern. Soweit er Einwendungen hat, muss er diese der Dienststelle unter Angabe von Gründen fristgerecht mitteilen. Anderenfalls gilt die dem Personalrat vorgelegte Maßnahme gleichfalls als gebilligt. Entsprechendes gilt auch, wenn der Personalrat bei Erörterung seine Einwendungen oder Vorschläge nicht aufrechterhält, oder wenn sie keinen unmittelbaren Bezug zu der konkreten Mitwirkungsangelegenheit hat. § 76 Abs. 6 Satz 2 und 3 sowie Abs. 7 und 8 gelten entsprechend.

Entspricht die Dienststelle den Einwendungen des Personalrats nicht oder nicht im vollen Umfang, so teilt sie dem Personalrat ihre Entscheidung unter Angabe der Gründe schriftlich mit.

Der Personalrat einer nachgeordneten Behörde kann in diesem Fall binnen drei Wochen nach Zugang der Mitteilung die Angelegenheit auf dem Dienstweg der übergeordneten Dienststelle, bei der eine Stufenvertretung besteht, mit dem Antrag auf Entscheidung vorlegen. Der Personalrat ist verpflichtet, der Dienststelle eine Abschrift des Antrages zuzuleiten. Die jeweils übergeordnete Dienststelle hat die Angelegenheit innerhalb von fünf Wochen der bei ihr gebildeten zuständigen Stufenvertretung vorzulegen. Die übergeordnete Dienststelle entscheidet nach Verhandlung mit der bei ihr gebildeten Stufenvertretung. Der § 82 Abs. 1 und 3 bis 6 LPVG über die Einleitung und das Verfahren der Mitwirkung gelten entsprechend. Die Stufenvertretung kann die Mitwirkungsangelegenheit binnen drei Wochen der obersten Dienstbehörde vorlegen. § 83 Abs. 1 Satz 2, 4 und 5 LPVG gilt entsprechend. Bei Durchführung des Stufenverfahrens der Mitwirkung sind in Gemeinden, Gemeindeverbänden oder einer Körperschaft, Anstalt oder Stiftung des öffentlichen Rechts die Regelungen des § 89 LPVG zu berücksichtigen. Ferner können ergänzende oder abweichende Regelungen in den Vorschriften für besondere Verwaltungszweige oder Dienststellen getroffen sein.

Die Dienststelle hat die beabsichtigte Maßnahme bis zur Entscheidung auszusetzen.

Die oberste Dienstbehörde entscheidet nach Verhandlung mit der bei ihr bestehenden Stufenvertretung endgültig. Ist eine der Mitwirkung unterliegende Maßnahme von der obersten Dienstbehörde selbst beabsichtigt, so entscheidet sie nach Verhandlung mit der zuständigen Personalvertretung endgültig. Eine Anrufung der Einigungsstelle ist nicht möglich.

Bei Maßnahmen, die der Natur der Sache nach keinen Aufschub dulden, kann die Dienststelle bis zur endgültigen Entscheidung eine vorläufige Regelung nach § 88 Abs. 4 Nr. 2 LPVG auch in Mitwirkungsangelegenheiten treffen. Aber auch in diesen Fällen ist darauf zu achten, dass durch die vorläufige Maßnahme weder rechtliche noch tatsächlich vollendete Fakten geschaffen werden, die im weiteren Verfahren nicht mehr verändert werden können.

Es kommt beim Mitwirkungsverfahren somit allein auf die Initiative des Personalrats an, ob im Falle einer teilweisen oder im Ganzen erfolgten Nichtberücksichtigung seiner Ablehnungsgründe durch die Dienststelle das Stufenverfahren eröffnet wird. 6

Beteiligungsfrist

Die Beteiligungsfrist wird nur durch eine die Anforderungen des Gesetzes erfüllende Vorlage in Gang gesetzt. Die Fristberechnung erfolgt nach §§ 187 bis 193 BGB.

Wichtig: Die Beteiligungsfrist beginnt somit nur dann zu laufen, wenn es sich bei der dem Personalrat vorgelegten Angelegenheit um eine „beabsichtigte Maßnahme" handelt und diese ausreichend begründet ist. Nach dem Sinn des Gesetzes handelt es sich dann um eine beabsichtigte Maßnahme, wenn die Dienststelle ihre Vorüberlegungen abgeschlossen hat und sie sich nicht mehr im Planungsstadium befindet. Allerdings darf die Maßnahme noch nicht eingeleitet worden sein, denn der Personalrat muss die Möglichkeit haben, mit seiner Auffassung noch einwirken zu können. Der Personalrat muss also bei Eingang einer Angelegenheit zunächst prüfen, ob diese bereits das Stadium der beabsichtigten Maßnahme erreicht hat. Ist dies nicht der Fall, so handelt es sich um eine Einbindung des Personalrats im Rahmen der vertrauensvollen Zusammenarbeit und der daraus resultierenden Informationsverpflichtung. Eine Frist wird dadurch nicht in Gang gesetzt.

Als Weiteres hat der Personalrat zu prüfen, ob die beabsichtigte Maßnahme von der Dienststelle genau bezeichnet und ausreichend begründet worden ist. Der Personalrat muss aufgrund der gegebenen Informationen in der Lage sein, die wesentlichen Gesichtspunkte zu erkennen, um sich ein eigenständiges Meinungsbild zu machen. Alle für das Beteiligungsverfahren relevanten Punkte müssen in der Unterrichtung enthalten und für den Personalrat erkennbar sein. Ist die Information der Dienststelle unzureichend, unvollständig oder nicht nachvollziehbar, beginnt die Beteiligungsfrist nicht zu laufen.

Wichtig: Der Personalrat muss aus dem Grundsatz der vertrauensvollen Zusammenarbeit heraus in diesen Fällen innerhalb der Beteiligungsfrist den Mangel rügen und vorsorglich darauf hinweisen, dass die Frist nicht in Gang gesetzt ist.

Sind die vorstehend erörterten Kriterien erfüllt, handelt es sich also bei der zur Beteiligung vorgelegten Angelegenheit um eine beabsichtigte Maßnahme, und ist diese ausreichend begründet, so ist die Frist in Gang gesetzt und ist grundsätzlich nicht mehr zu hemmen. Im Einvernehmen zwischen dem Personalrat und der Dienststelle kann die Beteiligungsfrist verlängert oder in begründeten Einzelfällen verkürzt werden (§ 76 Abs. 7 LPVG). Ferner hat die Dienststelle die Möglichkeit, das Beteiligungsverfahren zurückzuziehen und zu einem späteren Zeitpunkt erneut vorzulegen.

Für die Dauer der Amtszeit des gewählten Personalrats können zwischen ihm und der Dienststelle abweichende Fristen vereinbart werden.

Streitigkeiten über den Beginn der Frist sowie die Frage, ob eine von der Dienststelle gegebene Begründung ausreichend war, können in einem personalvertretungsrechtlichen Eil- und Hauptsacheverfahren vor dem Verwaltungsgericht geklärt werden.

Komplexe Sachverhalte und Maßnahmen

In der Praxis zeigt sich immer wieder das Problem, dass Beteiligungsverfahren sehr komplex sind und die im Gesetz vorgesehene Frist nicht ausreicht. In diesen Fällen hat die Dienststelle die Möglichkeit, die Frist zu verlängern oder dem Personalrat im Rahmen der vertrauensvollen Zusammenarbeit vor Beginn der eigentlichen Frist ausreichend Gelegenheit zur Einarbeitung zu geben. Dies wird regelmäßig dann der Fall sein, wenn objektiv erkennbar ist, dass es dem Personalrat wegen des besonders komplexen Sachverhalts oder großen Umfangs der Maßnahme nicht zumutbar ist, eine Stellungnahme innerhalb der Frist abzugeben. Die Dienststelle ist nicht daran gehindert, die Angelegenheit erst zu einem späteren Zeitpunkt als beabsichtigte Maßnahme zur Beteiligung vorzulegen und dadurch die Frist in Gang zu setzen (Nassauer, ZfPR 11/2003, 313 ff.).

Änderung der Sach- oder Rechtslage

Ändert sich nach Beteiligung des Personalrats an der von der Dienststelle beabsichtigten Maßnahme die Sach- und Rechtslage oder kann die Dienststelle die Angelegenheit nicht zum vereinbarten Zeitpunkt bzw. wie beantragt durchführen, so muss sie ein erneutes Beteiligungsverfahren einleiten. Es beginnt eine neue Frist zu laufen.

6

Ändert sich der zugrunde liegende Sachverhalt im laufenden Beteiligungsverfahren, wird ebenfalls eine neue Frist in Gang gesetzt. Gegebenenfalls kann der Personalrat die Einleitung eines neuen Beteiligungsverfahrens verlangen.

Beteiligung bei Kündigungen

Ordentliche Kündigung durch die Dienststelle (§ 75 Abs. 1 Nr. 12 LPVG)

Spricht der Arbeitgeber gegenüber einem Beschäftigten eine ordentliche Kündigung aus, bestimmt der Personalrat mit. In einem solchen Fall muss dem Personalrat von der Dienststelle mitgeteilt werden, welche konkreten Umstände oder subjektiven Vorstellungen Anlass der Kündigung waren.

Sinn und Zweck des Mitbestimmungsrechts der Personalvertretung bei Kündigungen ist, einen ausführlichen Gedankenaustausch zwischen Dienststelle und Personalvertretung sicherzustellen. Mit der Neuregelung des Landespersonalvertretungsgesetzes sind die Ablehnungsgründe des Personalrats bei ordentlicher Kündigung entfallen. Zudem ist es nicht erforderlich, dass die Einwendungsgründe des Personalrats aus Sicht der Dienststelle in sich schlüssig sind. Es reicht aus, wenn die vom Personalrat zur Begründung vorgetragenen Tatsachen es als möglich erscheinen lassen, dass die Ablehnungsgründe zutreffend sein könnten.

Wird nach Durchführung des Stufenverfahrens trotz anderslautender Empfehlung der Einigungsstelle nach § 78 Abs. 4 LPVG gegenüber dem Arbeitnehmer eine ordentliche Kündigung ausgesprochen, ist ihm mit der Kündigung eine Abschrift der Empfehlung der Einigungsstelle zuzuleiten.

Tritt im Falle der ordentlichen Kündigung des Arbeitnehmers durch die Dienststelle an die Stelle der Mitbestimmung die Mitwirkung, so ist dem Arbeitnehmer mit der Kündigung eine Abschrift der Stellungnahme des Personalrats zuzuleiten, sofern der Personalrat nach § 82 Abs. 4 Satz 1 LPVG Einwendungen gegen die Kündigung erhoben hat. Dies gilt nicht, wenn die zuständige Stufenvertretung nach Verhandlung mit der Dienststelle, bei der sie gebildet ist, die Einwendungen nicht aufrechterhalten hat. Bis zur endgültigen Entscheidung der übergeordneten Dienststelle oder der obersten Dienstbehörde bzw. des zuständigen Organs kann die Kündigung nicht ausgesprochen werden.

Kündigungen in der Probezeit, außerordentliche Kündigungen, fristlose Entlassungen (§ 87 Abs. 1 Nr. 9 LPVG)

Vor Kündigungen von Arbeitsverhältnissen in der Probezeit, bei außerordentlichen Kündigungen und fristlosen Entlassungen ist der Personalrat anzuhören. Die Dienststelle hat die beabsichtigte Maßnahme gegenüber dem Personalrat zu begründen. Dabei sind die Gründe, auf die sich die Kündigung stützen soll, vollständig anzugeben. Beabsichtigt die Personalvertretung, Einwendungen zu erheben, so muss sie diese unverzüglich, spätestens aber binnen drei Arbeitstagen, der Dienststelle schriftlich mitteilen.

Die Anhörung der zuständigen Personalvertretung soll es ihr ermöglichen, gegebenenfalls Bedenken gegen die Beendigungsabsicht auszusprechen, um es der Dienststelle zu ermöglichen, vor Ausspruch der Maßnahme ihren Standpunkt noch einmal überprüfen zu können (BAG vom 14. 3. 1979; PersV 1980, 241 = BB 1979, 1197). Der Personalvertretung steht das Recht zu, vor Abgabe einer Stellungnahme die betroffene Arbeitnehmerin oder den betroffenen Arbeitnehmer anzuhören.

Eine ohne Beteiligung der Personalvertretung ausgesprochene Kündigung ist unwirksam.

Anhörungsrechte (§ 87 LPVG)

Der Gesetzgeber hat in § 87 Abs. 1 Nr. 1 bis 8 LPVG weitere Fälle definiert, in denen die Personalvertretung anzuhören ist. Ein Anhörungsrecht besteht bei

- Personalplanungen,
- Personalanforderungen zum Haushaltsvoranschlag vor der Weiterleitung; gibt der Personalrat einer nachgeordneten Dienststelle zu den Personalanforderungen eine Stellungnahme ab, so ist diese mit den Personalanforderungen der übergeordneten Dienststelle vorzulegen,
- Raumbedarfsanforderungen für Neu-, Um- und Erweiterungsbauten von Diensträumen vor der Weiterleitung; Nummer 2 Halbsatz 2 gilt entsprechend,
- Bauplanungsprojekten und Anmietungen,
- räumlicher Auslagerung von Arbeit aus der Dienststelle,
- der Festlegung von Verfahren und Methoden von Wirtschaftlichkeits- und Organisationsuntersuchungen, mit Ausnahme von solchen im Rahmen der Rechnungsprüfung,
- der Auswahl und Beauftragung von Gutachten für Wirtschaftlichkeits- und Organisationsuntersuchungen nach Nummer 6,
- Abschluss von Arbeitnehmerüberlassungs- oder Arbeitnehmergestellungsverträgen.

Wichtig: Die Anhörung hat so rechtzeitig zu erfolgen, dass die Äußerung des Personalrats noch Einfluss auf die Willensbildung der Dienststelle nehmen kann. Auch im Wege der Anhörung muss die Mitteilung der Dienststelle umfassend sein. Nur so ist sichergestellt, dass die Personalvertretung in die Lage versetzt wird, sich ein ausgewogenes, eigenständiges Meinungsbild machen zu können. Eine Begründung der Maßnahme ist vom Gesetzgeber zwar nicht vorgesehen, würde aber dem Gebot der vertrauensvollen Zusammenarbeit entsprechen.

Die Dienststelle muss der Personalvertretung rechtzeitig die Absicht mitteilen, eine bestimmte Maßnahme durchführen zu wollen. Die Personalvertretung muss die Möglichkeit zur Äußerung erhalten. Die Dienststelle ist im Falle der Ablehnung der beabsichtigten Maßnahme durch die Personalvertretung nicht gehindert, ihre Maßnahme durchzuführen. Ein Stufenverfahren ist nicht möglich.

Eine ohne Anhörung der Personalvertretung durchgeführte Maßnahme ist rechtswidrig. Gerade weil die Anhörung ein erheblich abgeschwächtes Beteiligungsrecht ist, muss sichergestellt sein, dass diese vor Durchführung der beabsichtigten Maßnahme erfolgt (BVerwG vom 9. 5. 1985, ZBR 1985, 347).

Teilnahme an Prüfungen

Einem Mitglied des Personalrats, in dessen Zuständigkeitsbereich von der Dienststelle Prüfungen von Beschäftigten abgenommen werden, wird das Recht eingeräumt, bei Prüfungen anwesend zu sein (§ 71 Abs. 5 LPVG). Das Recht auf Anwesenheit bezieht sich auf jede Art von Prüfung. Die Auswahl des bei der Prüfung anwesenden Personalratsmitglieds erfolgt durch Plenumsbeschluss. Bei seiner Beschlussfassung hat der Personalrat darauf zu achten, dass es sich um ein für die Prüfung sachverständiges Mitglied handelt. Dem teilnehmenden Mitglied ist nicht das Recht eingeräumt, in den Prüfungsablauf einzugreifen. Seine Anwesenheit dient den Interessen des Prüflings. So hat das Personalratsmitglied darauf zu achten, dass Prüfungsbestimmungen eingehalten und die zugunsten der Beschäftigten geltenden Regelungen beachtet werden. Es soll Mittler zwischen Prüfling und Prüfungskommission sein und dafür Sorge tragen, dass nicht einzelne Prüflinge aus unsachlichen Erwägungen heraus unterschiedlich behandelt werden.

Kritisch zu bewerten ist die Beschränkung auf eine Anwesenheit des Personalratsmitglieds an dem Ablauf der Prüfung. Eine Teilnahme an der Beratung des Prüfungsergebnisses ist daher nicht möglich (§ 71 Abs. 5 Satz 2 LPVG). Geht man von Schutzzweck und Sinn des Gesetzes aus, so dient die Anwesenheit des Personalratsmitglieds dem Schutz des zu prüfenden Beschäftigten. Gerade auch bei der Beratung des Prüfungsergebnisses ist darauf zu achten, dass die Interessen des Beschäftigten gewahrt bleiben und die zu seinen Gunsten geltenden Regelungen beachtet werden (im Ergebnis: Ilbertz/Widmaier, § 80 Anm. 10; Dietz-Richardi, § 80 Anm. 14; Lorenzen u. a., § 80 Anm. 19).

Beteiligung beim Arbeitsschutz

Aus der Vorschrift des § 71 Abs. 7 LPVG ergibt sich für den Personalrat eine Reihe von Rechten und Pflichten:

- Die Dienststelle und die für den Arbeitsschutz zuständigen Behörden, die Träger der gesetzlichen Unfallversicherung und die übrigen in Betracht kommenden Stellen sind verpflichtet, bei allen im Zusammenhang mit dem Arbeitsschutz oder der Unfallverhütung stehenden Besichtigungen und Fragen und bei Unfalluntersuchungen die Personalvertretung oder die von ihr bestimmten Mitglieder der Personalvertretung derjenigen Dienststelle hinzuzuziehen, in der die Besichtigung oder Untersuchung stattfindet.
- An den Besprechungen der Dienststelle mit den Sicherheitsbeauftragten nach § 22 Abs. 2 des Siebten Buches Sozialgesetzbuch nehmen von der Personalvertretung beauftragte Mitglieder der Personalvertretung teil.
- Die Personalvertretung erhält die Niederschriften über die Untersuchungen, Besichtigungen und Besprechungen, zu denen sie nach den Sätzen 1 und 3 hinzuzuziehen ist.
- Die Dienststelle hat der Personalvertretung eine Durchschrift der nach § 193 Abs. 5 Satz 1 des Siebten Buches Sozialgesetzbuch von der Personalvertretung mit zu unterschreibenden Unfallanzeige oder des nach beamtenrechtlichen Vorschriften zu erstattenden Berichts auszuhändigen.

- Die Dienststelle hat dem Personalrat unverzüglich die den Arbeitsschutz und die Unfallverhütung betreffenden Auflagen und Anordnungen der für den Arbeitsschutz zuständigen Behörden, der Träger der gesetzlichen Unfallversicherung und der übrigen in Betracht kommenden Stellen mitzuteilen.
- Der Personalrat soll die Dienststelle, die für den Arbeitsschutz zuständigen Behörden, die Träger der gesetzlichen Unfallversicherung und die übrigen in Betracht kommenden Stellen beraten und unterstützen.

Es ist nicht erforderlich, dass der Personalrat insgesamt tätig wird, sondern es reicht aus, wenn das Gremium eines oder mehrere Mitglieder, die hierzu besonders sachverständig sind, durch Beschluss beauftragt.

Darüber hinaus obliegen dem Personalrat auch konkrete Mitbestimmungstatbestände nach § 74 Abs. 2 Nr. 7 und 8 LPVG sowie § 75 Abs. 4 Nr. 12 LPVG. Dem Personalrat kommt hier, sofern die Dienststelle nicht tätig wird, im Rahmen seines Initiativrechts eine agierende Rolle zur Verhütung von Unfällen, Berufserkrankungen, Gesundheitsschädigungen und -gefährdungen zu. Der Personalrat hat die Möglichkeit, Einrichtungen außerhalb der Dienststelle einzuschalten, die für Arbeitsschutzmaßnahmen zuständig sind. Er kann diesen externen Sachverstand nutzen, um sich beraten zu lassen oder eine Hausbegehung durchzuführen, um Mängel aufzuzeigen. Das Recht und die Pflicht der Personalvertretung besteht unabhängig vom Sicherheitsbeauftragten oder -ausschuss. Aus dem Grundsatz der vertrauensvollen Zusammenarbeit ist abzuleiten, dass die Dienststelle über ein entsprechendes Tätigwerden vorher zu unterrichten ist.

Die Personalvertretung ist verpflichtet, ihre Tätigkeit auch auf alle den Arbeitsschutz und die Unfallverhütung betreffenden gesetzlichen, tariflichen und sonstigen Regelungen zu richten. Dazu zählen unter anderem die folgenden allgemeinen Bestimmungen:

- Landesbeamtengesetz
- Allgemeines Gleichbehandlungsgesetz
- Jugendarbeitsschutzgesetz
- Arbeitszeitgesetz
- Urlaubsgesetz

- Mutterschutzgesetz
- Sozialgesetzbuch, insbesondere SGB IX (Rehabilitation und Teilhabe behinderter Menschen)
- Gesetz über Betriebsärzte, Sicherheitsingenieure und andere Fachkräfte für Arbeitssicherheit
- Landesdatenschutzgesetz
- Arbeitszeit- und Urlaubsverordnung
- Arbeitsschutzgesetz
- Arbeitsstättenverordnung

Die Beteiligungspflicht der Personalvertretung nach § 74 Abs. 2 Nr. 7 und 8 LPVG umfasst nicht nur Anregungen und Auskunft zu geben sowie die Beratung, sondern auch das aktive Eintreten für eine strikte Beachtung aller Arbeitsschutz- und Unfallverhütungsvorschriften. So hat die Personalvertretung dafür einzutreten, dass Gefahren und Gefährdungen abgestellt oder behoben werden. Der Gesetzgeber hat mit dieser Regelung den Personalrat zu einer aktiven Mitwirkung verpflichtet.

Eine weitere Beteiligung ergibt sich auch aus der allgemeinen Aufgabe des § 70 Abs. 1 Nr. 3 LPVG. Danach gehört es zu den Aufgaben des Personalrats, auf die Verhütung von Unfall- und Gesundheitsgefahren zu achten, die für den Arbeitsschutz zuständigen Behörden, die Träger der gesetzlichen Unfallversicherung und die übrigen in Betracht kommenden Stellen durch Anregungen, Beratung und Auskunft bei der Bekämpfung von Unfall- und Gesundheitsgefahren zu unterstützen und sich für den Arbeitsschutz einzusetzen. Auch hieraus ergibt sich die Verpflichtung, sich bereits im Vorfeld aktiv einzubringen.

Mitarbeit im Wirtschaftsausschuss

Mit der Neuregelung des Landespersonalvertretungsgesetzes hat der Landesgesetzgeber mit der Einfügung des § 72 LPVG festgelegt, dass in Dienststellen ab einer Größe des Personalrats von mindestens sieben Mitgliedern auf Antrag des Personalrats ein Wirtschaftsausschuss gebildet werden soll. Der Landesgesetzgeber hat damit einer Entwicklung Rechnung getragen, die eine zunehmende wirtschaftliche Betätigung erkennen ließ.

Der Wirtschaftsausschuss besteht aus mindestens drei und höchstens sieben Mitgliedern, die der Dienststelle angehören müssen. Mindestens ein Mitglied hat dem Personalrat anzugehören. Die Mitglieder werden von der Dienststelle im Einvernehmen mit dem Personalrat für die Dauer seiner Amtszeit bestellt und sollen über eine zur Erfüllung der Aufgabe fachliche und persönliche Eignung verfügen. Sie können jederzeit abberufen werden. Der Vorsitzende der Personalvertretung beruft die Mitglieder des Wirtschaftsausschusses zur konstituierenden Sitzung ein und leitet die Sitzung, bis der Wirtschaftsausschuss aus seiner Mitte einen Vorsitzenden gewählt hat. Bezüglich der Rechtsstellung der Mitglieder findet der § 43 Abs. 2 LPVG Anwendung.

Der Wirtschaftsausschuss ist ein besonderes Organ des Landespersonalvertretungsrechts und hat die Aufgabe, die Zusammenarbeit und Information zwischen Dienststelle und Personalvertretung in wirtschaftlichen Angelegenheiten zu fördern. Jedoch verfügt der Wirtschaftsausschuss über keinerlei eigenständige formelle Beteiligungsrechte. Die Rechte der Personalvertretung werden durch die Tätigkeit des Wirtschaftsausschusses nicht eingeschränkt.

Der Wirtschaftsausschuss soll vierteljährlich zu einer Sitzung zusammentreten. An dieser Sitzung hat der Leiter der Dienststelle oder eine von ihm beauftragte Person teilzunehmen. Es können weitere sachkundige Beschäftigte hinzugezogen werden. An den Sitzungen des Wirtschaftsausschusses können ferner beratend teilnehmen:

- die Schwerbehindertenvertretung,
- ein Mitglied der Jugend- und Auszubildendenvertretung, das von dieser benannt wird, wenn Angelegenheiten behandelt werden, die besonders Beschäftigte im Sinne von § 59 LPVG betreffen,
- die Beauftragte für Chancengleichheit, wenn Angelegenheiten behandelt werden, die besonders die Gleichstellung von Frauen und Männern betreffen.

Der Wirtschaftsausschuss hat die Aufgabe, wirtschaftliche Angelegenheiten der Dienststelle zu beraten und den Personalrat über jede seiner Sitzungen unverzüglich und vollständig zu unterrichten. Der Personalrat soll dadurch in die Lage versetzt werden, die teilweise sehr komplexen wirtschaftlichen Zusammenhänge in der Dienststelle nachvollziehen zu können.

Zu den wirtschaftlichen Angelegenheiten gehören insbesondere:

- die wirtschaftliche und finanzielle Lage der Dienststelle
- Veränderungen der Produktpläne
- beabsichtigte Investitionen
- beabsichtigte Partnerschaften mit Privaten
- Stellung der Dienststelle in der Gesamtdienststelle
- beabsichtigte Rationalisierungsmaßnahmen
- Einführung neuer Arbeits- und Managementmethoden
- Fragen des betrieblichen Umweltschutzes, des Klimaschutzes oder der sorgsamen Energienutzung in der Dienststelle
- Verlegung von Dienststellen oder Dienststellenteilen
- Auflösung, Neugründung, Zusammenlegung oder Teilung der Dienststelle oder von Dienststellenteilen
- Zusammenarbeit mit anderen Dienststellen
- sonstige Vorgänge und Vorhaben, welche das wirtschaftliche Leben der Dienststelle und die Interessen der Beschäftigten der Dienststelle wesentlich berühren können

Soweit nicht Betriebs- und Geschäftsgeheimnisse oder Dienstgeheimnisse gefährdet werden, hat die Dienststelle den Wirtschaftsausschuss rechtzeitig und umfassend über die wirtschaftlichen Angelegenheiten zu unterrichten. Die erforderlichen Unterlagen sind vorzulegen. Die sich aus den wirtschaftlichen Angelegenheiten ergebenden Auswirkungen auf die Personalplanung sind von der Dienststelle darzustellen.

Beteiligung als unbedingte Pflicht

Die Aufzählung der Beteiligungsrechte ist abschließend und erschöpfend. Eine Erweiterung ist nicht möglich. Der Personalrat ist zur Beteiligung verpflichtet. Er kann auf sein Recht nicht verzichten oder es übertragen. Der Gesetzgeber hat der Personalvertretung mit den Regelungen über die unterschiedlichen Formen der Beteiligung Rechte eingeräumt und gleichzeitig die Verpflichtung auferlegt, diese auch in Anspruch zu nehmen. Nimmt eine Personalvertretung die ihr eingeräumten Rechte nicht wahr, so kann diese Untätigkeit den Tatbestand des § 24

Abs. 1 LPVG „grobe Vernachlässigung der gesetzlichen Pflichten" erfüllen.

Rechtsfolgen fehlerhafter Mitbestimmung

Das Mitbestimmungsrecht der Personalvertretung kann auf unterschiedliche Weise verletzt werden. So kann das Beteiligungsverfahren in unzulässiger Weise abgebrochen werden oder die Maßnahme umgesetzt werden, bevor die Beteiligungsfrist der Personalvertretung abgelaufen ist und diese zugestimmt hat. Am häufigsten dürfte in der Praxis allerdings der Fall auftreten, dass die Personalvertretung überhaupt nicht beteiligt wird. Mitbestimmungspflichtige Maßnahmen, bei denen eine Mitbestimmung entweder überhaupt nicht oder in fehlerhafter Form durchgeführt worden ist, sind nichtig. Diese Maßnahmen sind auch gegenüber dem betroffenen Arbeitnehmer unwirksam.

Die Rechtswirkungen einer unterlassenen Beteiligung können in der Praxis recht unterschiedlich sein. Es kommt darauf an, ob es sich um rechtsgeschäftliche Handlungen nach dem Privatrecht (Arbeitsrecht) oder um (öffentlich-rechtliche) Verwaltungsakte handelt.

Beispiele:

Einstellung eines Arbeitnehmers

Nach der Rechtsprechung des Bundesarbeitsgerichts hat zum Schutz des betroffenen Arbeitnehmers ein Arbeitsvertrag auch dann Bestand, wenn die Personalvertretung der Einstellung nicht zugestimmt hat oder sie nicht beteiligt worden ist. Der Vertrag ist allerdings „schwebend unwirksam", bis die Personalvertretung zugestimmt hat. In der Praxis bedeutet das, die Dienststelle darf den Bewerber nicht beschäftigen, dieser muss täglich seine Arbeitsleistung anbieten und hat Anspruch auf Erfüllung aus dem Vertrag.

Ernennung eines Beamten

Eine ohne Beteiligung oder Zustimmung der Personalvertretung vorgenommene Ernennung bleibt für den Beamten wirksam. Nach dem Beamtenrecht ist die Entgegennahme der Urkunde ausschlaggebend (annahmepflichtiger Verwaltungsakt). Die beteiligungspflichtige Maßnahme ist allerdings rechtswidrig, was zur Folge hat, dass die Dienststelle das Mitbestimmungsverfahren nachholen muss.

Höhergruppierung eines Arbeitnehmers
Eine Höhergruppierung ist ohne vorherige Zustimmung des Personalrats unwirksam. Der Arbeitgeber ist aber zur Zahlung nach der höheren Vergütungsgruppe verpflichtet.

Kündigung
Die Kündigung eines Arbeitnehmers ist zivilrechtlich unwirksam, wenn es die Dienststelle versäumt hat, das Beteiligungsverfahren durchzuführen.

Antragsrecht des Personalrats

Zur effektiven Wahrnehmung der Interessen der Beschäftigten hat der Gesetzgeber der Personalvertretung im Rahmen der Bestimmungen des § 84 LPVG das Recht eingeräumt, selbst die Initiative zu ergreifen und Maßnahmen vorzuschlagen. Werden Angelegenheiten, die der Mitbestimmung der Personalvertretung unterliegen, nicht geregelt oder bleiben sie lange ungeregelt, steht der Personalvertretung das Recht zu, einen Initiativantrag zu stellen (BVerwG vom 13. 2. 1976, BVerwGE 50, 176 = ZBR 1976, 351 = PersV 1977, 179).

Antrag des Personalrats (Formelles Initiativrecht)

Nach § 84 Abs. 1 LPVG hat der Personalrat die Möglichkeit, Maßnahmen, die nach § 74 Abs. 1 Nr. 2, 5 und 6, Abs. 2 und 3 sowie § 75 Abs. 4 LPVG seiner Mitbestimmung oder nach § 81 Abs. 1 LPVG seiner Mitwirkung unterliegen, schriftlich oder elektronisch der Dienststellenleitung vorzuschlagen.

Der Personalrat kann in den im Gesetz genannten Angelegenheiten im Wege des Antragsrechts Maßnahmen bei der Dienststelle beantragen, die die Beschäftigten der Dienststelle insgesamt, Gruppen von ihnen oder einzelne Beschäftigte betreffen oder sich auf sie auswirken. Dabei hat der Personalrat die Maßnahme der Dienststelle schriftlich vorzuschlagen und zu begründen.

Die Entscheidung über den Initiativantrag ist dem Personalrat von der Dienststelle nach Zugang des Vorschlags innerhalb von drei Wochen schriftlich oder elektronisch mitzuteilen. Ist der Dienststelle die Einhaltung der Frist nicht möglich, so hat sie einen Zwischenbescheid zu erteilen (§ 84 Abs. 1 Satz 2 i. V. m. § 70 Abs. 2 Satz 1 LPVG). Beabsichtigt die Dienststelle, dem Initiativantrag nicht oder nicht im vollen Umfang zu entsprechen, so hat sie dies innerhalb der Frist von drei Wochen nach Zugang des Antrags dem Personalrat mitzuteilen. In diesen Fällen ist in analoger Anwendung der § 77 LPVG (Stufenverfahren bei Mitbestimmung) oder § 83 LPVG (Stufenverfahren bei Mitwirkung) durchzuführen. In Angelegenheiten, die der Mitbestimmung der Personalvertretung unterliegen, entscheidet (uneingeschränkte Mitbestimmung) die Einigungsstelle abschließend oder sie gibt eine Empfehlung (eingeschränkte Mitbestimmung) an die zur Letztentscheidung befugte Stelle ab. In Angelegenheiten, die der Mitwirkung des Personalrats unterliegen, entscheidet die dafür vorgesehene Stelle nach Durchführung des Stufenverfahrens abschließend.

Für den Bereich der eingeschränkten Mitbestimmung und somit des eingeschränkten Antragsrechts hat das Bundesverwaltungsgericht in der neueren Rechtsprechung Abstand von seiner bisherigen Entscheidungspraxis genommen. Nach der bis dahin erfolgten ständigen Rechtsprechung war es einem Personalrat verwehrt, zugunsten einzelner Beschäftigter initiativ zu werden. In personellen Angelegenheiten konnte ein Personalrat nur zur Wahrung der kollektiven Interessen der Beschäftigten im Wege des Initiativrechts tätig werden. Mit der Entscheidung vom 24. 10. 2001 (BVerwG – 6 P 13/00) hat das Bundesverwaltungsgericht die Grundsätze des Initiativrechts in personellen Angelegenheiten neu bestimmt. Mit der Aussage, dass die Befugnis des Personalrats, in Wahrnehmung seiner Mitbestimmungsrechte personelle Maßnahmen zugunsten einzelner, sogar namentlich benannter Beschäftigter beantragen zu können, nicht im Widerspruch zu seiner generellen Aufgabenstellung stehe, hat sich das Gericht für ein individualrechtliches Verfahren entschieden.

Das Bundesverwaltungsgericht hat in einer weiteren Entscheidung (BVerwG vom 24. 10. 2001 – 6 P 13.00, PersV 2002, 260) zum

Landespersonalvertretungsrecht Nordrhein-Westfalen (alte Fassung) hervorgehoben, dass der Personalrat beim Dienststellenleiter Maßnahmen zugunsten einzelner, namentlich benannter Beschäftigter beantragen kann. Danach ist davon auszugehen, dass das Bundesverwaltungsgericht dort ein Initiativrecht in personellen Angelegenheiten bejaht, wo das Letztentscheidungsrecht nach § 78 Abs. 4 LPVG sichergestellt ist.

Die Wahrnehmung individualrechtlicher Interessen im Rahmen des Initiativrechts steht somit auch nicht im Gegensatz zu der Entscheidung des Bundesverfassungsgerichts. Das dort geforderte Letztentscheidungsrecht bei Angelegenheiten, die die Wahrnehmung des Amtsauftrags nicht nur erheblich berühren, und dazu gehört das individualrechtliche Initiativrecht in personellen Angelegenheiten, ist durch die Regelung in § 78 Abs. 4 Satz 2 LPVG sichergestellt. Aus diesem Grund stellt ein entsprechender Antrag auch keinen Eingriff in das Auswahlermessen dar. Soweit in den Fällen des § 75 LPVG das Letztentscheidungsrecht der nach § 78 Abs. 4 LPVG endgültig entscheidenden Stelle sichergestellt ist, steht dem Personalrat auch ein Initiativrecht in personellen Einzelangelegenheiten zu (ZfPR 4/2002, 101 ff. = PersV 2002, 347 ff. = PersR 2003, 51 ff. = Widmaier in PersV 1/2 2004, 23 ff.). So hat konkret das Verwaltungsgericht Braunschweig festgestellt, dass dem Personalrat ein auf die Höhergruppierung eines namentlich benannten Arbeitnehmers gerichteter Initiativantrag zusteht (VG Braunschweig vom 21. 6. 2010 – 9 A 3/10).

Allgemeines Initiativrecht (§ 70 Abs. 1 Nr. 1 LPVG)

Beantragt der Personalrat in Wahrnehmung seiner allgemeinen Aufgaben eine Maßnahme, die nicht seiner formellen Mitbestimmung oder Mitwirkung unterliegt, so kann er auch diese der Dienststelle vorschlagen. Die Dienststelle soll innerhalb von drei Wochen zu der Maßnahme Stellung nehmen. Ist ihr dies nicht möglich, hat sie dem Personalrat einen Zwischenbescheid zu erteilen. Lehnt die Dienststelle den Antrag oder den Vorschlag des Personalrats ab, so hat der Leiter der Dienststelle dies schriftlich zu begründen (§ 70 Abs. 2 Satz 2 LPVG).

Dienstvereinbarungen (§ 85 LPVG)

Rechtliche Rahmenbedingungen

Eine Dienstvereinbarung dient dazu, bestimmte Angelegenheiten für die nach dem Gesetz handelnden Partner verbindlich festzulegen, soweit eine gesetzliche oder tarifliche Regelung nicht besteht. Dienstvereinbarungen, die das Gesetz nicht ausdrücklich vorsieht, sind unzulässig. Soweit gesetzliche oder tarifliche Regelungen dem Abschluss nicht entgegenstehen, sind Dienstvereinbarungen in allen Angelegenheiten der Mitbestimmung nach § 74 Abs. 1 Nr. 2, 5 und 6, Abs. 2 und 3, § 75 Abs. 4 und Mitwirkung nach § 81 Abs. 1 LPVG zulässig. Sie sind ferner zulässig, soweit dieses Gesetz oder tarifvertragliche Vereinbarungen Dienstvereinbarungen vorsehen. Betreffen sie Arbeitsentgelte oder sonstige Arbeitsbedingungen, die durch Tarifvertrag geregelt sind oder üblicherweise geregelt werden, sind sie unzulässig. Lässt ein Tarifvertrag allerdings ergänzende Dienstvereinbarungen ausdrücklich zu, so können sie abgeschlossen werden.

Personalvertretung und Dienststelle führen gemeinsame Erörterungen mit dem Ziel durch, zu einer gemeinsamen übereinstimmenden Willenserklärung zu gelangen.

Wichtig: Für die Dienstvereinbarung sind zwingend Schriftform, gemeinsame Unterzeichnung und die Bekanntgabe vorgeschrieben.

Dienstvereinbarungen, die für einen größeren Bereich abgeschlossen werden, gehen den Dienstvereinbarungen für einen kleineren Bereich vor (§ 85 Abs. 4 LPVG). Dies ist auch dann der Fall, wenn bereits bestehende Dienstvereinbarungen abweichende Regelungen enthalten.

Rechtsnatur

In der Literatur gibt es zwei unterschiedliche Theorien über die Rechtsnatur einer Dienstvereinbarung.

Die Dienstvereinbarung ist nach der Vertragstheorie ein öffentlich-rechtlicher Vertrag zwischen der Dienststelle und der Personalvertretung (Ilbertz/Widmaier). Dem gegenüber steht die

Satzungstheorie, nach der eine Dienstvereinbarung den Charakter einer Satzung hat und somit ein Gesetz im materiellen Sinne ist (Lorenzen/Schmitt/Etzel/Gerhold/Schlatmann/Rehack).

Von der Rechtsprechung ist der Theorienstreit nicht entschieden, denn für die Arbeit der Personalvertretung ist es unerheblich, welcher Rechtsnatur die Dienstvereinbarung ist. Soweit eine Dienstvereinbarung keine Ausnahmeregelungen zulässt, ist der Inhalt unabdingbar. Sie gilt für alle Beschäftigten der Dienststelle bzw. des Bereichs, für den sie abgeschlossen worden ist. Dienstvereinbarungen schaffen für die Dienststelle und die dort Beschäftigten unmittelbar geltendes Recht. Nach ihren Vorschriften müssen alle gegenwärtig oder auch zukünftig in der Dienststelle Beschäftigten von der Dienststellenleitung behandelt werden. Von ihr kann nicht durch Einzelabrede für einzelne Beschäftigte abgewichen werden. Bestehende Dienstvereinbarungen sind auszulegen wie Gesetze. Ein Spielraum für eine vom Wortlaut abweichende Auslegung besteht nicht (HessVGH vom 29. 7. 1989 – BPV TK 1991/86, n. v.). Das ordnungsgemäße Zustandekommen einer Dienstvereinbarung ist durch die Verwaltungsgerichte überprüfbar.

Kündigung, Erlöschen einer Dienstvereinbarung

Die Gültigkeit einer Dienstvereinbarung endet durch:

- Zeitablauf
- Erlöschen der Dienststelle oder Zusammenlegung von Dienststellen
- übereinstimmende Willenserklärung von Personalrat und Dienststelle
- Kündigung
- bindende Entscheidung der Einigungsstelle
- Abschluss einer anders lautenden höherrangigen Dienstvereinbarung
- anders lautendes höheres Recht (Gesetz, Rechtsverordnung, Tarifvertrag)
- Ablauf des Tarifvertrags

Ist eine Kündigungsfrist vereinbart, ist nur eine fristgerechte Kündigung möglich. Anderenfalls kann die Kündigung der Dienstvereinbarung mit einer Frist von drei Monaten erfolgen (§ 85 Abs. 5 LPVG).

Die Geltung einer abgeschlossenen Dienstvereinbarung hängt grundsätzlich von der Existenz der Dienststelle ab. Die Dienstvereinbarung verliert ihren Geltungsgrund und wird unwirksam, wenn eine Dienststelle erlischt oder sonst in einer Weise so verändert wird, dass sie ihre Identität einbüßt. Dies bedeutet aber umgekehrt auch, dass eine Dienstvereinbarung so lange fortbesteht, wie die Dienststelle ihrem Wesen und ihren Aufgaben nach erhalten bleibt. Das trifft auch dann zu, wenn eine Dienststelle aufgrund einer Umorganisation der Verwaltung einem anderen Rechtsträger zugeordnet wird (Fischer/Goeres, GKÖD, Band V, K 73 Anm. 23). Folgerichtig ist im Falle eines Rechtsträgerwechsels die Wahrung der Identität der Dienststelle die weitere und letztlich entscheidende Voraussetzung für die Fortgeltung einer Dienstvereinbarung (BVerwG vom 25. 6. 2003 – 6 P 1/03; PersV 1/2 2004, S. 48 f.).

Nachwirkung

Unter Nachwirkung einer Dienstvereinbarung versteht man die Weitergeltung ihrer Bestimmungen bis zum Abschluss einer neuen Vereinbarung. In Angelegenheiten, die der uneingeschränkten Mitbestimmung des Personalrats nach § 75 Abs. 1 Nr. 2, 5 und 6 sowie Abs. 2 und 3 LPVG unterliegen, kann die Weitergeltung einer gekündigten oder abgelaufenen Dienstvereinbarung über eine bestimmte Dauer vereinbart werden. Ist eine solche Vereinbarung über die Dauer der Weitergeltung getroffen, endet die Weitergeltung mit Ablauf der Amtszeit des Personalrats, der zum Zeitpunkt der Kündigung oder des Auslaufens der Dienstvereinbarung amtiert hat.

Weitergeltende Regelungen einer gekündigten oder abgelaufenen Dienstvereinbarung können jederzeit ganz oder teilweise aufgehoben werden, soweit diese Regelungen wegen ihrer Auswirkungen auf das Gemeinwesen die Regierungsverantwortung wesentlich berühren. In diesem Fall gelten die Regelungen des § 78 Abs. 2 Satz 3 bis 6 und Abs. 3 LPVG entsprechend.

Beteiligung der Stufenvertretungen und des Gesamtpersonalrats (§ 91 LPVG)

Stufenvertretungen

Für den Geschäftsbereich mehrstufiger Verwaltungen sind gemäß den Bestimmungen des § 55 Abs. 1 LPVG bei den Behörden der Mittelstufe Bezirkspersonalräte, bei den obersten Landesbehörden Hauptpersonalräte zu bilden.

Abweichende Regelungen

Für Amtszeit und Mitgliedschaft der Stufenvertretung gelten die gleichen gesetzlichen Bestimmungen wie für die (örtlichen) Personalvertretungen. Die Bestimmungen des Landespersonalvertretungsgesetzes über die Geschäftsordnung und die Rechtsstellung der Personalratsmitglieder gelten mit einigen nachstehend aufgeführten Abweichungen entsprechend:

- § 9 Abs. 2 Satz 1 Nr. 2 bis 4 LPVG gilt nur für die leitenden Beschäftigten der Dienststelle, bei der die Stufenvertretung errichtet ist, sowie für die unmittelbaren Mitarbeiter dieser Beschäftigten, die als Personalsachbearbeiter Entscheidungen vorbereiten.
- Die in § 9 Abs. 2 Satz 1 Nr. 2 bis 4 LPVG genannten Personen, die Beschäftigte einer nachgeordneten Dienststelle sind, dürfen als Mitglieder der Stufenvertretung an Personalangelegenheiten der eigenen Dienststelle weder beratend noch entscheidend mitwirken; § 33 Abs. 2 LPVG bleibt unberührt.
- Bei der entsprechenden Anwendung des § 19 LPVG tritt an die Stelle der Frist von sechs Arbeitstagen die Frist von drei Wochen.
- § 32 Abs. 5 LPVG gilt mit der Maßgabe, dass beim Bezirkspersonalrat die Bezirksschwerbehindertenvertretung, die für die Dienststelle, bei der der Bezirkspersonalrat gebildet ist, zuständig ist, zu beteiligen ist; dies gilt entsprechend für die Beteiligung der Hauptschwerbehindertenvertretung beim Hauptpersonalrat.
- Der für die Reisekostenvergütungen nach § 41 Abs. 1 Satz 2 LPVG maßgebende Dienstort ist der Sitz der Dienststelle, der das Mitglied der Stufenvertretung angehört.

- § 34 Abs. 3 LPVG gilt mit der Maßgabe, dass der Vorsitzende alle Angelegenheiten im schriftlichen Umlaufverfahren beschließen lassen kann, wenn nicht im Einzelfall ein Drittel der Mitglieder dem schriftlichen Umlaufverfahren widerspricht.

Für die Befugnisse und Pflichten der Stufenvertretungen gelten die §§ 68 bis 90 LPVG entsprechend.

Weitere Abweichungen ergeben sich aus den Sondervorschriften für bestimmte Verwaltungszweige des Personalvertretungsgesetzes.

In Angelegenheiten, die einzelne Beschäftigte oder Dienststellen betreffen, ist die Stufenvertretung gehalten, dem Personalrat, in dessen Bereich die Maßnahme wirksam wird, Gelegenheit zur Äußerung zu geben (§ 91 Abs. 3 LPVG). Erst dann kann sie im Rahmen ihrer Zuständigkeit einen Beschluss fassen. In diesen Fällen erhöhen sich die Beteiligungsfristen auf fünf Wochen. Stufenvertretung und Dienststelle können abweichende Fristen vereinbaren. Weiterhin finden die Regelungen des § 76 Abs. 6 Satz 2 LPVG Anwendung. Der § 76 Abs. 6 Satz 3 sowie Absatz 7 und 8 gilt entsprechend. Der Personalrat hat seine Stellungnahme in einem Plenumsbeschluss festzulegen. Die Stufenvertretung ist an die Äußerung der Personalvertretung aber nicht gebunden. Sie entscheidet eigenständig durch Beschluss.

Obwohl der Gesetzgeber die Anhörung des Personalrats zwingend vorgeschrieben hat, führt eine unterlassene oder fehlerhafte Anhörung nicht zur Unwirksamkeit des Beschlusses der Stufenvertretung. Sie hat auch keine Auswirkung auf die Entscheidung der Dienststelle, bei der die Stufenvertretung gebildet ist. Bei der gesetzlichen Regelung handelt es sich um eine interne Ordnungsvorschrift, die nur das Binnenverhältnis der Personalvertretungen berührt (BVerwG vom 26. 11. 1983 – 2 C 28.82; PersV 87, 74). Unter Umständen kann es sich bei einem solchen Verstoß aber um eine Pflichtverletzung im Sinne des § 24 Abs. 1 LPVG handeln. In einem solchen Fall kann das darauf gestützte personalvertretungsrechtliche Beschlussverfahren nur auf der Ebene eingeleitet werden, bei der die Stufenvertretung gebildet ist.

Eine Stufenvertretung ist aber keine vorgesetzte oder übergeordnete Personalvertretung. Sie kann weder Entscheidungen der

Personalvertretungen nachgeordneter Behörden aufheben noch Berufungsinstanz für deren Entscheidungen sein (BVerwG vom 18. 6. 1965, PV 1965, 229). Gesondert zu betrachten ist aber das Verfahren bei Nichteinigung.

Zuständigkeit der Stufenvertretung

Die Zuständigkeit einer Stufenvertretung richtet sich nach den Bestimmungen des § 91 LPVG. Sie ist dann gegeben, wenn der Leiter einer nachgeordneten Dienststelle in der Sache keine Entscheidungsbefugnisse besitzt und die von der Mittelbehörde oder der obersten Dienstbehörde zu entscheidende Maßnahme über den Bereich der (eigenen) örtlichen Dienststelle hinausreicht (BVerwG vom 14. 4. 1961, BVerwGE 12, 198). Geht daher die Entscheidungsbefugnis der Leiterin/des Leiters der Mittelbehörde oder der obersten Dienstbehörde über den unmittelbaren Bereich seines Hauses hinaus, ist die jeweilige Stufenvertretung zu beteiligen. Die Stufenvertretung ist folglich immer dann zu beteiligen, wenn der Leiter der Mittelbehörde oder der obersten Dienstbehörde eine Angelegenheit regelt, welche die Beschäftigten der Mittelbehörde bzw. der obersten Dienstbehörde und der nachgeordneten Behörden gleichermaßen betrifft (BVerwG vom 13. 9. 2002 – 6 P 4/02).

Maßgeblich für die Beantwortung der Frage, welche Personalvertretung zu beteiligen ist, ist, in welcher Eigenschaft der Leiter der Mittelbehörde oder der obersten Dienstbehörde tätig wird, für welchen Bereich die beabsichtigte Maßnahme getroffen werden soll und welche Beschäftigten von der Maßnahme betroffen sind. Das Bundesverwaltungsgericht stellt in der oben erwähnten Entscheidung vom 13. 9. 2002 nicht mehr allein darauf ab, in welcher Funktion der Leiter der Mittelbehörde oder der obersten Dienstbehörde tätig wird, sondern legt nunmehr den Gesamtvorgang bei Beantwortung der Frage nach der zu beteiligenden Personalvertretung zugrunde (ZfPR 12/2002, 328; ZfPR 11/2003, 292).

Hat die beabsichtigte Maßnahme ausschließlich Auswirkungen auf die Dienststelle „Mittelbehörde" oder „oberste Dienstbehörde" und ist sie allein auf diese bezogen, dann ist der dort gebildete (örtliche) Personalrat zu beteiligen. Betrifft der Vorschlag oder die Entscheidung nur Beschäftigte einer obersten Landesbehörde, tritt an die Stelle der Stufenvertretung der bei der obersten Landesbehörde gebildete (örtliche) Personalrat.

Werden im Geschäftsbereich mehrstufiger Verwaltungen von einer Dienststelle personelle oder soziale Maßnahmen getroffen und ist bei der Dienststelle keine für diese Maßnahmen zuständige Personalvertretung vorhanden, dann ist die Stufenvertretung bei der nächsthöheren Dienststelle, zu deren Geschäftsbereich die entscheidende Dienststelle gehört, zu beteiligen (§ 91 Abs. 4 LPVG). Auch die von der Entscheidung Betroffenen müssen diesem Geschäftsbereich angehören. Ist in einer neu errichteten Dienststelle ein Personalrat noch nicht gebildet worden, ist auf die Dauer von längstens sechs Monaten die bei der übergeordneten Dienststelle gebildete Stufenvertretung zu beteiligen.

Soweit der Ministerpräsident Maßnahmen für Beschäftigte des Geschäftsbereichs einer anderen obersten Dienstbehörde als des Staatsministeriums selbst trifft, die der Beteiligung der Personalvertretung unterliegen, wird die zuständige Personalvertretung beim Vorschlag der obersten Dienstbehörde an den Ministerpräsidenten beteiligt (§ 91 Abs. 5 LPVG). Wird bei beteiligungspflichtigen Einzelmaßnahmen die Entscheidung von einer Dienststelle getroffen, die zum Geschäftsbereich einer anderen obersten Dienstbehörde gehört als die, auf die sich die Maßnahme erstreckt, ist der Personalrat der Dienststelle, auf deren Beschäftigte sich die Maßnahme erstreckt, zu beteiligen. Sind von der Einzelmaßnahme mehrere Dienststellen betroffen, ist der Personalrat jeder dieser Dienststellen zu beteiligen. Erstreckt sich eine Maßnahme auf Dienststellen mehrerer oberster Dienstbehörden, wird bei der obersten Dienstbehörde, zu der die hauptnutzende Stelle gehört, eine gemeinsame Einigungsstelle gebildet.

Eine Zuständigkeit der Stufenvertretung ist auch dann gegeben, wenn sie im Rahmen des Mitbestimmungs- und Mitwirkungsverfahrens nach den §§ 77 und 83 LVPG angerufen wird (Einigungsverfahren).

Gesamtpersonalrat

Der Gesamtpersonalrat ist in allen Angelegenheiten zu beteiligen, in denen der Leiter der personalvertretungsrechtlich verselbstständigten Außenstelle, Nebenstelle oder des Teils einer Dienststelle (§ 5 Abs. 3 LPVG) nicht zur Entscheidung befugt ist, weil diese allein der Leiter der Hauptdienststelle zu treffen hat. Das bedeutet, dass die Zuständigkeit des Gesamtpersonalrats und des (örtlichen) Personalrats der personalvertretungsrechtlich verselbstständigten Außenstelle, Nebenstelle oder des Teils der Dienststelle stark von den tatsächlichen Gegebenheiten und Zuständigkeiten des Leiters der Außen-, Neben- oder Teildienststelle abhängt. Je mehr Zuständigkeiten im personellen und sachlichen Regelungsbereich beim Leiter der personalvertretungsrechtlich verselbstständigten Stelle und damit bei dem dortigen Personalrat liegen, umso weniger Kompetenzen hat der Gesamtpersonalrat und umgekehrt (BVerwG vom 29. 5. 1991 – 6 P 12/89, ZBR 1992, 88).

Abgrenzung der Zuständigkeit

In der Praxis ist eine klare Abgrenzung der Zuständigkeiten zwischen Gesamtpersonalrat und dem (örtlichen) Personalrat der Hauptdienststelle nicht immer ganz einfach.

- Zuständigkeit Personalrat der Hauptdienststelle: Betrifft eine Entscheidung des Leiters der Gesamtdienststelle ausschließlich die personalvertretungsrechtliche Hauptdienststelle und nicht die Gesamtdienststelle oder einen verselbstständigten Dienststellenteil, so ist der bei der Hauptdienststelle gebildete (örtliche) Personalrat zu beteiligen (BVerwG vom 15. 7. 2004 – 6 P 1/04).
- Zuständigkeit Gesamtpersonalrat: Der Gesamtpersonalrat ist immer dann zu beteiligen, wenn der Leiter der Gesamtdienststelle für eine beteiligungspflichtige Angelegenheit zuständig ist, die über den Kernbereich der personalvertretungsrechtlichen Hauptdienststelle hinausreicht und von der nicht nur die Beschäftigten der Hauptdienststelle betroffen sind. Die beabsichtigte Maßnahme muss daher die Gesamtdienststelle und/oder einen bzw. mehrere nach § 5 Abs. 3 LPVG verselbstständigte Außen-, Neben- oder Teildienststellen betreffen, und die dort tätigen Beschäftigten müssen von der Angelegenheit betroffen sein (vgl. HessVGH vom 13. 9. 1989 – BPV TK 197/87, ZfPR 1991, 73). Regelt demnach die Leitung der

Hauptdienststelle eine mitbestimmungspflichtige Angelegenheit, welche die Beschäftigten der Hauptdienststelle und diejenigen der verselbstständigten Stellen gleichermaßen betrifft, so ist der Gesamtpersonalrat zur Mitbestimmung, Mitwirkung oder Anhörung berufen (BVerwG vom 20. 8. 2003 – 6 C 5/03, PersV 1/2 2004, 52).

Ob eine personelle Maßnahme nur die Beschäftigten einer Dienststelle betrifft, ist nicht danach zu beurteilen, ob eine solche Maßnahme abstrakt betrachtet die Belange der Beschäftigten anderer Dienststellen berühren kann. Es kommt im konkret zu entscheidenden Fall darauf an, ob die Belange tatsächlich berührt sind (BVerwG vom 15. 7. 2004 a. a. O.).

Soweit die Rechtsprechung nunmehr auch von der Betroffenheit der Beschäftigten ausgeht, bedeutet dies für die Frage der Zuständigkeitsabgrenzung zwischen dem Personalrat der Hauptdienststelle und dem Gesamtpersonalrat in der Praxis, dass personelle Angelegenheiten häufig eine Angelegenheit der gesamten Dienststelle darstellen.

Vor einem Beschluss in Angelegenheiten, die einzelne Beschäftigte oder Dienststellen betreffen, gibt der Gesamtpersonalrat dem Personalrat Gelegenheit zur Äußerung. In diesem Fall erhöhen sich die Beteiligungsfristen auf fünf Wochen; § 76 Abs. 6 Satz 2 LPVG findet Anwendung. § 76 Abs. 6 Satz 3 sowie Abs. 7 und 8 LPVG gilt entsprechend § 91 Abs. 8 Satz 4 LPVG.

Verfahren bei Nichteinigung, Einigungsstelle

Verfahren bei Nichteinigung

Hinweis:
Nachstehend dargestellt wird das Verfahren der Nichteinigung im klassischen dreistufigen Verwaltungsaufbau. Ist der Aufbau nicht dreistufig oder erfolgt die erstmalige Beteiligung im dreistufigen Verwaltungsaufbau nicht auf der untersten Ebene, so verkürzt sich das Verfahren entsprechend.

Nichteinigung zwischen Dienststelle und Personalrat der Dienststelle

Fälle der Mitwirkung

Kommt zwischen dem Leiter einer nachgeordneten Behörde und dem bei ihr gebildeten Personalrat in den Fällen der Mitwirkung keine Einigung zustande, so kann der Personalrat die Angelegenheit der übergeordneten Stelle, bei der eine Stufenvertretung besteht, mit dem Antrag auf Entscheidung vorlegen (§ 83 Abs. 1 LPVG). Der Antrag ist innerhalb von drei Wochen nach Zugang der Mitteilung der Dienststelle, dass Einwendungen nicht oder nicht in vollen Umfang berücksichtigt werden können, auf den Weg zu bringen. Eine Durchschrift des Antrags ist der Dienststelle zuzuleiten. Diese muss den Vollzug der Maßnahme bis zur Entscheidung aussetzen (§ 83 Abs. 3 LPVG). Die übergeordnete Stelle entscheidet nach Verhandlung mit der bei ihr bestehenden Stufenvertretung.

Fälle der Mitbestimmung

Kommt in den Fällen der Mitbestimmung keine Einigung über eine von der Dienststelle beantragte Maßnahme zwischen dem Leiter einer nachgeordneten Dienststelle und dem bei ihr gebildeten Personalrat zustande, kann der Leiter der Dienststelle die Angelegenheit binnen drei Wochen der übergeordneten Dienststelle, bei der eine Stufenvertretung besteht, auf dem Dienstweg zuleiten (§ 77 Abs. 1 Satz 1 LPVG). Kommt eine Einigung über eine vom Personalrat beantragte Maßnahme (Initiativantrag) nicht zustande, so kann der Personalrat die Angelegenheit ebenfalls innerhalb von drei Wochen der Stufenvertretung, die bei der im Verwaltungsaufbau übergeordneten Stelle besteht, vorlegen. Die Fristberechnung erfolgt auch hier nach §§ 187 bis 193 BGB. Der Gesetzgeber fordert nicht, dass die Angelegenheit innerhalb der Vorlagefrist der übergeordneten Dienststelle zugegangen sein muss. Sie muss nur nachweisbar innerhalb dieser Frist auf den Dienstweg gebracht sein. Legt die Dienststelle die Angelegenheit der übergeordneten Dienststelle vor, so teilt sie dies dem Personalrat unter Angabe der Gründe mit. Die übergeordnete Dienststelle hat die Angelegenheit der bei ihr gebildeten Stufenvertretung innerhalb von fünf Wochen vorzulegen.

Nichteinigung zwischen Mittelbehörde und Bezirkspersonalamt

Fälle der Mitwirkung

In den Fällen der Mitwirkung hat die übergeordnete Dienststelle (Mittelbehörde) die Angelegenheit binnen fünf Wochen der bei ihr gebildeten Stufenvertretung vorzulegen. Sie verhandelt mit der Stufenvertretung und entscheidet dann (§ 83 Abs. 1 Satz 4 LPVG). Da es sich bei dem Verfahren in der Stufe um ein erneutes Mitwirkungsverfahren auf der nächsthöheren Ebene handelt, kann die Stufenvertretung (Bezirkspersonalrat) wiederum die Angelegenheit innerhalb von drei Wochen nach Zugang der Mitteilung auf dem Dienstwege der obersten Dienstbehörde, bei der eine Stufenvertretung besteht, zur Entscheidung vorlegen (§ 83 Abs. 1 LPVG). Eine Abschrift des Antrags leitet der Bezirkspersonalrat in diesem Fall der Mittelbehörde zu.

Fälle der Mitbestimmung

Unterliegt eine Maßnahme der Mitbestimmung und will die übergeordnete Dienststelle (Mittelbehörde) die Maßnahme ebenfalls durchsetzen, so hat sie die Stufenvertretung (Bezirkspersonalrat) innerhalb von fünf Wochen zu unterrichten und deren Zustimmung zu beantragen (§ 77 Abs. 2 Satz 1 LPVG). § 76 Absatz 1 und 5 bis 9 LPVG gilt entsprechend. Kommt zwischen einer übergeordneten Dienststelle und dem bei ihr gebildeten

Bezirkspersonalrat keine Einigung zustande, können der Leiter bzw. der Bezirkspersonalrat die Angelegenheit innerhalb von drei Wochen auf dem Dienstweg der obersten Dienstbehörde vorlegen. Legt die Dienststelle die Angelegenheit der übergeordneten Dienststelle vor, so teilt sie dies dem Personalrat unter Angabe der Gründe mit.

Nichteinigung zwischen oberster Dienstbehörde und Hauptpersonalrat

Fälle der Mitwirkung

In den Fällen der Mitwirkung verhandelt die oberste Dienstbehörde mit der Stufenvertretung (Hauptpersonalrat) und entscheidet, da es eine im Verwaltungsaufbau übergeordnete Stelle nicht mehr gibt, sodann endgültig. Eine Anrufung der Einigungsstelle ist nicht möglich.

Fälle der Mitbestimmung

Die oberste Dienstbehörde hat in den Fällen der Mitbestimmung, sofern sie an der Maßnahme festhält, den Hauptpersonalrat unverzüglich zu unterrichten und dessen Zustimmung zu beantragen.

7

Kommt zwischen der obersten Dienstbehörde und dem bei ihr bestehenden Hauptpersonalrat keine Einigung zustande, so entscheidet oder empfiehlt die Einigungsstelle.

Wird die Einigungsstelle nicht angerufen, obwohl auf der obersten Ebene keine Einigung erzielt worden ist, kann die Dienststelle im Falle der Mitbestimmung die Maßnahme nicht umsetzen.

Unmittelbare Anrufung der Einigungsstelle

Sind der Leiter der Dienststelle und oberste Dienstbehörde identisch, kann die Einigungsstelle unmittelbar angerufen werden. Ergibt sich bei Maßnahmen, die von der Dienststelle beabsichtigt sind, und bei den vom Personalrat beantragten Maßnahmen, die einer Mitbestimmung unterliegen, in der Landesverwaltung zwischen der obersten Landesbehörde und der dort bestehenden zuständigen Personalvertretung keine

Einigung, so kann vom Leiter der Dienststelle oder der Personalvertretung die Einigungsstelle angerufen werden. Betroffen sind die Fälle, in denen zwischen der obersten Dienstbehörde und dem Hauptpersonalrat oder dem Leiter der obersten Dienstbehörde und dem (örtlichen) Personalrat für den Bereich der Dienststelle im „erstmaligen" Beteiligungsverfahren eine Einigung über eine von der Dienststelle oder vom Personalrat beantragte Maßnahme nicht zustande gekommen ist.

Die Durchführung des Verfahrens nach § 82 Abs. 1 LPVG im Rahmen der Mitwirkung ist nicht möglich, da es an einer übergeordneten Dienststelle, bei der eine Stufenvertretung besteht, mangelt.

Anrufung des verfassungsmäßig zuständigen obersten Organs und der Einigungsstelle bei Gemeinden, Gemeindeverbänden sowie Körperschaften, Anstalten und Stiftungen des öffentlichen Rechts

In den Fällen der Mitwirkung kann der Personalrat einer Gemeinde, eines Gemeindeverbands oder einer Körperschaft, Anstalt oder Stiftung des öffentlichen Rechts die Entscheidung des verfassungsmäßig zuständigen obersten Organs oder des von ihm bestimmten Ausschusses beantragen, wenn die Dienststelle den Einwendungen des Personalrats nicht oder nicht im vollen Umfang entspricht. Der Antrag muss innerhalb von drei Wochen nach Zugang der Mitteilung der Dienststelle auf den Weg gebracht sein. Das verfassungsmäßig zuständige Organ oder der von ihm bestimmte Ausschuss entscheidet nach Verhandlung mit dem Personalrat. Die Dienststelle hat die Angelegenheit bis zur Entscheidung der angerufenen Stelle auszusetzen.

Ergibt sich bei Maßnahmen, die von der Dienststelle beabsichtigt sind, und bei den vom Personalrat im Wege des Initiativrechts beantragten Maßnahmen, die der Mitbestimmung unterliegen, bei den Gemeinden, den Gemeindeverbänden und den Körperschaften, Anstalten und Stiftungen des öffentlichen Rechts zwischen der dort bestehenden zuständigen Personalvertretung und der Dienststelle keine Einigung, so kann der Leiter der Dienststelle oder die Personalvertretung die Einigungsstelle anrufen.

Wortlaut des § 89 LPVG:

§ 89 Zuständigkeit in nicht gestuften Verwaltungen

(1) In Gemeinden und Gemeindeverbänden sowie sonstigen Körperschaften, Anstalten und Stiftungen des öffentlichen Rechts tritt in Verfahren nach den § 77 Absatz 3, §§ 78, 79 Absatz 1 Satz 2 und Absatz 3 sowie § 83 Absatz 2 an die Stelle

1. der obersten Dienstbehörde das in ihrer Verfassung vorgesehene oberste Organ oder ein Ausschuss dieses Organs oder, wenn ein solches nicht vorhanden ist, die Aufsichtsbehörde; in Zweifelsfällen bestimmt die zuständige oberste Landesbehörde die anzurufende Stelle,
2. der Stufenvertretung der Personalrat,
3. der Landesregierung das Organ nach Nummer 1.

Besteht ein Gesamtpersonalrat, ist dieser zu hören.

(2) Stehen soziale oder personelle Angelegenheiten der Beschäftigten, über die zwischen dem Personalrat und der Dienststelle keine Einigung besteht, in der Sitzung des Hauptorgans einer Gemeinde, eines Gemeindeverbandes, eines Zweckverbandes oder eines anderen öffentlich-rechtlichen Verbandes kommunaler Gebietskörperschaften zur Beratung an, so ist der Vorsitzende des Personalrats zur Darlegung der Auffassung des Personalrats in nicht öffentlicher Sitzung zu laden. Das gleiche gilt für Ausschüsse der Hauptorgane oder für vergleichbare Gremien, die aufgrund ihrer Satzung oder Verfassung als Beschlussorgan vorgesehen sind.

Die Einigungsstelle (§ 79 LPVG)

Bildung der Einigungsstelle

Die Einigungsstelle wird, soweit sich aus Abs. 2 nichts anderes ergibt, von Fall zu Fall bei der jeweiligen obersten Dienstbehörde gebildet (Abs. 1 Satz 1). Aufgrund einer Dienstvereinbarung kann die Einigungsstelle abweichend davon aber auch auf Dauer, längstens bis zum Ablauf der Amtszeit der zuständigen Personalvertretung, gebildet werden.

Sie besteht aus einer unparteiischen Person für den Vorsitz und je drei Beisitzern, die von der obersten Dienstbehörde und der bei ihr bestehenden zuständigen Personalvertretung bestellt werden. Auf die Person, die den Vorsitz führt, haben sich die oberste Dienstbehörde und die bei ihr bestehende Personalvertretung zu einigen. Kommt eine Einigung nicht zustande, bestellt sie der

Präsident des Verwaltungsgerichtshofes. Die Person für den Vorsitz muss die Befähigung zum Richteramt besitzen oder die Voraussetzungen des § 110 Satz 1 des Deutschen Richtergesetzes erfüllen. Die Beisitzer werden von dem jeweiligen personalvertretungsrechtlichen Partner, sofern sie nach § 79 Abs. 1 LPVG von Fall zu Fall gebildet wird, anlassbezogen für das jeweilige Einigungsstellenverfahren benannt. Eine Besetzung der Einigungsstelle mit sachkundigen Beisitzern wird damit sichergestellt. Unter den Beisitzern, die von der Personalvertretung bestellt werden, muss sich je ein Beamter und ein Arbeitnehmer befinden, es sei denn, die Angelegenheit betrifft lediglich die Beamten oder die Arbeitnehmer. Die Beisitzer sowie die für den Vorsitz vorgesehene Person sind innerhalb von zwei Wochen nach Anrufung der Einigungsstelle zu bestellen. Die Mitglieder der Einigungsstelle üben ihr Amt unabhängig und frei von Weisungen aus.

Kosten der Einigungsstelle

Die Kosten der Einigungsstelle sind Kosten im Sinne des § 41 LPVG. Sie sind von der Dienststelle zu tragen. Ferner kann der vorsitzenden Person der Einigungsstelle eine Entschädigung für Zeitaufwand gezahlt werden.

Verhandlung der Einigungsstelle

Die Verhandlung vor der Einigungsstelle ist nicht öffentlich (§ 79 Abs. 3 Satz 1 LPVG). Den Beteiligten ist Gelegenheit zur mündlichen Äußerung zu geben. Im Einvernehmen mit diesen kann die Äußerung auch schriftlich erfolgen. Die Einigungsstelle soll binnen zwei Monaten nach der Anrufung durch einen der am Verfahren Beteiligten entscheiden. Die Einigungsstelle ist beschlussfähig, wenn die Person für den Vorsitz und mindestens drei Beisitzer anwesend sind. Bestellt eine Seite innerhalb der in § 79 Abs. 4 Satz 3 LPVG genannten Frist von zwei Wochen keine Beisitzer oder bleiben Beisitzer trotz rechtzeitiger Einladung der Sitzung fern, so entscheiden der Vorsitzende und die erschienenen Beisitzer allein.

Beschlussfassung der Einigungsstelle

Die Einigungsstelle entscheidet durch Beschluss (§ 79 Abs. 5 LPVG). Der Beschluss wird von den Mitgliedern der Einigungsstelle mit einfacher Stimmenmehrheit gefasst. Im Falle der Stimmengleichheit entscheidet die Stimme der Person für den Vorsitz. Der Beschluss hat sich im Rahmen der geltenden Rechtsvorschriften zu bewegen und an das Haushaltsgesetz zu halten. Die Einigungsstelle hat ihre Entscheidungen und Empfehlungen schriftlich zu verfassen, zu begründen und den Beteiligten zuzustellen. Die Einigungsstelle soll innerhalb von zwei Monaten nach ihrer Anrufung entscheiden. Sie kann einem Antrag der Beteiligten ganz oder teilweise entsprechen.

Die beteiligte Dienststelle und der Personalrat sind an den Beschluss der Einigungsstelle in den in § 74 LPVG genannten Fällen der uneingeschränkten Mitbestimmung gebunden. Dennoch kann die oberste Dienstbehörde einen die Beteiligten bindenden Beschluss der Einigungsstelle, der im Einzelfall wegen seiner Auswirkungen auf das Gemeinwesen wesentlicher Bestandteil der Regierungsgewalt ist, unverzüglich nach seiner Zustellung der Landesregierung zur endgültigen Entscheidung vorlegen. Der Einigungsstelle und der bei der obersten Dienstbehörde bestehenden zuständigen Personalvertretung ist Gelegenheit zu geben, innerhalb von zwei Wochen zu der Vorlage an die Landesregierung Stellung zu nehmen. Eine Stellungnahme ist der Landesregierung zur Kenntnis zu bringen. Die Entscheidung der Landesregierung ist den Beteiligten durch die oberste Dienstbehörde bekanntzugeben.

Bei Maßnahmen im Bereich der Dienststellen des Landtags Baden-Württemberg tritt an die Stelle der Landesregierung der Präsident des Landtags. Im Geschäftsbereich des Rechnungshofs Baden-Württemberg tritt an die Stelle der Landesregierung der Präsident des Rechnungshofs. In Gemeinden und Gemeindeverbänden sowie sonstigen Körperschaften, Anstalten und Stiftungen des öffentlichen Rechts tritt an die Stelle der Landesregierung das in ihrer Verfassung vorgesehene oberste Organ oder ein Ausschuss dieses Organs.

In den in § 75 LPVG genannten Fällen der eingeschränkten Mitbestimmung beschließt die Einigungsstelle, wenn sie sich der Auffassung der obersten Dienstbehörde nicht anschließt, eine Empfehlung an diese. Die oberste Dienstbehörde entscheidet sodann in diesen Fällen endgültig. Die Entscheidung ist zu begründen und der Einigungsstelle und den beteiligten Personalvertretungen bekanntzugeben.

Vom Gesetzgeber getroffene abweichende Regelungen, die sich aus den Vorschriften für besondere Verwaltungszweige oder Dienststellenbereiche ergeben, sind im Verfahren der Nichteinigung zu beachten.

Verwaltungsgerichtlicher Rechtsschutz

Gegen einen Beschluss der Einigungsstelle kann nach § 92 LPVG das zuständige Verwaltungsgericht angerufen werden.

Nach der ständigen Rechtsprechung des Bundesverwaltungsgerichts (BVerwG vom 13. 2. 1976 – P 4.75, vom 21. 10. 1983 – 6 P 24.81, vom 19. 12. 1990 – 6 P 24.88, vom 28. 6. 2000 – 6 P 1.00, vom 24. 5. 2006 – 6 PB 16.05) unterliegen Beschlüsse der Einigungsstelle in vollem Umfang der Kontrolle durch die Verwaltungsgerichte. Der gerichtliche Ausspruch kann sowohl auf die Feststellung der Unwirksamkeit des Einigungsstellenbeschlusses als auch auf dessen Aufhebung gerichtet sein. Ist der Beschluss der Einigungsstelle im personalvertretungsrechtlichen Beschlussverfahren rechtskräftig für unwirksam erklärt oder aufgehoben worden, hat die Einigungsstelle dem Mitbestimmungsverfahren unter Vermeidung der vom Verwaltungsgericht festgestellten Rechtsfehler Fortgang zu geben.

Die Personalversammlung

Zusammensetzung, Leitung, Hausrecht

Zusammensetzung der Personalversammlung (§ 49 Abs. 1 LPVG)

Die Personalversammlung setzt sich aus allen Beschäftigten der Dienststelle zusammen. Dazu gehören auch die nicht wahlberechtigten Beschäftigten und der Leiter der Dienststelle. Es kommt bei der Zugehörigkeit zur Personalversammlung somit nicht auf die Wahlberechtigung, sondern auf die Beschäftigung in der Dienststelle im Sinne der Beschäftigtendefinition des § 4 LPVG an. Beschäftigte, die sich in Elternzeit befinden, gehören ebenfalls zum Teilnehmerkreis (BAG vom 31. 5. 1989).

Leitung und Hausrecht (§ 50 Abs. 1 Satz 2 LPVG)

Die Leitung der Personalversammlung obliegt dem Vorsitzenden des Personalrats, bei Verhinderung dem Stellvertreter. Auch wenn der Leiter der Dienststelle teilnimmt, liegt die Versammlungsleitung beim Personalratsvorsitzenden oder seinem Vertreter.

Die Ausübung des Hausrechts liegt ebenfalls beim Leiter der Versammlung, das heißt beim Vorsitzenden. Er trägt die Verantwortung für die gesetzeskonforme Durchführung, eröffnet und schließt die Personalversammlung, erteilt das Wort und kann dieses gegebenenfalls auch entziehen. Ferner ist er verantwortlich für eine eventuell zu fertigende Niederschrift. Es besteht allerdings nach dem Landespersonalvertretungsgesetz kein Zwang zur Anfertigung einer Niederschrift.

Praxis-Tipp:
Für die Praxis ist zu empfehlen, ein Protokoll anzulegen.

Einberufung (§ 50 Abs. 1 Satz 1 LPVG)

Zur Einberufung einer Personalversammlung bedarf es eines förmlichen Beschlusses der Personalvertretung. Auf Wunsch des Leiters der Dienststelle oder eines Viertels der wahlberechtigten Beschäftigten ist der Personalrat nach § 50 Abs. 2 LPVG verpflichtet, eine Personalversammlung einzuberufen und den

Gegenstand, dessen Beratung beantragt ist, auf die Tagesordnung zu setzen.

Einmal in jedem Kalenderjahr soll der Personalrat in einer Personalversammlung einen Tätigkeitsbericht erstatten (§ 52 Abs. 1 LPVG).

Aus dem Grundsatz der vertrauensvollen Zusammenarbeit heraus ist der Termin einer Personalversammlung mit der Dienststelle abzustimmen. Kann allerdings kein Einvernehmen erzielt werden, legt die Personalvertretung den endgültigen Termin fest (OVG Münster vom 4. 9. 1989, ZBR 1990, 30). Dabei sind die dienstlichen Verhältnisse zu berücksichtigen.

Der Vorsitzende des Personalrats hat die Einberufung der Personalversammlung den Teilnahmeberechtigten mitzuteilen. Die Teilnahmeberechtigten können Änderungen oder Ergänzungen der Tagesordnung beantragen. Der Personalrat kann der Personalversammlung vorschlagen, dass Gewerkschaftsbeauftragte oder Vertreter der Arbeitgebervereinigung, der die Dienststelle angehört, nicht an der Personalversammlung teilnehmen sollen. Über den Ausschluss entscheidet die Personalversammlung mit der Mehrheit der Stimmen der anwesenden Beschäftigten.

Gebot der Nichtöffentlichkeit (§ 53 Abs. 1 LPVG)

Der Vorsitzende hat darauf zu achten, dass das Gebot der Nichtöffentlichkeit eingehalten wird. Es dürfen nur solche Personen an einer Personalversammlung teilnehmen, denen der Gesetzgeber dieses Recht ausdrücklich eingeräumt hat:

- je ein Beauftragter der in der Dienststelle vertretenen Gewerkschaften,
- ein Beauftragter der Arbeitgebervereinigung, der die Dienststelle angehört,
- ein beauftragtes Mitglied der Stufenvertretung,
- ein Beauftragter der Dienststelle, bei der die Stufenvertretung besteht,
- ein beauftragtes Mitglied des Gesamtpersonalrats,
- die Schwerbehindertenvertretung,
- ein beauftragtes Mitglied der Jugend- und Auszubildendenvertretung.

Lässt der Vorsitzende einen Verstoß gegen das Gebot der Nichtöffentlichkeit zu, so kann es sich, insbesondere wenn es wissentlich geschieht, um eine Pflichtverletzung im Sinne des § 24 Abs. 1 LPVG handeln. Nehmen nicht berechtigte Personen an einer Personalversammlung teil, verliert diese ihren eigentlichen Charakter als dienststelleninternes Ausspracheforum und wird zur öffentlichen Versammlung, für die eine Dienststelle weder Kosten tragen noch Dienstbefreiung gewähren darf.

Praxis-Tipp:
In Dienststellen ab einer nicht mehr überschaubaren Beschäftigtenzahl ist daher immer zu empfehlen, zu Beginn der Versammlung die Nichtöffentlichkeit herzustellen. Dies geschieht in der Praxis, indem der Versammlungsleiter auf die Nichtöffentlichkeit hinweist und nichtberechtigte Personen auffordert, den Veranstaltungsort zu verlassen.

Durchführung während der Arbeitszeit

Unter Berücksichtigung der dienstlichen Verhältnisse finden Personalversammlungen während der Arbeitszeit statt (§ 51 Abs. 1 Satz 1 LPVG). Eine Personalversammlung ist ein gesetzlich vorgesehener Bestandteil des Arbeitslebens. Behinderungen und durch sie verursachte Beeinträchtigungen des Dienstbetriebs sind grundsätzlich hinzunehmen (OVG Münster vom 4. 9. 1989, ZBR 1990, 30). Müssen Personalversammlungen aus dienstlichen Gründen ausnahmsweise außerhalb der Dienstzeit durchgeführt werden, so ist für die Teilnahme Freizeitausgleich in entsprechendem Umfang zu gewähren. Gleiches gilt für Teilzeitbeschäftigte, die außerhalb ihrer Arbeitszeit an einer Personalversammlung teilnehmen. Fahrtkosten, die den Beschäftigten durch die Teilnahme an einer Personalversammlung entstehen, sind von der Dienststelle in entsprechender Anwendung des Landesreisekostengesetzes zu erstatten.

Die Beschäftigten haben das Recht, an einer Personalversammlung teilzunehmen, sind dazu aber nicht verpflichtet. Die Teilnahme an einer Personalversammlung hat keine Minderung der Besoldung oder der Arbeitsentgelte zur Folge.

Aufgaben der Personalversammlung (§ 52 LPVG)

Die Befugnisse und Zuständigkeiten der Personalversammlung werden in § 52 Abs. 2 bis 4 geregelt. Die Personalversammlung ist kein dem Personalrat übergeordnetes Organ. Sie dient dem Meinungsaustausch und der Information der Beschäftigten. Sie ist das Ausspracheforum, das Anträge und Beschwerden an den Personalrat herantragen kann, auf dessen Bestand aber keinen Einfluss hat. In einer gemeinsamen Personalversammlung mehrerer Dienststellen wird gemeinsam beraten. Anträge und Stellungnahmen an die Personalräte werden jedoch getrennt von den Beschäftigten der jeweiligen Dienststelle beschlossen. Der Personalrat seinerseits ist verpflichtet, die Beschäftigten in geeigneter Weise über die Behandlung und den Fortgang der Anträge und die weiteren Maßnahmen zu unterrichten. Die Personalversammlung ist kein „Beschäftigtenparlament“, das dem Personalrat Anweisungen geben kann oder ihm gegenüber Weisungs- und Machtbefugnisse besitzt. Die Beschäftigten haben die Möglichkeit, in der Aussprache zu den Handlungen des Personalrats Stellung zu nehmen. Erörterungsgegenstände können zunächst alle Themen sein, mit denen der Personalrat im Rahmen seines gesetzlichen Auftrages befasst ist.

Die weiteren Themen müssen in erster Linie die Beschäftigten und die Arbeitsbedingungen innerhalb der Dienststelle im weitesten Sinne betreffen (OVG Münster vom 4. 9. 1989, ZBR 1990, 30).

Beispiele:

Fragen zu Tarif-, Besoldungs- und Sozialangelegenheiten sowie Fragen der Gleichstellung von Frauen und Männern

8

Dabei ist alles zu unterlassen, was geeignet ist, die Arbeit und den Frieden der Dienststelle zu beeinträchtigen. Insbesondere dürfen Dienststelle und Personalvertretung keine Maßnahmen des Arbeitskampfes gegeneinander durchführen. Die personalvertretungsrechtlichen Partner müssen sich so verhalten, dass das Vertrauen der Verwaltungsangehörigen in die Objektivität und Neutralität ihrer Amtsführung nicht beeinträchtigt wird.

Wichtig: Unzulässig ist die Behandlung dieser Themen dann, wenn keine konkrete Frage mit Dienststellenbezug zur Diskussion steht. Die Tagesordnung der Personalversammlung darf keine unzulässigen Erörterungspunkte enthalten. Entsteht die Diskussion solcher Themen außerhalb der Tagesordnung, muss die Versammlungsleitung in Ausübung ihres Hausrechts dieses unterbinden. Lässt sie eine entsprechende Diskussion zu, begeht sie einen Pflichtverstoß nach § 24 Abs. 1 LPVG.

Arten der Personalversammlung

Regelmäßige Personalversammlung

Die Personalvertretung soll einmal in jedem Kalenderjahr eine Personalversammlung durchführen und einen Tätigkeitsbericht erstatten (§ 52 Abs. 1 LPVG). Der Tätigkeitsbericht dient der Unterrichtung der Beschäftigten und muss in seinen Grundzügen vom Personalrat beschlossen werden (BVerwG vom 26. 5. 1970, BVerfGE 28, 295 = ZBR 1970, 262 = PersV 1970, 260; BVerwG vom 8. 10. 1975, PersV 1976, 420). Weitere Punkte können erörtert werden. Der Leiter der Dienststelle kann zum Tätigkeitsbericht des Personalrats Stellung nehmen.

Der Personalrat hat bei Abgabe des Tätigkeitsberichtes die Schweigepflicht zu berücksichtigen und die Friedenspflicht einzuhalten. Bei den Beschäftigten dürfen keine Zweifel an der neutralen Amtsführung der Personalvertretung entstehen.

Stufenvertretungen und der Gesamtpersonalrat sind nicht berechtigt, Personalversammlungen durchzuführen.

Außerordentliche Personalversammlung

Eine außerordentliche Personalversammlung kann nach pflichtgemäßem Ermessen immer dann durchgeführt werden, wenn aktuelle Themen mit Dienststellenbezug einer zeitnahen alsbaldigen Erörterung bedürfen. Die Initiative dazu kann ausgehen

- vom Personalrat,
- von der Dienststelle,
- von einem Viertel der wahlberechtigten Beschäftigten.

Auf Antrag der Dienststelle und eines Viertels der Beschäftigten ist der Personalrat verpflichtet, die Versammlung durchzuführen und den beantragten Gegenstand auf die Tagesordnung zu setzen.

Teilversammlungen

Grundsätzlich ist von einer Vollversammlung aller Beschäftigten der Dienststelle auszugehen. Der Personalrat ist nicht berechtigt, Teilversammlungen rein aus allgemeinen Praktikabilitätserwägungen als Alternative zur Vollversammlung durchzuführen.

Entscheidet sich der Personalrat für die Durchführung einer solchen Teilversammlung, dann muss ein sachlich anzuerkennender Grund des § 49 Abs. 2 LPVG vorliegen: Aus objektiver Sicht müssen dienstliche Verhältnisse, die Eigenart der Dienststelle oder andere sachliche Gegebenheiten eine Vollversammlung unmöglich machen. Gründe hierfür können vorliegen, wenn

- im Schichtdienst gearbeitet wird,
- der Dienstbetrieb aufrechterhalten werden muss,
- keine geeigneten Räumlichkeiten zur Verfügung stehen.

Wird eine solche Versammlung in einer räumlich weit entfernt liegenden Teildienststelle, die sich personalvertretungsrechtlich nicht verselbstständigt hat, abgehalten, so wird diese nur von der vorsitzenden Person als Versammlungsleiter durchgeführt. Teilnahmeberechtigt sind nur die Beschäftigten der Teildienststelle und die Personalratsmitglieder, die dieser angehören (BVerwG vom 5. 5. 1973, BVerwGE 42, 175 = ZBR 1974, 109 = PersV 1974, 85).

Die Rechtsprechung lässt allerdings offen, ob dem Personalrat das Recht zusteht, durch Beschluss festzulegen, dass weitere Personalratsmitglieder oder der gesamte Personalrat gemeinsam mit der vorsitzenden Person eine solche Teilversammlung durchführen, denn alle Mitglieder des Personalrats sind die „Vertretung der Gesamtheit der Beschäftigten" wie auch die der nicht verselbstständigten Teildienststelle.

Versammlungen für bestimmte Verwaltungseinheiten/einen bestimmten Personenkreis

Nach § 49 Abs. 3 LPVG hat der Personalrat die Möglichkeit, getrennte Versammlungen in bestimmten Verwaltungseinheiten der Dienststelle oder Versammlungen eines bestimmten Personenkreises durchführen.

Gemeinsame Personalversammlungen

Auf Beschluss der zuständigen Personalräte kann nach § 49 Abs. 3 LPVG zur Behandlung gemeinsamer Angelegenheiten eine gemeinsame Personalversammlung mehrerer Dienststellen stattfinden, wenn für sie ein Gesamtpersonalrat gebildet ist oder wenn Dienststellen derselben juristischen Person nach § 1 LPVG unter derselben Leitung stehen. Die Personalräte einigen sich zugleich, welcher Vorsitzende eines Personalrats die gemeinsame Personalversammlung leitet.

Auf Antrag bei Nichteinberufung

Hat im vorangegangenen Kalenderjahr keine Personalversammlung zur Abgabe des Tätigkeitsberichts oder keine Teilversammlung stattgefunden, kann eine in der Dienststelle vertretene Gewerkschaft einen Antrag auf Einberufung stellen (§ 50 Abs. 3 LPVG). Der Personalrat ist dann verpflichtet, „vor Ablauf von drei Wochen nach Eingang des Antrages" eine Personalversammlung einzuberufen und unverzüglich durchzuführen.

Weitere Teilnahmerechte

Der Vorsitzende des Personalrats hat die Einberufung der Personalversammlung den Teilnahmeberechtigten mitzuteilen. Die Benachrichtigung soll unter Mitteilung der Tagesordnung zeitgleich und in selber Form erfolgen. Die Teilnahmeberechtigten können Änderungen oder Ergänzungen der Tagesordnung beantragen.

Teilnahmerecht/-pflicht des Leiters der Dienststelle

Der Leiter der Dienststelle ist berechtigt, an allen Personalversammlungen teilzunehmen. Eine Verpflichtung allein aufgrund des Beschäftigungsverhältnisses besteht allerdings nicht. An Personalversammlungen, die auf Wunsch der Dienststelle durchgeführt werden oder zu denen er ausdrücklich eingeladen worden ist, hat er teilzunehmen (§ 53 Abs. 4 Satz 2 LPVG). Er kann einen Vertreter der Arbeitgebervereinigung, der die Dienststelle angehört, hinzuziehen; in diesem Fall kann auch je ein Beauftragter der in der Dienststelle vertretenen Gewerkschaften an der Personalversammlung teilnehmen. Unabhängig davon, dass sich aus dem Grundsatz der vertrauensvollen Zusammenarbeit eine Teilnahmeverpflichtung ergibt, ist es gleichwohl dem Personalrat zu empfehlen, den Leiter der Dienststelle in dieser Funktion gesondert einzuladen. Der Termin der Personalversammlung sollte dann rechtzeitig abgestimmt werden.

Rederecht und Auskunftspflicht

Im Falle einer Teilnahme nach § 53 Abs. 4 Satz 1 LPVG steht dem Leiter der Dienststelle wie allen Beschäftigten auch ein Rede- und Antragsrecht zu. Hieraus kann allerdings nicht die Verpflichtung abgeleitet werden, sich äußern zu müssen. Anders verhält es sich, wenn die Dienststelle ausdrücklich zu den Themen der Personalversammlung eingeladen worden ist oder diese auf ihren Wunsch durchgeführt wird. Aus der Teilnahmeverpflichtung des § 53 Abs. 4 Satz 2 letzter Halbsatz LPVG ist abzuleiten, dass in diesem Fall eine Rede- und Auskunftspflicht besteht, auf Befragen muss er sich äußern. Der Gesetzgeber gesteht dem Dienststellenleiter ausdrücklich nicht das Recht auf Teilnahme mit beratender Stimme zu.

Vertretung

Der Leiter der Dienststelle kann sich durch einen Beauftragten in der Personalversammlung vertreten lassen, sofern die Personalversammlung nicht auf seinen Wunsch einberufen worden ist. Gewinnt die Personalvertretung den Eindruck, dass sich der Leiter der Dienststelle bewusst der Teilnahme entziehen will, obwohl er eingeladen worden ist, kann dies einen Verstoß gegen den Grundsatz der vertrauensvollen Zusammenarbeit darstellen.

Teilnahmerecht des Leiters der Gesamtdienststelle

In personalvertretungsrechtlich verselbstständigten Teildienststellen (§ 5 Abs. 2 LPVG) kann sich in der Praxis die Frage nach einem Teilnahmerecht des Leiters der Gesamtdienststelle stellen. Geht man davon aus, dass der Leiter der verselbstständigten Teildienststelle der Leitung der Gesamtdienststelle als weisungsgebundener Beschäftigter unterstellt bleibt und diese regelmäßig im Einzelfall von ihrem Weisungsrecht Gebrauch macht, dann ist von einem Teilnahmerecht auszugehen. Dies gilt insbesondere dann, wenn der Leiter der verselbstständigten Teildienststelle nur über geringe Regelungsbefugnis verfügt.

Teilnahmerecht der Beauftragten aller in der Dienststelle vertretenen Gewerkschaften

Die Vertreter aller in der Dienststelle vertretenen Gewerkschaften haben das Recht, an den Personalversammlungen teilzunehmen (§ 53 Abs. 2 Nr. 1 LPVG). Es steht den Gewerkschaften frei, darüber zu befinden, wen sie als Beauftragten entsenden wollen. Der Wortlaut des Gesetzes gestattet es, nur eine Person zu entsenden. Die Beauftragten haben kein Stimmrecht, nehmen aber „mit beratender Stimme" teil und können insoweit zur Sache sprechen.

Von der Durchführung einer Personalversammlung sind alle in der Dienststelle vertretenen Gewerkschaften gleichzeitig und in gleicher Weise zu benachrichtigen (VGH Baden-Württemberg vom 21. 3. 1988, ZBR 1989, 153; Leits. ZfPR 1989, 114). Unterlässt die Personalvertretung die Information über den Zeitpunkt und den Ort einer Personalversammlung sowie die Mitteilung der Tagesordnung, so kann dies – insbesondere wenn es vorsätzlich geschieht – einen Verstoß nach § 24 Abs. 1 LPVG darstellen.

Teilnahmerecht eines Vertreters der Arbeitgebervereinigung

Die Arbeitgebervereinigung, der die Dienststelle angehört, kann einen Beauftragten zur Teilnahme an der Personalversammlung entsenden (§ 53 Abs. 2 Nr. 2 LPVG). Zu Personalversammlungen, die auf Wunsch des Dienststellenleiters einberufen worden sind oder zu denen er ausdrücklich eingeladen worden ist, kann er einen Vertreter der Arbeitgebervereinigung, der die Dienststelle angehört, hinzuziehen. In diesem Fall kann auch je ein Beauftragter der in der Dienststelle vertretenen Gewerkschaften an der Personalversammlung teilnehmen. Auch dieser Beauftragte hat kein Stimmrecht, nimmt jedoch „mit beratender Stimme" teil und kann insoweit zur Sache sprechen.

Teilnahmerecht von Beauftragten der Stufenvertretung oder des Gesamtpersonalrats

An einer Personalversammlung kann ebenfalls ein Mitglied der Stufenvertretung oder, sofern dieser besteht, ein Mitglied des Gesamtpersonalrats teilnehmen (§ 53 Abs. 2 Nr. 3 und Nr. 5 LPVG). Der Gesetzgeber hat auch ihnen eine Teilnahme mit beratender Stimme zugestanden.

Auf Befragen der Versammlungsleitung oder der Personalversammlung sind sie zur Äußerung aufgerufen.

Teilnahmerecht eines Beauftragten der Dienststelle, bei der die Stufenvertretung besteht

Je einem Beauftragten der Dienststelle, bei der die Stufenvertretung gebildet ist, steht ebenfalls ein Teilnahmerecht zu (§ 53 Abs. 2 Nr. 4 LPVG). Dieses Recht ist nicht an die Teilnahme eines beauftragten Mitglieds der jeweiligen Stufenvertretung gekoppelt. Der Gesetzgeber hat auch dem Beauftragten der Dienststelle ein Teilnahmerecht mit beratender Stimme zugestanden. Sie sind ferner angehalten, sich auf Befragen der Versammlungsleitung oder der Personalversammlung zu äußern.

Teilnahmerecht der Schwerbehindertenvertretung

Der Schwerbehindertenvertretung steht ein Recht auf Teilnahme mit beratender Stimme zu (§ 53 Abs. 2 Nr. 6 LPVG).

Teilnahmerecht eines Mitglieds der Jugend- und Auszubildendenvertretung

Ein von der Jugend- und Auszubildendenvertretung durch Beschluss beauftragtes Mitglied hat das Recht auf Teilnahme an der Personalversammlung mit beratender Stimme (§ 53 Abs. 2 Nr. 7 LPVG).

Auskunftspersonen

Unter bestimmten Voraussetzungen können Auskunftspersonen zu einer Personalversammlung geladen werden. Dies wird immer dann der Fall sein, wenn ohne die speziellen Sachkenntnisse der

Auskunftsperson eine sachgerechte Beratung einzelner Tagesordnungspunkte nicht möglich scheint.

Kosten der Personalversammlung

Versammlungskosten

Die Versammlungskosten sind Kosten im Sinne des § 41 Abs. 1 Satz 1 LPVG, denn die Durchführung einer Personalversammlung gehört zu den Aufgaben und Pflichten einer Personalvertretung. Die Kosten sind folglich „als durch die Tätigkeit des Personalrats entstanden" von der Dienststelle zu tragen. Der Grundsatz der sparsamen Verwendung der Haushaltsmittel verpflichtet die Personalvertretung, nach pflichtgemäßem Ermessen eine kostengünstige Lösung zu finden. Dies gilt insbesondere dann, wenn z. B. geeignete Räumlichkeiten angemietet werden müssen. Es entspricht dem Gebot der vertrauensvollen Zusammenarbeit, die Kosten vorher mit der Leiterin/dem Leiter der Dienststelle zu erörtern.

Kosten der Beschäftigten

Den Beschäftigten sind die nachgewiesenen Kosten in entsprechender Anwendung des Landesreisekostengesetzes zu erstatten.

Dienst-/Arbeitsunfall

Erleidet ein Teilnehmer an der Personalversammlung einen Unfall, sind die Bestimmungen des § 6 Abs. 2 LPVG bzw. des Siebten Buches Sozialgesetzbuch anzuwenden, da es sich um eine „Wahrnehmung von Rechten ... nach diesem Gesetz" handelt.

Gerichtliche Entscheidungen personalvertretungsrechtlicher Streitigkeiten

Zuständigkeit der Verwaltungsgerichte

Die Verwaltungsgerichte entscheiden grundsätzlich alle Streitigkeiten auf dem Gebiet des öffentlichen Rechts, soweit diese nicht durch Gesetz ausdrücklich anderen Gerichten zugewiesen sind. Ihnen sind die personalvertretungsrechtlichen Streitigkeiten zugewiesen (§ 92 Abs. 1 Satz 1 LPVG).

Zuständigkeitsregelungen in § 92 Abs. 1 LPVG

Wahlberechtigung und Wählbarkeit (§ 92 Abs. 1 Nr. 1 LPVG)

Die Verwaltungsgerichte entscheiden bei Streitigkeiten über die Wahlberechtigung nach § 8 LPVG. Bei Meinungsverschiedenheiten kann ein Beschlussverfahren mit dem Ziel eingeleitet werden, die Wahlberechtigung festzustellen. Ein Rechtsschutzinteresse ist nach einer Entscheidung des Bundesverwaltungsgerichts immer dann zu bejahen, wenn eine Klärung des Wahlrechts auch für die Zukunft angestrebt wird (BVerwG vom 18. 10. 1978, BVerwGE 56, 330 = PersV 1979, 500). Bestreitet der Wahlvorstand gemäß § 9 LPVG die Wählbarkeit eines Wahlbewerbers, kann dieser vor der Wahl die Feststellung seiner Wählbarkeit beim Verwaltungsgericht beantragen. Ist das Verfahren nicht vor der Wahl rechtskräftig abgeschlossen, kann es nach Durchführung der Wahl nicht weitergeführt werden (BVerwG vom 23. 10. 1959, BVerwGE 9, 249). Antragsgrund kann aber eventuell die Begründung einer Wahlanfechtung sein.

Wahl, Amtszeit und Zusammensetzung (§ 92 Abs. 1 Nr. 2 LPVG)

Streitigkeiten über die Wahl der Personal-, der Jugend- und Auszubildendenvertretung (§ 59 LPVG) und der Jugend- und Auszubildendenstufenvertretungen (§ 66 LPVG) sind Streitigkeiten, die nicht mit einer Wahlanfechtung ausgetragen werden können. Zum Beispiel sind das Streitigkeiten über die Notwendigkeit zur Errichtung einer Personalvertretung, die vertretungsrechtliche Abgrenzung der Dienststelle im Sinne von § 5 Abs. 3 LPVG, die Bildung von Teilpersonalräten, die Gültigkeit von Vorabstimmungen und die Kosten der Wahl. Ebenso gehören dazu Meinungsverschiedenheiten über Zusammensetzung und

Geschäftsführung des Wahlvorstands. Streitigkeiten über die Amtszeit sind sowohl alle Streitigkeiten über die Amtszeit der Vertretungen als auch über die individuelle Amtszeit eines Mitglieds oder Ersatzmitglieds dieser Gremien. Bei Meinungsverschiedenheiten über die Zusammensetzung der Personal-, der Jugend- und Auszubildendenvertretung und der Jugend- und Auszubildendenstufenvertretungen ist die Zuständigkeit der Verwaltungsgerichte gegeben.

Zuständigkeit, Geschäftsführung und Rechtsstellung (§ 92 Abs. 1 Nr. 3 LPVG)

Streitigkeiten über die Zuständigkeiten

Die Verwaltungsgerichte entscheiden über alle Rechtsfragen, die sich aus der Wahrnehmung von Aufgaben und Befugnissen der Personalvertretung, der Jugend- und Auszubildendenvertretung und der Jugend- und Auszubildendenstufenvertretungen ergeben. Entschieden werden nach dieser Generalklausel die Meinungsverschiedenheiten über die Rechte und Pflichten der vorstehend genannten Vertretungsorgane. Darunter fallen vor allem die Fragen über Umfang und Art der Beteiligung sowie den Zeitpunkt der Einleitung des Beteiligungsverfahrens (§§ 73 bis 88 LPVG).

Streitigkeiten über die Geschäftsführung

Gemeint sind hier alle Streitigkeiten, die mit der Tätigkeit der Personalvertretung, der Jugend- und Auszubildendenvertretung oder der Jugend- und Auszubildendenstufenvertretungen – beginnend mit der konstituierenden Sitzung – nach innen oder außen zusammenhängen. Darunter fallen Streitigkeiten, die mit den Aufgaben und Befugnissen der Vertretungsorgane, der Art und Weise der Amtsführung sowie der gedeihlichen Zusammenarbeit der einzelnen Vertretungen untereinander und mit der Dienststelle im Zusammenhang stehen. Im Einzelnen kann es sich dabei um folgende Streitigkeiten handeln:

- Bildung des Vorstandes
- Wahl des Vorsitzenden und des Stellvertreters
- Zuständigkeit und Aufgaben des Vorstandes
- Zuständigkeit und Aufgaben des Vorsitzenden

- Fragen der Herausgabe einer „Personalratsinfo“
- Ladung und Leitung der Personalratssitzung
- Nichtöffentlichkeit der Personalratssitzung
- Beschlussfassung und Beschlussfähigkeit
- Aussetzung von Beschlüssen
- Fragen der Sitzungsniederschrift
- Bereitstellung des erforderlichen Geschäftsbedarfs durch die Dienststelle
- Pflicht zur Einberufung einer Personalversammlung

Streitigkeiten über die Rechtsstellung

Die Verwaltungsgerichte entscheiden über Streitigkeiten, welche sich auf die vertretungsrechtliche und nicht auf die dienstrechtliche Rechtsstellung des Mitglieds der Personalvertretung, der Jugend- und Auszubildendenvertretung oder der Vertretung der nicht ständig Beschäftigten beziehen.

Die Fragen der Rechtsstellung sind gleichzeitig auch Fragen der Geschäftsführung. Ergänzend können hierzu gehören:

- Fragen der Freistellung, Dienstbefreiung und der Arbeitsabminderung
- Anspruch auf Zeitausgleich, sofern Personalratstätigkeit außerhalb der Dienstzeit anfällt
- Teilnahme an Schulungs- und Bildungsveranstaltungen

Bestehen oder Nichtbestehen von Dienstvereinbarungen (§ 92 Abs. 1 Nr. 4 LPVG)

Die Verwaltungsgerichte entscheiden darüber, ob eine Dienstvereinbarung besteht oder nicht.

9

Wichtig: Streitigkeiten über die Auslegung oder die Durchführung von Dienstvereinbarungen fallen unter die Generalklausel des § 92 Abs. 1 Nr. 3 LPVG.

Beschäftigte, die Ansprüche aus einer Dienstvereinbarung ableiten und durchsetzen wollen, müssen je nach Statusgruppe das Arbeitsgericht oder die für Beamtenangelegenheiten zuständigen Spruchkörper der Verwaltungsgerichte anrufen. Es handelt sich hierbei um Fragen individualrechtlicher Ansprüche des einzelnen Beschäftigten, für die eine Zuständigkeit der Fachkammern/-senate für Personalvertretungsrecht nicht gegeben ist (vgl. zum SächsPersVG, Vogelgesang/Bieler/Kleffner/Rehak, § 88 Rn. 62).

Zuständigkeitsregelungen für konkrete Einzelfälle

Weiterbeschäftigung Auszubildender

Geschützt sind nach §§ 48 und 64 LPVG die Auszubildenden, die Mitglied in einer Jugend- und Auszubildendenvertretung und/oder einer Personalvertretung sind. Zu den in einem Berufsausbildungsverhältnis im Sinne dieses Gesetzes stehenden Beschäftigten gehören nur Auszubildende, die in einem Arbeitnehmerberuf ausgebildet werden. Beamte im Vorbereitungsdienst sowie Beamtenanwärter gehören nicht dazu. In § 58 Abs. 3 LPVG ist in die Aufzählung der entsprechend anwendbaren Regelungen der § 48 LPVG nicht aufgeführt. Hat das Mitglied der Jugend- und Auszubildendenvertretung und/oder des Personalrats einen Antrag nach § 48 Abs. 2 LPVG gestellt und will der Arbeitgeber das Arbeitsverhältnis nicht fortsetzen, weil er z. B. keine Beschäftigungsmöglichkeiten für den Auszubildenden hat, so muss er spätestens bis zum Ablauf von zwei Wochen nach Beendigung des Berufsausbildungsverhältnisses das Verwaltungsgericht anrufen.

Wahlanfechtung

Die Verwaltungsgerichte entscheiden über Wahlanfechtungen nach § 21 Abs. 1 LPVG. Der Antrag muss binnen einer Frist von zwölf Arbeitstagen nach Bekanntgabe des Wahlergebnisses beim Verwaltungsgericht eingegangen sein. Eine Wahlanfechtung bleibt dann erfolglos, wenn sich bei ordnungsgemäßer Durchführung das Wahlergebnis nicht verändern würde.

Wird die Wahl mit Erfolg angefochten, so setzt der Vorsitzende der Fachkammer des Verwaltungsgerichts einen Wahlvorstand ein, der bis zur Neuwahl die dem Personalrat oder der Gruppe vom Gesetz übertragenen Rechte und Pflichten wahrnimmt (§ 21 Abs. 2 Satz 3 LPVG).

Ist die Wahl angefochten, bleiben die vom Personalrat oder von der Gruppe bis zum Eintritt der Rechtskraft einer erfolgreichen Wahlanfechtung gefassten Beschlüsse rechtswirksam.

Ausschluss aus der Personalvertretung, Auflösung der Personalvertretung

Die einzelnen Mitglieder und der Personalrat als Gremium sind zur gewissenhaften Ausübung der ihnen vom Gesetz übertragenen Aufgaben verpflichtet. Die Verwaltungsgerichte entscheiden über den Ausschluss von Personalratsmitgliedern oder die Auflösung der Personalvertretung wegen grober Vernachlässigung der gesetzlichen Befugnisse bzw. grober Verletzung der gesetzlichen Pflichten nach § 24 Abs. 1 LPVG. Antragsberechtigt sind ein Viertel der Wahlberechtigten oder eine in der Dienststelle vertretene Gewerkschaft. Der Personalrat kann aus den vorstehend genannten Gründen den Ausschluss eines Mitglieds aus der Personalvertretung beantragen. Der Leiter der Dienststelle kann den Ausschluss eines Mitglieds aus dem Personalrat oder die Auflösung des Personalrats wegen grober Verletzung seiner gesetzlichen Pflichten beantragen.

Ist über den Antrag auf Ausschluss eines Mitglieds bis zum Ablauf der Amtszeit noch nicht rechtskräftig entschieden, so ist das Verfahren mit der Wirkung für die folgende Amtszeit fortzusetzen, wenn das Mitglied für die folgende Amtszeit wiedergewählt worden ist.

Wird der Personalrat durch Gerichtsentscheidung aufgelöst, so setzt der Vorsitzende der Fachkammer einen Wahlvorstand ein, der bis zur Neuwahl die Aufgaben des Personalrats wahrnimmt.

Außerordentliche Kündigung von Personalratsmitgliedern

Die außerordentliche Kündigung eines Personalratsmitglieds, das in einem Arbeitsverhältnis steht, bedarf der Zustimmung des Personalrats (§ 47 Abs. 4 LPVG). Verweigert der Personalrat seine Zustimmung zu der außerordentlichen Kündigung oder äußert er sich nicht innerhalb der gesetzlichen Frist von drei Arbeitstagen, so kann die Dienststelle das Verwaltungsgericht anrufen. Die Zustimmung des Personalrats kann auf Antrag vom Verwaltungsgericht ersetzt werden, wenn die außerordentliche Kündigung des Personalratsmitglieds unter Berücksichtigung aller Umstände gerechtfertigt ist. In dem verwaltungsgerichtlichen Verfahren ist das betroffene Personalratsmitglied Beteiligter.

Schutz des Personalratsmitglieds vor Versetzung

Die Versetzung von Mitgliedern des Personalrats gegen ihren Willen bedarf der Zustimmung des Personalrats. Verweigert der Personalrat seine Zustimmung oder äußert er sich nicht innerhalb von drei Arbeitstagen nach Eingang des Antrags, dann hat die Dienststelle das Verwaltungsgericht anzurufen, wenn die Versetzung auch unter Berücksichtigung der Mitgliedschaft im Personalrat aus wichtigen dienstlichen Gründen unvermeidbar ist. Das Verwaltungsgericht kann die Zustimmung des Personalrats ersetzen. In dem Verfahren vor dem Verwaltungsgericht ist das Mitglied des Personalrats Beteiligter. Gemäß § 47 Abs. 2 LPVG gilt dies entsprechend auch in den Fällen der Abordnung, der Zuweisung, der Personalgestellung und der mit einem Wechsel des Dienstorts verbundenen oder für eine Dauer von mehr als zwei Monaten vorgesehenen Umsetzung in derselben Dienststelle.

Streitigkeiten über das Verfahren vor der Einigungsstelle

Gegen einen Beschluss der Einigungsstelle kann das zuständige Verwaltungsgericht angerufen werden. Nach der ständigen Rechtsprechung des Bundesverwaltungsgerichts (BVerwG vom 13. 2. 1976 – P 4.75, vom 21.10.1983 – 6 P 24.81, vom 19. 12. 1990 – 6 P 24.88, vom 28. 6. 2000 – 6 P 1.00, vom 24. 5. 2006 – 6 PB 16.05) unterliegen Beschlüsse der Einigungsstelle in vollem Umfang der Kontrolle durch die Verwaltungsgerichte.

Antragsarten

Das Beschlussverfahren wird auf Antrag eingeleitet (§ 81 ArbGG). Mit Ausnahme der Wahlanfechtung und des Antrags zur Weiterbeschäftigung Auszubildender ist es an keine Frist gebunden. Für die Antragstellung sind unterschiedliche Antragsarten maßgeblich, die davon abhängig sind, was mit dem gerichtlichen Verfahren begehrt wird.

Leistungs- oder Verpflichtungsantrag

Diese Art der Anträge ist zulässig, wenn von dem in erster Linie Beteiligten ein bestimmtes Verhalten oder eine bestimmte Leistung gefordert wird. Darunter fallen unter anderem folgende Streitigkeiten:

- Freistellung eines bestimmten Personalratsmitglieds durch die Dienststellenleitung
- Weiterbeschäftigungsansprüche nach erfolgreicher Beendigung der Ausbildung
- Ersatz von Kosten
- Sachansprüche der Personalvertretung

Dagegen kann die Personalvertretung in einem Beschlussverfahren nicht die Verpflichtung einer Dienststelle zur Unterlassung einer bestimmten Maßnahme feststellen lassen.

Feststellungsantrag

Dieser Antrag ist der wichtigste und im personalvertretungsrechtlichen Beschlussverfahren am häufigsten gestellte Antrag. Er ist immer dann zulässig, wenn es um die Klärung und Feststellung von Zuständigkeiten im Verhältnis von Personalrat und Dienststelle sowie die Abgrenzung gegenseitiger Zuständigkeiten im Bereich des Personalvertretungsrechts geht. Für einen Feststellungsantrag muss ein konkreter Anlass vorliegen. Dabei kann es sich z. B. um die Erklärung der Dienststelle handeln, sie halte eine bestimmte Maßnahme für nicht beteiligungsfähig. Auch ein abstrakter Feststellungsantrag ist zulässig, wenn der Anlass gebende Vorgang und die vom Feststellungsbegehren erfassten künftigen Sachverhalte nur in den Grundzügen übereinstimmen (BVerwG vom 16. 9. 2004 – 6 PB 6/04).

Gestaltungsantrag

Hier wird vom Gericht die Vornahme einer richterlichen Gestaltung begehrt. Dies ist etwa der Fall, wenn die Aufhebung eines Dienststellenbescheids begehrt wird, mit dem ein Erstattungsantrag von Reisekosten abgelehnt worden ist, die in Ausübung der Personalratstätigkeit entstanden sind.

Unterlassungsantrag

Die Möglichkeit eines Unterlassungsantrags ist in der Literatur sehr umstritten. Die Personalvertretung hat keinen Anspruch auf Unterlassung des Vollzugs einer Maßnahme, die nach ihrer

Auffassung beteiligungspflichtig gewesen wäre. Hier greift das ausschließliche Direktionsrecht des Leiters der Dienststelle. Sie hat lediglich die Möglichkeit, von der Dienststelle die Rücknahme der Maßnahme zu fordern und, wenn dies nicht geschieht, einen Feststellungsantrag beim Verwaltungsgericht zu stellen. Die Zulässigkeit eines Antrags auf Unterlassen eines pflichtwidrigen Verhaltens der Dienststellenleitung ist deshalb umstritten.

Bildung von Fachkammern/-senaten

Zuständigkeit

Regelungen über die fachliche und örtliche Zuständigkeit der Verwaltungsgerichte finden sich in § 93 Abs. 1 LPVG. Die fachliche Zuständigkeit der Fachkammern der Verwaltungsgerichte ist immer dann gegeben, wenn die betreffende Streitigkeit ihre Grundlage und ihre Regelung in den Vorschriften des Personalvertretungsgesetzes findet.

Zusammensetzung der Fachkammern/-senate

Die Fachkammern bestehen aus einem Berufsrichter als Vorsitzendem und aus zwei ehrenamtlichen Richtern (§ 93 Abs. 3 LPVG). Die Berufung der ehrenamtlichen Richter erfolgt durch das Justizministerium. Sie werden je zur Hälfte von den unter den Beschäftigten vertretenen Gewerkschaften und den obersten Landesbehörden oder den von diesen bestimmten Stellen und den kommunalen Landesverbänden vorgeschlagen. Die ehrenamtlichen Richter müssen Beschäftigte des Landes oder einer der Aufsicht des Landes unterstehenden Körperschaft, Anstalt oder Stiftung des öffentlichen Rechts sein. Unter den von den unter den Beschäftigten vertretenen Gewerkschaften vorgeschlagenen ehrenamtlichen Richtern muss sich je ein Beamter und ein Arbeitnehmer befinden.

Der Fachsenat wird tätig in der Besetzung mit einem Vorsitzenden, zwei Richtern und je einem nach § 93 Abs. 2 Satz 3 Nr. 1 und 2 LPVG vorgeschlagenen und berufenen ehrenamtlichen Richter. Einer der ehrenamtlichen Richter muss Beamter und einer Arbeitnehmer sein.

Für die Berufung und Stellung der Beisitzer und ihre Heranziehung zu den Sitzungen gelten die Vorschriften des Arbeitsgerichtsgesetzes über Arbeitsrichter und Landesarbeitsrichter entsprechend.

Grundsätze des Verfahrens nach § 92 LPVG

Instanzen

Das Beschlussverfahren nach § 92 Abs. 1 LPVG wird grundsätzlich in drei Rechtszügen durchgeführt. Das Verwaltungsgericht und der Verwaltungsgerichtshof Baden-Württemberg sind Tatsacheninstanzen. Das Bundesverwaltungsgericht ist ausschließlich Rechtsprüfungsinstanz und an die Feststellungen der Tatsachengerichte gebunden.

Untersuchungsgrundsatz

Das Gericht ist dazu verpflichtet, den Sachverhalt von Amts wegen zu erforschen (§ 83 Abs. 1 Satz 1 ArbGG). Der Antragsteller muss aber den personalvertretungsrechtlich erheblichen Sachverhalt vortragen. Im Übrigen haben die Beteiligten an der Aufklärung des Sachverhalts mitzuwirken.

Voraussetzungen des Verfahrens im ersten Rechtszug

Beteiligtenfähigkeit/Antragsbefugnis

Antragsberechtigt ist jeder, der eine personalvertretungsrechtliche Rechtsposition innehat und deren Inhalt sowie Umfang er gerichtlich klären bzw. deren Beeinträchtigung er abwehren möchte. Die individuelle Antragsbefugnis richtet sich immer nach der zu klärenden Rechtsfrage. Das Fachkammerverfahren kennt nur Antragsteller und Beteiligte (BVerwG vom 20. 6. 1958, BVerwGE 7, 140, ZBR 1959, 279). Die Dienststelle ist immer dann am Verfahren beteiligt, wenn sie nicht selbst Antragsteller ist.

Einleitung des Verfahrens/Prozessvertretung

Die Einleitung des Verfahrens erfolgt durch Antrag. In der ersten Instanz können die Beteiligten selbst auftreten. Eine Prozessvertretung ist nicht erforderlich.

Praxis-Tipp:
Es ist den Personalvertretungen zu empfehlen, sich durch eine Gewerkschaftsvertreterin/einen Gewerkschaftsvertreter, eine fachkompetente Person oder eine Fachanwältin/einen Fachanwalt vertreten zu lassen.

Beachtung von Fristen

Mit Ausnahme der Wahlanfechtung sowie der Verfahren nach §§ 47 und 48 LPVG sind die Anträge nicht fristgebunden. Eine Antragstellung sollte aber möglichst aktuell und zeitnah erfolgen.

Rechtsschutzbedürfnis

Auch im personalvertretungsrechtlichen Verfahren muss ein Rechtsschutzinteresse bestehen. Nach Abschluss des ersten Rechtszugs muss das Rechtsschutzbedürfnis in der Rechtsmittelinstanz weiter bestehen.

Das Rechtsschutzbedürfnis für die Durchführung eines personalvertretungsrechtlichen Beschlussverfahrens nach Erledigung des konkreten Streitfalls ist nur dann zu bejahen, wenn sich zwischen den Verfahrensbeteiligten der Streit auch tatsächlich wiederholen kann. Die strittige und entscheidungserhebliche Rechtsfrage muss sich zwischen denselben Verfahrensbeteiligten auch künftig mit einiger Wahrscheinlichkeit erneut stellen (BVerwG vom 12. 11. 2002 – 6 P 2/02). Gleiches gilt, wenn nach dem Sachvortrag des Antragstellers nicht nur die Klärung eines konkreten Einzelfalls, sondern die Klärung der dahinterstehenden abstrakten Rechtsfrage angestrebt war (BVerwG vom 15. 2. 1994 – 6 P 9/92, ZfPR 1994, 84).

Die Verwaltungsgerichte sind außenstehende Stellen im Sinne des § 68 Abs. 3 LPVG. Das Gericht kann einen Antrag nach § 92 Abs. 1 LPVG wegen fehlenden Rechtsschutzbedürfnisses zurückweisen, wenn es zu der Auffassung gelangt, dass von der einreichenden Stelle nicht alles unternommen worden ist, um aus eigener Kraft eine Einigung zu erreichen (BVerwG vom 5. 2. 1972, PersV 1972, 36).

Beendigung des Verfahrens

Die Fachkammer des Verwaltungsgerichts entscheidet durch Beschluss (§ 84 ArbGG). Das Verfahren kann durch Vergleich oder Erledigungserklärung (§ 83a ArbGG) beendet werden, soweit die Beteiligten über den Gegenstand des Vergleichs verfügen können. Ein Antrag kann bis zur Verkündung der Entscheidung jederzeit zurückgenommen werden (§ 81 Abs. 2 Satz 1 ArbGG). Der Gegenstandswert der anwaltlichen Tätigkeit ist nach § 33 Abs. 1 RVG von der Fachkammer auf Antrag durch Beschluss festzusetzen. Im Übrigen ist das Verfahren frei von Gerichtskosten, Gebühren und Auslagen. Für die Beschwerde gegen verfahrensbeendende Beschlüsse des Verwaltungsgerichts im Hauptsacheverfahren gelten § 124 Abs. 2 und § 124a der Verwaltungsgerichtsordnung (VwGO) entsprechend. Über die Zulassung der Beschwerde kann ohne mündliche Verhandlung entschieden werden.

Rechtskraft

Rechtskraft tritt ein, wenn entweder die Rechtsmittelfrist ungenutzt verstrichen ist oder das Beschwerde- bzw. Rechtsmittelbeschwerdegericht das Rechtsmittel als unzulässig verworfen oder als unbegründet abgewiesen hat.

Voraussetzungen des Verfahrens im zweiten Rechtszug

Prozessvertretung

Die Beschwerdeschrift muss von einem Anwalt oder einem Gewerkschaftsvertreter unterzeichnet sein (§ 89 Abs. 1 ArbGG). Darüber hinaus können die Beteiligten auch in der zweiten Instanz selbst auftreten, obwohl dies wenig sinnvoll erscheint.

Rechtsmittel

Das Rechtsmittel der Beschwerde ist gegen alle das Verfahren beendenden Beschlüsse der Fachkammer zulässig (§ 87 Abs. 1 ArbGG). Die Beschwerde muss binnen eines Monats nach Zustellung des Beschlusses der Fachkammer eingelegt und binnen eines Monats nach Einlegung begründet werden (§ 67 Abs. 2 i. V. m. § 66 Abs. 1 ArbGG).

Beschwerdebegründung

Die Beschwerdebegründung, für die Schriftform erforderlich ist, muss angeben, auf welche Gründe und auf welche neuen Tatsachen und Beweisgründe sie gestützt wird (§ 89 Abs. 2 Satz 1 ArbGG). Eine Bezugnahme auf das erstinstanzliche Vorbringen reicht nicht aus.

Voraussetzungen des Verfahrens im dritten Rechtszug

Rechtsbeschwerde

Gegen den das Verfahren beendenden Beschluss des Verwaltungsgerichtshofes Baden-Württemberg findet die Rechtsbeschwerde an das Bundesverwaltungsgericht statt (§ 92 Abs. 1 Satz 1 ArbGG). Hat das Gericht der zweiten Instanz in seinem das Verfahren beendenden Beschluss die Rechtsbeschwerde zugelassen, so ist sie binnen eines Monats nach Zustellung des Beschlusses einzulegen. Die Rechtsbeschwerde ist zuzulassen, wenn die Rechtssache grundsätzliche Bedeutung hat oder von einer anderen Entscheidung eines anderen Verwaltungsgerichts zweiter Instanz abweicht und die Entscheidung auf dieser Abweichung beruht. Eine personalvertretungsrechtliche Rechtsfrage hat keine grundsätzliche Bedeutung, wenn ihre Klärung nur eine geringe Anzahl von Dienststellen vorübergehend betrifft (BVerwG vom 22. 8. 2005 – 6 PB 5/05).

Nichtzulassungsbeschwerde

Die Nichtzulassung der Rechtsbeschwerde kann eigenständig angefochten werden (§ 92a ArbGG). Wird von dem Gericht der zweiten Instanz die Rechtsbeschwerde nicht zugelassen, so steht den Beteiligten unter bestimmten Voraussetzungen die Nichtzulassungsbeschwerde an das Bundesverwaltungsgericht zu.

Einstweiliger Rechtsschutz

Für die Beantragung einer einstweiligen Verfügung im personalvertretungsrechtlichen Beschlussverfahren besteht immer dann Raum, wenn bei Vorliegen der übrigen Voraussetzungen Ansprüche der Beteiligten infrage stehen, die im Fachkammerverfahren durchgesetzt werden können.

Eine einstweilige Verfügung kann dann beantragt werden, wenn ein Verfügungsgrund gegeben ist, das heißt Anlass für die Gewährung einstweiligen Rechtsschutzes besteht. Zusätzlich muss ein Verfügungsanspruch vorliegen, der vorläufig bis zur rechtskräftigen Entscheidung im Hauptsacheverfahren geschützt werden soll. Verfügungsgrund und Verfügungsanspruch müssen glaubhaft gemacht werden.

Im Wege einer einstweiligen Verfügung kann nicht ein bestimmtes Tätigwerden oder das Unterlassen konkreter Handlungen durchgesetzt werden. Der Erlass einer einstweiligen Verfügung im personalvertretungsrechtlichen Verfahren, die darauf gerichtet ist, dem Leiter der Dienststelle aufzugeben, eine Maßnahme zu unterlassen oder rückgängig zu machen, ist mangels entsprechenden Anspruchs nicht möglich (VG Meiningen vom 14. 7. 1994, PersR 1994, 576).

Nach der Rechtsprechung des Bundesverwaltungsgerichts besteht aber die Möglichkeit, die Dienststellenleitung zu verpflichten, „das Beteiligungsverfahren einzuleiten und/oder ihm einstweilen Fortgang zu geben" (BVerwG vom 27. 7. 1990 – 6 PB 12/89). Es ist danach möglich, die Dienststellenleitung durch Erlass einer einstweiligen Verfügung zur Fortführung des abgebrochenen Beteiligungsverfahrens zu verpflichten. Sowohl von der zuständigen Fachkammer des Verwaltungsgerichts als auch vom Sächsischen Oberverwaltungsgericht wurde ein entsprechendes Verfahren als statthaft angesehen (VG Dresden vom 13. 7. 2001 – 9 K 1139/01). Mit der einstweiligen Verfügung darf grundsätzlich nicht mehr zugesprochen werden, als im Hauptsacheverfahren möglich ist. Die Entscheidung im einstweiligen Verfügungsverfahren darf nur ausnahmsweise die Entscheidung in der Hauptsache vorwegnehmen. Dies ist nur dann der Fall, wenn die Effektivität des Rechtsschutzes eine Vorwegnahme rechtfertigt. Die Voraussetzungen liegen vor, wenn ein wirksamer Rechtsschutz im Hauptsacheverfahren nicht mehr erreichbar wäre „und dies für den Anspruchsteller zu schlechthin unzumutbaren Folgen führen würde, insbesondere wenn die Versagung der Anordnung zu einem irreparablen Zustand führt" (OVG Münster vom 21. 3. 1985 – CB 14/85). Dabei sind die Belange des Antragstellers und der Beteiligten sorgfältig abzuwägen. An die materiellen Voraussetzungen der einstweiligen Verfügung sind strenge Anforderungen zu stellen (VG Köln vom 27. 8. 2008 – 34 L 1122/08.PVL; vgl. auch DVG NW vom 17. 2. 2003 – 1 B 2544/02.PVL).

Landespersonalvertretungsgesetz (LPVG)[1)]

in der Fassung der Bekanntmachung vom 12. März 2015 (GBl. S. 221)

Zuletzt geändert durch
Gesetz zur Änderung des Landespersonalvertretungsgesetzes
vom 21. Dezember 2023 (GBl. S. 482)

Inhaltsübersicht

[1)] Dieses Gesetz dient auch der Umsetzung der Richtlinie 2002/14/EG des Europäischen Parlaments und des Rates vom 11. März 2002 zur Festlegung eines allgemeinen Rahmens für die Unterrichtung und Anhörung der Arbeitnehmer in der Europäischen Gemeinschaft (ABl. L 80 vom 23. 3. 2002, S. 29) in der jeweils geltenden Fassung.

Teil 1
Allgemeine Vorschriften

§ 1 Allgemeiner Grundsatz

In den Verwaltungen und Betrieben des Landes, der Gemeinden und Gemeindeverbände sowie der sonstigen Körperschaften, Anstalten und Stiftungen des öffentlichen Rechts, die der Aufsicht des Landes unterstehen, sowie in den Gerichten des Landes werden Personalvertretungen gebildet.

§ 2 Aufgaben der Dienststelle, der Personalvertretung, der Gewerkschaften und der Arbeitgebervereinigungen

(1) Dienststelle und Personalvertretung arbeiten unter Beachtung der Gesetze und Tarifverträge partnerschaftlich, vertrauensvoll und im Zusammenwirken mit den in der Dienststelle vertretenen Gewerkschaften und Arbeitgebervereinigungen zum Wohle der Beschäftigten und zur Erfüllung der der Dienststelle obliegenden Aufgaben zusammen.

(2) Zur Wahrnehmung der in diesem Gesetz genannten Aufgaben und Befugnisse der in der Dienststelle vertretenen Gewerkschaften ist deren Beauftragten nach Unterrichtung der Dienststelle Zugang zu der Dienststelle zu gewähren, soweit dem nicht unumgängliche Notwendigkeiten des Dienstablaufs, zwingende Sicherheitsvorschriften oder der Schutz von Dienstgeheimnissen entgegenstehen.

(3) Die Aufgaben der Gewerkschaften und der Vereinigungen der Arbeitgeber, insbesondere die Wahrnehmung der Interessen ihrer Mitglieder, werden durch dieses Gesetz nicht berührt.

§ 3 Ausschluss abweichender Regelungen

Durch Tarifvertrag oder Dienstvereinbarung kann das Personalvertretungsrecht nicht abweichend von diesem Gesetz geregelt werden.

§ 4 Beschäftigte, Gruppen

(1) Beschäftigte im Sinne dieses Gesetzes sind Personen, die

1. weisungsgebunden in die Arbeitsorganisation der Dienststelle eingegliedert und innerhalb dieser tätig sind oder arbeitnehmerähnliche Personen im Sinne von § 12a des Tarifvertragsgesetzes sind,
2. sich in der Ausbildung für eine Beamtenlaufbahn oder in sonstiger beruflicher Ausbildung befinden,

unabhängig davon, ob sie in einem Dienst-, Arbeits- oder Ausbildungsverhältnis mit einer juristischen Person nach § 1 stehen. Beschäftigte sind auch Personen, die unter Fortsetzung eines bestehenden unmittelbaren Dienst- oder Arbeitsverhältnisses zur Dienststelle nach beamtenrechtlichen oder tariflichen Vorschriften zu einer anderen Stelle abgeordnet oder dieser zugewiesen sind oder dort ihre geschuldete Arbeitsleistung erbringen.

(2) Als Beschäftigte im Sinne dieses Gesetzes gelten nicht

1. Personen in einem öffentlich-rechtlichen Amtsverhältnis,
2. Richter sowie Staatsanwälte, es sei denn
   a) die Richter auf Lebenszeit oder Staatsanwälte auf Lebenszeit sind an eine andere Dienststelle als ein Gericht oder eine Staatsanwaltschaft abgeordnet,
   b) die Richter auf Probe oder die Richter kraft Auftrags sind einer anderen Dienststelle als einem Gericht oder einer Staatsanwaltschaft zur Verwendung zugewiesen,
3. Personen, die ehrenamtlich tätig sind, es sei denn, sie stehen in einem Ehrenbeamtenverhältnis,
4. Personen, die vorwiegend zu ihrer Heilung, Wiedereingewöhnung oder Erziehung beschäftigt werden,
5. Personen, die in der Dienststelle auf der Grundlage von Werk-, Werklieferungs- oder Geschäftsbesorgungsverträgen tätig sind; Absatz 1 Satz 1 Nummer 1 bleibt unberührt.

(3) Unter den Beschäftigten bilden die Beamten im Sinne der Beamtengesetze eine Gruppe. Als Beamte im Sinne dieses Gesetzes gelten auch Personen, die sich, ohne in ein Beamtenverhältnis berufen zu sein, in der Ausbildung für eine Beamtenlaufbahn in einem öffentlich-rechtlichen Ausbildungsverhältnis befinden oder als Richter oder Staatsanwälte nach Absatz 2 Nummer 2 verwendet werden.

(4) Die übrigen Beschäftigten bilden die Gruppe der Arbeitnehmer. Die dieser Gruppe angehörenden Beschäftigten gelten als Arbeitnehmer im Sinne dieses Gesetzes.

§ 5 Dienststellen

(1) Dienststellen im Sinne dieses Gesetzes sind die einzelnen Behörden, Stellen und Betriebe der in § 1 genannten juristischen Personen sowie die Gerichte, die Hochschulen, das Karlsruher Institut für Technologie (KIT) und die Schulen, soweit in diesem Gesetz nichts anderes bestimmt ist.

(2) Eigenbetriebe mit in der Regel nicht mehr als 50 Beschäftigten gelten nicht als Dienststelle im Sinne von Absatz 1; ihre Beschäftigten gelten als Beschäftigte der Verwaltungsbehörde der Gemeinde oder des Gemeindeverbands.

(3) Außenstellen, Nebenstellen und Teile einer Dienststelle nach Absatz 1 oder einer nach Absatz 4 zusammengefassten Dienststelle können auf Antrag der Mehrheit der betroffenen wahlberechtigten Beschäftigten oder von Amts wegen vom Leiter der Hauptdienststelle oder der zusammengefassten Dienststelle unter Berücksichtigung dienstlicher Belange und der Belange der Beschäftigten zu einer selbstständigen Dienststelle im Sinne dieses Gesetzes erklärt oder zu einer solchen zusammengefasst werden. Der Personalrat ist vor der Entscheidung anzuhören. Für die Aufhebung der Verselbstständigung gilt Satz 1 entsprechend. Vor der Aufhebung sind der Personalrat der Dienststelle nach Satz 1, der Personalrat der Hauptdienststelle und der

Gesamtpersonalrat anzuhören. Die Verselbstständigung und ihre Aufhebung sind jeweils ab der folgenden Wahl wirksam.

(4) Mehrere Dienststellen eines Verwaltungszweigs können von der obersten Dienstbehörde zu einer Dienststelle im Sinne dieses Gesetzes zusammengefasst werden, wenn die Mehrheit ihrer wahlberechtigten Beschäftigten in geheimen Abstimmungen zustimmt. Für die Aufhebung gilt Satz 1 mit der Maßgabe entsprechend, dass es nur der Zustimmung der Mehrheit der wahlberechtigten Beschäftigten der Dienststellenteile bedarf, die aus dem Zusammenschluss ausscheiden wollen oder sollen; eine Verselbstständigung nach Absatz 3 Satz 1 gilt dadurch ebenfalls als aufgehoben. Die Zusammenfassung und ihre Aufhebung sind jeweils ab der folgenden Wahl wirksam.

(5) Bei gemeinsamen Dienststellen verschiedener juristischer Personen gelten die Beschäftigten jeder juristischen Person als Beschäftigte einer besonderen Dienststelle. Das Landratsamt gilt als einheitliche Dienststelle.

§ 6 Behinderungs-, Benachteiligungs- und Begünstigungsverbot, Unfallschutz

(1) Personen, die Aufgaben oder Befugnisse nach diesem Gesetz wahrnehmen, dürfen darin nicht behindert und wegen ihrer Tätigkeit nicht benachteiligt oder begünstigt werden; dies gilt auch für ihre berufliche Entwicklung.

(2) Erleiden Beamte, die Aufgaben oder Befugnisse nach diesem Gesetz wahrnehmen, dabei einen Unfall, der im Sinne der beamtenrechtlichen Unfallfürsorgevorschriften ein Dienstunfall wäre, oder erfahren sie einen Sachschaden, der nach § 80 des Landesbeamtengesetzes zu ersetzen wäre, so finden diese Vorschriften entsprechende Anwendung.

§ 7 Verschwiegenheitspflicht

(1) Personen, die Aufgaben oder Befugnisse nach diesem Gesetz wahrnehmen oder wahrgenommen haben, haben über die ihnen dabei bekannt gewordenen Angelegenheiten und Tatsachen Verschwiegenheit zu bewahren. Abgesehen von den Fällen des § 71 Absatz 1 Satz 3, des § 76 Absatz 4 und des § 94 gilt die Verschwiegenheitspflicht nicht

1. für Mitglieder der Personalvertretung und der Jugend- und Auszubildendenvertretung gegenüber den übrigen Mitgliedern der Vertretung und gegenüber den für Mitglieder eingetretenen Ersatzmitgliedern,
2. für die in Satz 1 bezeichneten Personen gegenüber der zuständigen Personalvertretung und der zuständigen Jugend- und Auszubildendenvertretung,
3. gegenüber der übergeordneten Dienststelle, der obersten Dienstbehörde oder dem anzurufenden obersten Organ oder einem Ausschuss dieses Organs,
4. gegenüber der bei der übergeordneten Dienststelle oder der obersten Dienstbehörde gebildeten Stufenvertretung,
5. gegenüber dem Gesamtpersonalrat,
6. gegenüber der anzuhörenden Personalvertretung,

7. für die Anrufung der Einigungsstelle,
8. für Mitglieder des Wirtschaftsausschusses gegenüber Mitgliedern der Personalvertretungen.

(2) Die Verschwiegenheitspflicht besteht nicht für Angelegenheiten oder Tatsachen, die offenkundig sind oder ihrer Bedeutung nach keiner Geheimhaltung bedürfen.

(3) Die Dienststelle kann im Einzelfall auf Antrag des Personalrats von der Verschwiegenheitspflicht entbinden; die Aussagegenehmigung nach beamtenrechtlichen oder entsprechenden tariflichen Vorschriften bleibt davon unberührt.

Teil 2
Der Personalrat

Abschnitt 1
Wahl und Zusammensetzung

§ 8 Wahlberechtigung

(1) Wahlberechtigt sind alle Beschäftigten, es sei denn, dass sie
1. infolge Richterspruchs das Recht, in öffentlichen Angelegenheiten zu wählen oder zu stimmen, nicht besitzen,
2. am Wahltag seit mehr als zwölf Monaten ohne Dienstbezüge oder Arbeitsentgelt beurlaubt sind,
3. eine Teilzeitbeschäftigung mit Freistellungsjahr ausüben und am Wahltag noch mehr als zwölf Monate vom Dienst freigestellt sind,
4. Altersteilzeit im Blockmodell ausüben und sich am Wahltag in der Freistellung befinden.

(2) Auszubildende in öffentlich-rechtlichen Ausbildungsverhältnissen, Beamte im Vorbereitungsdienst und Beschäftigte in einer dem Vorbereitungsdienst entsprechenden Berufsausbildung sind nur bei ihrer Stammbehörde wahlberechtigt, soweit sich aus § 58 nichts anderes ergibt. Sofern die Ausbildung bei mehreren Ausbildungsstellen erfolgt, bestimmt die oberste Dienstbehörde, welche Dienststelle Stammbehörde im Sinne dieses Gesetzes ist.

§ 9 Wählbarkeit

(1) Wählbar sind die wahlberechtigten Beschäftigten im Sinne von § 4 Absatz 1 Satz 1, die am Wahltag
1. seit zwei Monaten der Dienststelle angehören und
2. das 18. Lebensjahr vollendet haben.

(2) Nicht wählbar sind
1. Beschäftigte, die infolge Richterspruchs die Fähigkeit, Rechte aus öffentlichen Wahlen zu erlangen, nicht besitzen,
2. der Leiter der Dienststelle und sein ständiger Vertreter,

3. Beschäftigte, die zu selbstständigen Entscheidungen in Personalangelegenheiten der Dienststelle befugt sind,
4. die den Beschäftigten nach Nummer 3 zugeordneten unmittelbaren Mitarbeiter, die als Personalsachbearbeiter die Entscheidungen vorbereiten,
5. die Beauftragte für Chancengleichheit und ihre Stellvertreterin.

Beschäftigte, die nicht ständig selbstständige Entscheidungen in Personalangelegenheiten treffen oder vorbereiten, sind von der Wählbarkeit nach Satz 1 Nummer 3 und 4 nicht ausgeschlossen, wenn nur zu einem untergeordneten Teil der Gesamtaufgaben der Beschäftigten Personalangelegenheiten entschieden oder vorbereitet werden.

§ 10 Bildung von Personalräten, Zahl der Mitglieder

(1) In allen Dienststellen, die in der Regel mindestens fünf Wahlberechtigte beschäftigen, von denen drei Beschäftigte wählbar sind, werden Personalräte gebildet.

(2) Dienststellen, bei denen die Voraussetzungen des Absatzes 1 nicht vorliegen, werden von der übergeordneten Dienststelle im Einvernehmen mit der Stufenvertretung einer benachbarten Dienststelle zugeteilt, wenn die Mehrheit ihrer wahlberechtigten Beschäftigten in geheimer Abstimmung zustimmt.

(3) Der Personalrat besteht in Dienststellen mit in der Regel

5 bis 14 wahlberechtigten Beschäftigten	aus einer Person,
15 wahlberechtigten Beschäftigten bis 50 Beschäftigten	aus drei Mitgliedern,
51 bis 150 Beschäftigten	aus fünf Mitgliedern,
151 bis 300 Beschäftigten	aus sieben Mitgliedern,
301 bis 600 Beschäftigten	aus neun Mitgliedern,
601 bis 1000 Beschäftigten	aus elf Mitgliedern,
1001 bis 1500 Beschäftigten	aus 13 Mitgliedern,
1501 bis 2000 Beschäftigten	aus 15 Mitgliedern,
2001 bis 3000 Beschäftigten	aus 17 Mitgliedern,
3001 bis 4000 Beschäftigten	aus 19 Mitgliedern,
4001 bis 5000 Beschäftigten	aus 21 Mitgliedern,
5001 bis 7500 Beschäftigten	aus 23 Mitgliedern,
7501 bis 10000 Beschäftigten	aus 25 Mitgliedern,
10 001 und mehr Beschäftigten	aus 27 Mitgliedern.

10

(4) Liegen in Dienststellen mit in der Regel 601 und mehr Beschäftigten Außenstellen, Nebenstellen oder Teile der Dienststelle räumlich vom Dienstort der Hauptdienststelle entfernt, erhöht sich die Zahl der Mitglieder nach Absatz 3 um

1. zwei Mitglieder, wenn mindestens ein Drittel der in der Regel Beschäftigten der Dienststelle,

2. vier Mitglieder, wenn mindestens die Hälfte der in der Regel Beschäftigten der Dienststelle

zum überwiegenden Teil ihrer Arbeitszeit an einem anderen als dem Dienstort der Hauptdienststelle beschäftigt ist.

(5) Maßgebend für die Ermittlung der Zahl der Mitglieder des Personalrats ist der zehnte Arbeitstag vor Erlass des Wahlausschreibens. Der Wahlvorstand legt dabei den zu dem Stichtag absehbaren Beschäftigtenstand zugrunde, der voraussichtlich über die Hälfte der Amtszeit des Personalrats in der Dienststelle vorhanden sein wird.

§ 11 Vertretung nach Gruppen und Geschlechtern

(1) Besteht der Personalrat aus mindestens drei Mitgliedern, sollen im Personalrat Frauen und Männer entsprechend ihren Anteilen an den in der Regel Beschäftigten der Dienststelle vertreten sein. Sind in der Dienststelle Beamte und Arbeitnehmer beschäftigt, sollen Frauen und Männer in jeder Gruppe, der mehr als ein Sitz im Personalrat zusteht, entsprechend ihrem Anteil an den in der Regel beschäftigten Gruppenangehörigen vertreten sein.

(2) Besteht der Personalrat aus mindestens drei Mitgliedern und sind in der Dienststelle Beamte und Arbeitnehmer beschäftigt, so muss jede der Gruppen entsprechend der Zahl der in der Regel beschäftigten Gruppenangehörigen im Personalrat vertreten sein. Sind beide Gruppen gleich groß, entscheidet das Los. Macht eine Gruppe von ihrem Recht, im Personalrat vertreten zu sein, keinen Gebrauch, so verliert sie ihren Anspruch auf Vertretung für die Dauer der Amtszeit des Personalrats; die entsprechend zustehenden Sitze fallen der anderen Gruppe zu.

(3) Der Wahlvorstand stellt fest, wie hoch der Anteil der Frauen und der Männer an den in der Regel Beschäftigten insgesamt und innerhalb der Gruppen ist. Er errechnet nach den Grundsätzen der Verhältniswahl die Verteilung der Sitze

1. im Personalrat auf die Gruppen,
2. im Personalrat auf die Geschlechter,
3. innerhalb einer Gruppe, der mehr als ein Sitz im Personalrat zusteht, auf die Geschlechter.

(4) Eine Gruppe erhält mindestens bei in der Regel

weniger als 101 Gruppenangehörigen	einen Vertreter,
101 bis 300 Gruppenangehörigen	zwei Vertreter,
301 bis 1000 Gruppenangehörigen	drei Vertreter,
1001 bis 2500 Gruppenangehörigen	vier Vertreter,
2501 bis 5000 Gruppenangehörigen	fünf Vertreter,
5001 und mehr Gruppenangehörigen	sechs Vertreter.

(5) Eine Gruppe, der in der Regel nicht mehr als fünf Beschäftigte angehören, erhält nur dann eine Vertretung, wenn sie mindestens ein Zwanzigstel der Beschäftigten der Dienststelle umfasst.

§ 12 Andere Gruppeneinteilung

(1) Die Verteilung der Mitglieder des Personalrats auf die Gruppen kann abweichend von § 11 geordnet werden, wenn die wahlberechtigten Angehörigen jeder Gruppe dies vor der Neuwahl in getrennten geheimen Vorabstimmungen beschließen. Der Beschluss bedarf der Mehrheit der Stimmen aller Wahlberechtigten jeder Gruppe.

(2) Für jede Gruppe können auch Angehörige der anderen Gruppe vorgeschlagen werden. Die Gewählten gelten als Vertreter derjenigen Gruppe, für die sie vorgeschlagen worden sind. Satz 2 gilt auch für Ersatzmitglieder.

§ 13 Wahl des Personalrats

(1) Der Personalrat wird in geheimer und unmittelbarer Wahl gewählt.

(2) Besteht der Personalrat aus mehr als einer Person, so wählen die Beamten und Arbeitnehmer ihre Vertreter je in getrennten Wahlgängen, es sei denn, dass eine Gruppe nach § 11 Absatz 5 keine Vertretung erhält oder die wahlberechtigten Angehörigen jeder Gruppe vor der Neuwahl in getrennten geheimen Vorabstimmungen die gemeinsame Wahl beschließen. Der Beschluss bedarf der Mehrheit der Stimmen aller Wahlberechtigten jeder Gruppe.

(3) Die Wahl wird nach den Grundsätzen der Verhältniswahl durchgeführt. Wird nur ein Wahlvorschlag eingereicht, so findet Mehrheitswahl statt. In Dienststellen, deren Personalrat aus einer Person besteht, wird dieser mit einfacher Stimmenmehrheit gewählt. Das gleiche gilt für Gruppen, denen nur ein Vertreter im Personalrat zusteht.

(4) Zur Wahl des Personalrats können die wahlberechtigten Beschäftigten und die in der Dienststelle vertretenen Gewerkschaften Wahlvorschläge machen. Jeder Wahlvorschlag der Beschäftigten muss von mindestens einem Zwanzigstel der wahlberechtigten Gruppenangehörigen unterzeichnet sein. In jedem Fall genügt die Unterzeichnung durch 50 wahlberechtigte Gruppenangehörige. Die nach § 9 Absatz 2 Satz 1 Nummer 3 und 4 in Verbindung mit Satz 2 nicht wählbaren Beschäftigten dürfen keine Wahlvorschläge machen oder unterzeichnen.

(5) Die Wahlvorschläge müssen mindestens so viele Bewerber enthalten, wie erforderlich sind, um die anteilige Verteilung der Sitze im Personalrat und innerhalb der Gruppen auf Frauen und Männer zu erreichen. Wahlvorschläge, die diesem Erfordernis nicht entsprechen, hat der Wahlvorstand nach näherer Maßgabe der Wahlordnung als gültig zuzulassen, wenn die Abweichung schriftlich begründet wird. Die Begründung ist mit dem Wahlvorschlag bekanntzugeben.

(6) Ist gemeinsame Wahl beschlossen worden, so muss jeder Wahlvorschlag der Beschäftigten von mindestens einem Zwanzigstel der wahlberechtigten Beschäftigten unterzeichnet sein; Absatz 4 Satz 3 und 4 gilt entsprechend.

(7) Werden bei gemeinsamer Wahl für eine Gruppe gruppenfremde Bewerber vorgeschlagen, muss der Wahlvorschlag der Beschäftigten von mindestens einem Zwanzigstel der wahlberechtigten Gruppenangehörigen unterzeichnet

sein, für die sie vorgeschlagen werden. Absatz 4 Satz 3 und 4 gilt entsprechend.

(8) Jeder Beschäftigte kann nur auf einem Wahlvorschlag benannt werden.

§ 14 Zusammensetzung des Personalrats nach Beschäftigungsarten und Dienststellenteilen

(1) Der Personalrat soll sich aus Vertretern der verschiedenen Beschäftigungsarten und verschiedener Organisationseinheiten der Dienststelle zusammensetzen.

(2) Dem Personalrat beim Landratsamt sollen Beschäftigte des Landkreises und des Landes entsprechend ihren Anteilen an den in der Regel Beschäftigten des Landratsamts angehören. Dies gilt entsprechend für die Vertretung in den Gruppen im Personalrat.

§ 15 Wahlvorstand

(1) Der Wahlvorstand besteht aus drei wahlberechtigten Beschäftigten. Sind in der Dienststelle Angehörige verschiedener Gruppen beschäftigt, so muss jede Gruppe im Wahlvorstand vertreten sein. Beide Geschlechter sollen im Wahlvorstand vertreten sein.

(2) Ein Mitglied des Wahlvorstands wird zum Vorsitzenden sowie ein weiteres Mitglied zum stellvertretenden Vorsitzenden bestimmt.

(3) Für jedes Mitglied des Wahlvorstands können Ersatzmitglieder derselben Gruppe bestellt werden. Ein Ersatzmitglied tritt in den Wahlvorstand ein, wenn ein Mitglied aus dem Wahlvorstand ausscheidet oder ein Mitglied des Wahlvorstands zeitweilig verhindert ist.

(4) Ist der Vorsitzende des Wahlvorstands zeitweilig verhindert, vertritt ihn der stellvertretende Vorsitzende; scheidet der Vorsitzende aus dem Wahlvorstand aus, so ist der Vorsitz neu zu bestimmen. Unabhängig davon tritt jeweils das Ersatzmitglied nach Absatz 3 Satz 2 ein.

(5) § 41 Absatz 1 Satz 2, § 43 Absatz 2 Satz 2 und § 47 Absatz 1 Satz 1 und Absatz 2 sowie Absatz 4 gelten entsprechend für die Mitglieder des Wahlvorstands und Ersatzmitglieder, solange sie in den Wahlvorstand eingetreten sind.

§ 16 Bestellung oder Wahl des Wahlvorstands

(1) Spätestens zwölf Wochen vor Ablauf seiner Amtszeit bestellt der Personalrat den Wahlvorstand und bestimmt den Vorsitzenden und den stellvertretenden Vorsitzenden.

(2) Auf Antrag von mindestens drei wahlberechtigten Beschäftigten oder einer in der Dienststelle vertretenen Gewerkschaft beruft der Leiter der Dienststelle eine Personalversammlung zur Wahl des Wahlvorstands und zur Bestimmung des Vorsitzes ein, wenn

1. der Personalrat zehn Wochen vor Ablauf seiner Amtszeit keinen Wahlvorstand bestellt hat oder

2. in einer Dienststelle, die die Voraussetzungen des § 10 Absatz 1 erfüllt, kein Personalrat besteht.

Die Personalversammlung wählt einen Versammlungsleiter.

(3) Findet die einberufene Personalversammlung nicht statt oder wählt die Personalversammlung keinen Wahlvorstand, so bestellt ihn der Leiter der Dienststelle auf Antrag von mindestens drei wahlberechtigten Beschäftigten oder einer in der Dienststelle vertretenen Gewerkschaft.

§ 17 Einleitung und Durchführung der Wahl

(1) Der Wahlvorstand führt die Wahl des Personalrats durch. Er bestimmt den Tag, die Zeit und den Ort der Wahl. Dabei hat er auf die Belange der Beschäftigten und der Dienststelle Rücksicht zu nehmen.

(2) Der Wahlvorstand hat die Wahl spätestens zwei Monate vor dem vorgesehenen Wahltag einzuleiten. Die Wahl soll rechtzeitig vor dem Ablauf der Amtszeit des Personalrats stattfinden. Ist der Wahlvorstand durch die Personalversammlung gewählt, durch den Leiter der Dienststelle bestellt oder findet eine nicht regelmäßige Personalratswahl nach § 23 Absatz 1 statt, soll die Wahl spätestens zwei Monate nach der Wahl oder Bestellung des Wahlvorstands stattfinden.

(3) Kommt der Wahlvorstand den Verpflichtungen nach Absatz 1 Satz 1 und 2 und Absatz 2 nicht nach, so beruft der Leiter der Dienststelle eine Personalversammlung zur Wahl eines neuen Wahlvorstands ein. § 16 Absatz 2 Satz 2 und Absatz 3 gilt entsprechend.

(4) Bei einer Neubestellung des Wahlvorstands nach Absatz 3 gelten Absatz 1 Satz 2 und Absatz 2 mit der Maßgabe, dass der Wahlvorstand unverzüglich den Wahltag festzusetzen und die Wahl einzuleiten hat.

§ 18 Feststellung des Wahlergebnisses

Unverzüglich nach Abschluss der Wahl nimmt der Wahlvorstand öffentlich die Auszählung der Stimmen vor, stellt deren Ergebnis in einer Niederschrift fest und gibt es den Angehörigen der Dienststelle bekannt. Dem Leiter der Dienststelle, den in der Dienststelle vertretenen Gewerkschaften und den Vertretern der sonstigen gültigen Wahlvorschläge ist eine Abschrift der Niederschrift zu übersenden.

§ 19 Konstituierende Sitzung des Personalrats

Spätestens sechs Arbeitstage nach dem Wahltag beruft der Wahlvorstand die Mitglieder des Personalrats zur Vornahme der vorgeschriebenen Wahlen ein und leitet die Sitzung, bis der Personalrat aus seiner Mitte einen Wahlleiter bestellt hat.

§ 20 Freiheit der Wahl, Kosten

(1) Niemand darf die Wahl des Personalrats behindern oder in einer gegen die guten Sitten verstoßenden Weise beeinflussen. Insbesondere darf kein Wahlberechtigter in der Ausübung des aktiven und passiven Wahlrechts be-

schränkt werden. § 47 Absatz 1 Satz 1 und Absatz 2 sowie Absatz 4 gilt für Wahlbewerber entsprechend.

(2) Die Kosten der Wahl trägt die Dienststelle. Notwendiges Versäumnis von Arbeitszeit infolge der Ausübung des Wahlrechts, der Teilnahme an den in den § 16 Absatz 2 und § 17 Absatz 3 genannten Personalversammlungen oder der Betätigung im Wahlvorstand hat keine Minderung der Besoldung oder des Arbeitsentgelts zur Folge.

§ 21 Anfechtung der Wahl

(1) Mindestens drei Wahlberechtigte, jede in der Dienststelle vertretene Gewerkschaft oder der Leiter der Dienststelle können binnen einer Frist von zwölf Arbeitstagen, vom Tag der Bekanntgabe des Wahlergebnisses an gerechnet, die Wahl beim Verwaltungsgericht anfechten, wenn gegen wesentliche Vorschriften über das Wahlrecht, die Wählbarkeit oder das Wahlverfahren verstoßen worden und eine Berichtigung nicht erfolgt ist, es sei denn, dass durch den Verstoß das Wahlergebnis nicht geändert oder beeinflusst werden konnte.

(2) Ist die Wahl für ungültig erklärt, setzt der Vorsitzende der Fachkammer des Verwaltungsgerichts einen Wahlvorstand ein. Dieser hat unverzüglich die Wiederholungswahl einzuleiten, durchzuführen und das Ergebnis festzustellen. Der Wahlvorstand nimmt die dem Personalrat nach diesem Gesetz zustehenden Befugnisse und Pflichten bis zur Wiederholungswahl wahr.

Abschnitt 2
Amtszeit

§ 22 Amtszeit, regelmäßiger Wahlzeitraum

(1) Die regelmäßige Amtszeit des Personalrats beträgt fünf Jahre. Sie beginnt mit dem Tag der Wahl oder, wenn zu diesem Zeitpunkt noch ein Personalrat besteht, mit dem Ablauf der Amtszeit dieses Personalrats. Die Amtszeit endet spätestens am 31. Juli des Jahres, in dem die regelmäßigen Personalratswahlen stattfinden.

(2) Ist am Tag des Ablaufs der Amtszeit ein neuer Personalrat nicht gewählt, führt der Personalrat die Geschäfte weiter, bis der neue Personalrat gewählt ist, längstens bis zum Ablauf des 31. Juli. Der geschäftsführende Personalrat ist nicht befugt, Maßnahmen nach § 84 zu beantragen oder Dienstvereinbarungen zu schließen.

(3) Die regelmäßigen Personalratswahlen finden alle fünf Jahre in der Zeit vom 1. April bis 31. Juli statt. Fand außerhalb dieses Zeitraums eine Personalratswahl statt, so ist der Personalrat in dem auf die Wahl folgenden nächsten Zeitraum der regelmäßigen Personalratswahlen neu zu wählen, wenn die Amtszeit des Personalrats zu Beginn des für die regelmäßigen Personalratswahlen festgelegten Zeitraums mehr als ein Jahr betragen hat. War seine Amtszeit kürzer, so ist der Personalrat erst in dem übernächsten Zeitraum der regelmäßigen Personalratswahlen neu zu wählen.

§ 23 Vorzeitige Neuwahl

(1) Der Personalrat ist außerhalb des für die regelmäßigen Personalratswahlen festgelegten Zeitraums neu zu wählen, wenn

1. mit Ablauf von 20 Monaten oder 40 Monaten, vom Tag der Wahl gerechnet, die Zahl der in der Regel Beschäftigten um ein Drittel, mindestens aber um 50 gestiegen oder gesunken ist oder
2. die Gesamtzahl der Mitglieder des Personalrats auch nach dem Eintreten sämtlicher Ersatzmitglieder um mehr als ein Viertel der Mitgliederzahl nach § 10 Absatz 3 gesunken ist oder
3. der Personalrat mit der Mehrheit seiner Mitglieder seinen Rücktritt beschlossen hat oder
4. der Personalrat durch gerichtliche Entscheidung aufgelöst ist oder
5. die Wahl des Personalrats mit Erfolg angefochten worden ist oder
6. in der Dienststelle kein Personalrat besteht.

In den Fällen der Nummer 1 bis 3 führt der Personalrat die Geschäfte weiter, bis der neue Personalrat gewählt ist, längstens für vier Monate. § 22 Absatz 2 Satz 2 gilt entsprechend.

(2) Ist eine in der Dienststelle vorhandene Gruppe, die bisher im Personalrat vertreten war, auch nach dem Eintreten sämtlicher Ersatzmitglieder durch kein Mitglied des Personalrats mehr vertreten, so wählt diese Gruppe für den Rest der Amtszeit des Personalrats neue Vertreter. Die §§ 16 bis 18, 20 und 21 finden mit folgenden Maßgaben entsprechende Anwendung:

1. Eine Personalversammlung oder eine Gruppenversammlung zur Wahl eines Wahlvorstands findet nicht statt.
2. Die Bestellung des Wahlvorstands durch den Leiter der Dienststelle ist nur auf Antrag von drei wahlberechtigten Beschäftigten der Gruppe, für welche die Neuwahl stattfinden soll, möglich. Das Antragsrecht einer in der Dienststelle vertretenen Gewerkschaft bleibt unberührt.

§ 24 Ausschluss einzelner Mitglieder und Auflösung des Personalrats

(1) Auf Antrag eines Viertels der Wahlberechtigten oder einer in der Dienststelle vertretenen Gewerkschaft kann das Verwaltungsgericht den Ausschluss eines Mitglieds aus dem Personalrat oder die Auflösung des Personalrats wegen grober Vernachlässigung seiner gesetzlichen Befugnisse oder wegen grober Verletzung seiner gesetzlichen Pflichten beschließen. Der Personalrat kann aus den gleichen Gründen den Ausschluss eines Mitglieds beantragen. Der Leiter der Dienststelle kann den Ausschluss eines Mitglieds aus dem Personalrat oder die Auflösung des Personalrats wegen grober Verletzung seiner gesetzlichen Pflichten beantragen.

(2) Ist über den Antrag auf Ausschluss eines Mitglieds bis zum Ablauf der Amtszeit noch nicht rechtskräftig entschieden, so ist das Verfahren mit der Wirkung für die folgende Amtszeit fortzusetzen, wenn das Mitglied für die folgende Amtszeit wieder gewählt worden ist.

(3) Ist der Personalrat aufgelöst, so setzt der Vorsitzende der Fachkammer des Verwaltungsgerichts einen Wahlvorstand ein. Dieser hat unverzüglich die

Neuwahl einzuleiten, durchzuführen und das Ergebnis festzustellen. Der Wahlvorstand nimmt bis zur Neuwahl die dem Personalrat nach diesem Gesetz zustehenden Befugnisse und Pflichten wahr.

§ 25 Erlöschen der Mitgliedschaft im Personalrat

(1) Die Mitgliedschaft im Personalrat erlischt durch

1. Ablauf der Amtszeit,
2. Niederlegung des Amts,
3. Rücktritt des gesamten Personalrats,
4. Beendigung des Dienst-, Arbeits- oder Ausbildungsverhältnisses,
5. Ausscheiden als Beschäftigter aus der Dienststelle,
6. Beurlaubung ohne Dienstbezüge oder Arbeitsentgelt, wenn diese länger als zwölf Monate gedauert hat; bei Mitgliedern, die bereits bei Beginn der Amtszeit beurlaubt sind, beginnt die Frist ab diesem Zeitpunkt,
7. Teilzeitbeschäftigung mit Freistellungsjahr, wenn dieses bis zum Ruhestand andauert, mit dem Beginn der Freistellung,
8. Altersteilzeit im Blockmodell mit dem Beginn der Freistellung,
9. Verlust der Wählbarkeit,
10. gerichtliche Entscheidung nach § 24 Absatz 1 Satz 1,
11. Feststellung nach Ablauf der in § 21 Absatz 1 bezeichneten Frist, dass der Gewählte nicht wählbar war.

(2) Die Mitgliedschaft im Personalrat wird durch einen Wechsel der Gruppenzugehörigkeit eines Mitglieds nicht berührt; dieses bleibt Vertreter der Gruppe, die es gewählt hat.

(3) Für Waldarbeiter gilt Absatz 1 Nummer 4 und 5 mit der Maßgabe, dass die Mitgliedschaft im Personalrat erst bei endgültigem Ausscheiden als Waldarbeiter erlischt.

§ 26 Ruhen der Mitgliedschaft im Personalrat

(1) Die Mitgliedschaft eines Beamten im Personalrat ruht, solange ihm die Führung der Dienstgeschäfte verboten oder er disziplinarrechtlich vorläufig des Dienstes enthoben ist.

(2) Die Mitgliedschaft der in § 8 Absatz 2 bezeichneten Beschäftigten im Personalrat ruht, solange sie entsprechend den Erfordernissen ihrer Ausbildung einen Ausbildungsabschnitt in einer anderen Dienststelle ableisten.

(3) Die Absätze 1 und 2 gelten sinngemäß für Arbeitnehmer.

(4) Die Mitgliedschaft von Waldarbeitern im Personalrat ruht, solange sie vorübergehend nicht im Beschäftigungsverhältnis stehen.

§ 27 Ersatzmitglieder

(1) Scheidet ein Mitglied aus dem Personalrat aus, so tritt ein Ersatzmitglied ein. Ist ein Mitglied des Personalrats zeitweilig verhindert oder ruht seine Mitgliedschaft, so tritt ein Ersatzmitglied für die Zeit der Verhinderung oder des Ruhens ein.

(2) Die Ersatzmitglieder werden der Reihe nach aus den nicht gewählten Beschäftigten derjenigen Vorschlagslisten entnommen, denen die zu ersetzenden Mitglieder angehören. Ist ein Mitglied nach Absatz 1 mit einfacher Stimmenmehrheit gewählt, so tritt der nicht gewählte Beschäftigte mit der nächsthöheren Stimmenzahl als Ersatzmitglied ein.

(3) § 25 Absatz 2 gilt entsprechend bei einem Wechsel der Gruppenzugehörigkeit vor dem Eintritt des Ersatzmitglieds in den Personalrat.

(4) In den Fällen des § 23 Absatz 1 Satz 1 Nummer 3 und 4 treten Ersatzmitglieder nicht ein.

Abschnitt 3
Geschäftsführung

§ 28 Vorstand

(1) Der Personalrat bildet aus seiner Mitte den Vorstand. Diesem muss ein Mitglied jeder im Personalrat vertretenen Gruppe angehören. Die Vertreter jeder Gruppe wählen das auf sie entfallende Vorstandsmitglied.

(2) Der Personalrat kann aus seiner Mitte mit der Mehrheit der Stimmen aller Mitglieder zwei weitere Mitglieder in den Vorstand wählen. Sind Mitglieder des Personalrats aus Wahlvorschlägen mit verschiedenen Bezeichnungen gewählt worden und sind im Vorstand nach Absatz 1 Mitglieder aus dem Wahlvorschlag nicht vertreten, der die zweitgrößte Zahl aller von den Angehörigen der Dienststelle abgegebenen Stimmen erhalten hat, so ist eines der weiteren Vorstandsmitglieder aus diesem Wahlvorschlag zu wählen.

(3) Beide Geschlechter sollen im Vorstand vertreten sein.

(4) Der Vorstand führt die laufenden Geschäfte. Er kann dazu andere Mitglieder des Personalrats heranziehen.

§ 29 Vorsitz

(1) Der Personalrat bestimmt, welches Vorstandsmitglied nach § 28 Absatz 1 den Vorsitz übernimmt. Das Vorstandsmitglied der anderen Gruppe übernimmt den stellvertretenden Vorsitz, es sei denn, der Personalrat bestimmt dazu mit Zustimmung der Vertreter dieser Gruppe ein anderes Mitglied aus seiner Mitte. Ist nur eine Gruppe im Vorstand vertreten, bestimmt der Personalrat aus seiner Mitte ein Mitglied, das den stellvertretenden Vorsitz übernimmt.

(2) Der Vorsitzende vertritt den Personalrat im Rahmen der von diesem gefassten Beschlüsse. In Angelegenheiten, die nur eine Gruppe betreffen, vertritt der Vorsitzende, wenn er nicht selbst dieser Gruppe angehört, gemeinsam mit einem der Gruppe angehörenden Vorstandsmitglied den Personalrat.

§ 30 Anberaumung der Sitzungen

(1) Der Vorsitzende des Personalrats beraumt die Sitzungen an; dabei hat er auf die dienstlichen Erfordernisse Rücksicht zu nehmen. Er setzt die Tages-

ordnung fest und leitet die Verhandlung. Der Vorsitzende hat die Mitglieder des Personalrats, die Schwerbehindertenvertretung und das von der Jugend- und Auszubildendenvertretung nach § 32 Absatz 4 Satz 1 benannte Mitglied zu den Sitzungen rechtzeitig unter Mitteilung der Tagesordnung zu laden. Zu den Sitzungen sind ebenso zu laden

1. die weiteren Mitglieder der Jugend- und Auszubildendenvertretung,
2. Beauftragte von Stufenvertretungen,
3. Beauftragte des Gesamtpersonalrats,
4. die Beauftragte für Chancengleichheit,

soweit sie allgemein oder auf Beschluss des Personalrats berechtigt sind, an der Sitzung teilzunehmen.

(2) Der Leiter der Dienststelle ist vom Zeitpunkt der Sitzung unter Mitteilung der Tagesordnung rechtzeitig zu verständigen und zu Tagesordnungspunkten, an denen er teilnehmen soll, zu laden.

(3) Auf Antrag eines Viertels der Mitglieder des Personalrats, der Mehrheit der Vertreter einer Gruppe oder des Leiters der Dienststelle hat der Vorsitzende eine Sitzung anzuberaumen und den Gegenstand, dessen Beratung beantragt wird, auf die Tagesordnung zu setzen. Entsprechendes gilt in Angelegenheiten, die

1. besonders Beschäftigte im Sinne von § 59 betreffen, für die Mehrheit der Mitglieder der Jugend- und Auszubildendenvertretung;
2. schwerbehinderte Beschäftigte besonders betreffen, für die Schwerbehindertenvertretung;
3. besonders die Gleichstellung von Frauen und Männern betreffen, für die Beauftragte für Chancengleichheit.

(4) Der Leiter der Dienststelle oder im Verhinderungsfall eine von ihm beauftragte Person nimmt an den Sitzungen, die auf sein Verlangen anberaumt sind, und an den Sitzungen, zu denen er ausdrücklich eingeladen ist, teil.

(5) Der Personalrat kann von Fall zu Fall beschließen, dass Beauftragte von Stufenvertretungen und Beauftragte des Gesamtpersonalrats berechtigt sind, mit beratender Stimme an einer Sitzung teilzunehmen. In diesem Fall kann die Ladung zur Sitzung nach Absatz 1 auch kurzfristig erfolgen.

§ 31 Gemeinsame Aufgaben von Personalrat, Richterrat und Staatsanwaltsrat

(1) Sind an einer Angelegenheit sowohl der Personalrat als auch der Richterrat oder der Staatsanwaltsrat beteiligt, so teilt der Vorsitzende dem Richterrat oder dem Staatsanwaltsrat den entsprechenden Teil der Tagesordnung mit und gibt ihm Gelegenheit, Mitglieder in die Sitzung des Personalrats zu entsenden (§ 30 des Landesrichter- und -staatsanwaltsgesetzes).

(2) Der Vorsitzende des Personalrats hat auf Antrag des Richterrats oder des Staatsanwaltsrats oder des Leiters der Dienststelle eine Angelegenheit, deren Beratung beantragt ist, auf die Tagesordnung zu setzen. § 30 Absatz 3 bis 5 gilt entsprechend.

§ 32 Durchführung der Sitzungen, Teilnahmerechte

(1) Die Sitzungen des Personalrats sind nicht öffentlich; sie finden in der Regel während der Arbeitszeit statt.

(2) Der Personalrat kann ihm zur Verfügung gestelltes Büropersonal zur Erstellung der Niederschrift hinzuziehen.

(3) Auf Antrag eines Viertels der Mitglieder oder der Mehrheit einer Gruppe des Personalrats kann von Fall zu Fall je eine beauftragte Person der im Personalrat vertretenen Gewerkschaften an einer Sitzung beratend teilnehmen. In diesem Fall sind der Zeitpunkt der Sitzung und die Tagesordnung den im Personalrat vertretenen Gewerkschaften rechtzeitig mitzuteilen. Nimmt der Leiter der Dienststelle oder die von ihm beauftragte Person an der Sitzung teil, kann er oder sie einen Vertreter der Arbeitgebervereinigung, der die Dienststelle angehört, hinzuziehen. Personelle und soziale Angelegenheiten einzelner Beschäftigter dürfen nur mit deren vorheriger Einwilligung in Anwesenheit von Beauftragten von Gewerkschaften oder der Arbeitgebervereinigung beraten werden.

(4) Ein Mitglied der Jugend- und Auszubildendenvertretung, das von dieser benannt wird, kann an allen Sitzungen des Personalrats beratend teilnehmen. An der Behandlung von Angelegenheiten, die besonders Beschäftigte im Sinne von § 59 betreffen, kann die gesamte Jugend- und Auszubildendenvertretung teilnehmen; die Mitglieder der Jugend- und Auszubildendenvertretung haben bei Beschlüssen des Personalrats in diesen Angelegenheiten Stimmrecht. Der Vorsitzende des Personalrats soll Angelegenheiten, die besonders Beschäftigte im Sinne von § 59 betreffen, der Jugend- und Auszubildendenvertretung zur Beratung zuleiten.

(5) Die Schwerbehindertenvertretung kann an allen Sitzungen des Personalrats beratend teilnehmen.

(6) Die Beauftragte für Chancengleichheit kann an den Beratungen des Personalrats von einzelnen Gegenständen auf der Tagesordnung teilnehmen, wenn

1. der Gegenstand auf ihren Antrag auf die Tagesordnung gesetzt wurde oder
2. der Personalrat dies im Einzelfall beschließt.

Sie kann Anregungen zur Behandlung von Angelegenheiten geben, die besonders die Gleichstellung von Frauen und Männern betreffen.

10

(7) Der Personalrat kann nach vorheriger Unterrichtung des Leiters der Dienststelle sachverständige Personen aus der Dienststelle oder sonstige Auskunftspersonen aus der Dienststelle anhören, soweit dies zur Erfüllung seiner Aufgaben erforderlich ist. Die Teilnahme dieser Personen an Beratung und Beschlussfassung ist nicht zulässig.

(8) Der Personalrat kann nach vorheriger Unterrichtung des Leiters der Dienststelle in Mitbestimmungsangelegenheiten zu personellen Einzelmaßnahmen betroffene Beschäftigte anhören. Absatz 7 Satz 2 gilt entsprechend.

§ 33 Befangenheit

(1) Ein Mitglied des Personalrats darf weder beratend noch entscheidend mitwirken, wenn die Entscheidung einer Angelegenheit ihm selbst oder folgenden Personen einen unmittelbaren Vorteil oder Nachteil bringen kann:

1. dem Ehegatten oder dem Lebenspartner nach § 1 des Lebenspartnerschaftsgesetzes,
2. einem in gerader Linie oder in der Seitenlinie bis zum dritten Grad Verwandten,
3. einem in gerader Linie oder in der Seitenlinie bis zum zweiten Grad Verschwägerten oder als verschwägert Geltenden, solange die die Schwägerschaft begründende Ehe oder Lebenspartnerschaft nach § 1 des Lebenspartnerschaftsgesetzes besteht, oder
4. einer von ihm kraft Gesetzes oder Vollmacht vertretenen Person.

Satz 1 gilt nicht,

1. wenn die Entscheidung nur die gemeinsamen Interessen einer Berufs- oder Beschäftigtengruppe berührt,
2. für Wahlen, die vom Personalrat aus seiner Mitte vorgenommen werden müssen,
3. für Wahlen, die von den Gruppen aus ihrer Mitte vorgenommen werden müssen.

(2) Ein Mitglied des Personalrats darf ferner weder beratend noch entscheidend mitwirken, wenn es die zur Beschlussfassung anstehende Maßnahme als Beschäftigter der Dienststelle vorbereitet oder daran verantwortlich mitgewirkt hat.

(3) Das Mitglied des Personalrats, bei dem ein Tatbestand vorliegt, der Befangenheit zur Folge haben kann, hat dies vor Beginn der Beratung über diesen Gegenstand dem Vorsitzenden mitzuteilen. Ob ein Ausschließungsgrund vorliegt, entscheidet in Zweifelsfällen in Abwesenheit des Betroffenen der Personalrat.

(4) Wer an der Beratung und Entscheidung nicht mitwirken darf, muss die Sitzung verlassen.

(5) Ein Beschluss ist rechtswidrig, wenn bei der Beratung oder Beschlussfassung ein Mitglied trotz Befangenheit mitgewirkt hat.

§ 34 Beschlussfassung

(1) Die Beschlüsse des Personalrats werden mit einfacher Stimmenmehrheit der anwesenden Mitglieder gefasst. Bei Stimmengleichheit ist ein Antrag abgelehnt.

(1a) Bei Vorliegen besonderer Umstände kann der Vorsitzende des Personalrats alle oder einzelne Mitglieder des Personalrats sowie sonstige teilnahmeberechtigte Personen zur Teilnahme mittels Video- oder Telefonkonferenztechnik an einer Sitzung zulassen, wenn

1. vorhandene Einrichtungen genutzt werden, die durch die Dienststelle zur dienstlichen Nutzung freigegeben sind und die datenschutzrechtlichen Voraussetzungen erfüllen,

2. der Personalrat geeignete organisatorische Maßnahmen trifft, um sicherzustellen, dass Dritte vom Inhalt der Sitzung keine Kenntnis nehmen können, und
3. vorbehaltlich einer abweichenden Regelung in der Geschäftsordnung nicht ein Viertel der Mitglieder des Personalrats unverzüglich nach Bekanntgabe der Absicht des Vorsitzenden zum Einsatz von Video- oder Telefonkonferenztechnik diesem gegenüber widerspricht.

Eine Aufzeichnung ist unzulässig. Personalratsmitglieder sowie sonstige teilnahmeberechtigte Personen, die mittels Video- oder Telefonkonferenz an der Sitzung teilnehmen, gelten als anwesend. § 38 Absatz 1 Satz 3 findet mit der Maßgabe Anwendung, dass der Vorsitzende vor Beginn der Beratung die zugeschalteten Personalratsmitglieder feststellt und in die Anwesenheitsliste einträgt.

(2) Der Personalrat ist nur beschlussfähig, wenn mindestens die Hälfte seiner Mitglieder anwesend ist; Stellvertretung durch Ersatzmitglieder ist zulässig.

(3) In einfach gelagerten Angelegenheiten, die durch die Geschäftsordnung nicht anderweitig übertragen sind, kann der Vorsitzende im schriftlichen oder elektronischen Umlaufverfahren beschließen lassen, wenn kein Mitglied des Personalrats diesem Verfahren widerspricht. Die nähere Bestimmung einfach gelagerter Angelegenheiten und das Verfahren sind in der Geschäftsordnung zu regeln. Das Ergebnis des Umlaufbeschlusses ist dem Personalrat in der nächsten Sitzung bekanntzugeben.

(4) Die im Personalrat vertretenen Gruppen beraten und beschließen gemeinsam. In Angelegenheiten, die lediglich die Angehörigen einer Gruppe betreffen, beschließen nach gemeinsamer Beratung im Personalrat nur die Vertreter dieser Gruppe, wenn getrennte Beschlussfassung in der Geschäftsordnung allgemein festgelegt ist oder im Einzelfall die Mehrheit der Vertreter dieser Gruppe die alleinige Beschlussfassung beantragt.

§ 35 Ausschüsse des Personalrats

(1) In einem Personalrat mit elf und mehr Mitgliedern kann der Personalrat durch Regelung in der Geschäftsordnung zur Vorberatung seiner Beratungen und Vorbereitung von Beschlüssen aus seiner Mitte höchstens bis zum Ablauf seiner Amtszeit Ausschüsse bilden, in denen jeweils beide Gruppen vertreten sein müssen. Beide Geschlechter sollen im Ausschuss vertreten sein.

(2) Den Vorsitz in den Ausschüssen führt der Vorsitzende des Personalrats, soweit in der Geschäftsordnung des Personalrats nichts anderes bestimmt ist.

(3) Die § 30 Absatz 1, 2 und 4, § 32 Absatz 1, 2 und 4 Satz 1 sowie Absätze 5 bis 8, §§ 33, 34 Absatz 3 Satz 3 sowie Absatz 4 Satz 1 und § 38 gelten entsprechend. Das Weitere über die Zusammensetzung und das Verfahren regelt die Geschäftsordnung.

(4) Der Personalrat kann seine Befugnisse in einfach gelagerten Mitbestimmungsangelegenheiten und in Mitwirkungsangelegenheiten, mit Ausnahme der Fälle des § 81 Absatz 2, höchstens bis zum Ablauf seiner Amtszeit auf Ausschüsse übertragen. In welchem Umfang er die Ausübung seiner Befug-

nisse übertragen will, ist in der Geschäftsordnung zu bestimmen. Für die Beschlussfassung in den Ausschüssen gelten § 32 Absatz 4 Satz 2 und § 34 Absatz 1, 1a, 2 und 4 Satz 2 entsprechend. Der Personalrat ist über die Beschlüsse unverzüglich zu unterrichten.

(5) Eine einem Ausschuss übertragene Angelegenheit ist dem Personalrat zur Beratung und Beschlussfassung vorzulegen, wenn

1. der Ausschuss die Zustimmung zu einer beabsichtigten Maßnahme verweigern oder Einwendungen gegen eine beabsichtigte Maßnahme erheben will,
2. ein Ausschussmitglied einen Beschluss des Ausschusses als eine erhebliche Beeinträchtigung der Interessen der durch das Mitglied vertretenen Gruppe erachtet,
3. die Schwerbehindertenvertretung einen Beschluss des Ausschusses als erhebliche Beeinträchtigung wichtiger Interessen der schwerbehinderten Beschäftigten erachtet,
4. der Vertreter der Jugend- und Auszubildendenvertretung einen Beschluss des Ausschusses als eine erhebliche Beeinträchtigung wichtiger Interessen der Beschäftigten im Sinne von § 59 erachtet.

Die Vorlage an den Personalrat ist der Dienststelle schriftlich oder elektronisch mitzuteilen. In den Fällen des Satzes 1 verlängert sich die Frist zur Zustimmung oder Erhebung von Einwendungen um eine Woche, soweit mit der Dienststelle nichts anderes vereinbart ist.

§ 36 Übertragung von Befugnissen auf den Vorstand des Personalrats

(1) Der Personalrat kann seine Befugnisse in einfach gelagerten Mitbestimmungsangelegenheiten und in Mitwirkungsangelegenheiten, mit Ausnahme der Fälle des § 81 Absatz 2, höchstens bis zum Ablauf seiner Amtszeit auf den Vorstand übertragen. In welchem Umfang er die Ausübung seiner Befugnisse auf den Vorstand übertragen will, ist in der Geschäftsordnung zu bestimmen.

(2) § 32 Absatz 5, § 34 Absatz 1, 1a, 2 und 3 Satz 3 sowie Absatz 4 Satz 2, § 35 Absatz 4 Satz 4 und Absatz 5 Satz 1 Nummer 1 bis 3 sowie Satz 2 und 3 gelten entsprechend.

§ 37 Einspruch der Vertreter einer Gruppe, der Beschäftigten im Sinne von § 59 oder der schwerbehinderten Beschäftigten

(1) Erachtet die Mehrheit der Vertreter einer Gruppe, die Mehrheit der Mitglieder der Jugend- und Auszubildendenvertretung oder die Schwerbehindertenvertretung einen Beschluss des Personalrats als eine erhebliche Beeinträchtigung wichtiger Interessen der durch sie vertretenen Beschäftigten, so ist auf ihren Antrag der Beschluss auf die Dauer von einer Woche vom Zeitpunkt der Beschlussfassung an auszusetzen. In dieser Frist soll, gegebenenfalls mit Hilfe der unter den Mitgliedern des Personalrats vertretenen Gewerkschaften, eine Verständigung versucht werden. Bei Aussetzung eines Beschlusses nach Satz 1 und Unterrichtung der Dienststelle verlängern sich Fristen nach diesem Gesetz um die Dauer der Aussetzung.

(2) Nach Ablauf der Frist ist über die Angelegenheit erneut zu beschließen. Wird der erste Beschluss bestätigt, so kann der Antrag auf Aussetzung nicht wiederholt werden.

§ 38 Niederschrift

(1) Über jede Verhandlung des Personalrats ist eine Niederschrift aufzunehmen, die mindestens den Wortlaut der Beschlüsse und die Stimmenmehrheit, mit der sie gefasst sind, enthält. Die Niederschrift ist vom Vorsitzenden und einem weiteren Mitglied zu unterzeichnen. Der Niederschrift ist eine Anwesenheitsliste beizufügen, in die sich jeder Teilnehmer eigenhändig einzutragen hat.

(2) Haben der Leiter der Dienststelle, die von ihm beauftragte Person oder Beauftragte von Gewerkschaften an der Sitzung teilgenommen, so ist ihnen der entsprechende Teil der Niederschrift abschriftlich zuzuleiten. Einwendungen gegen die Niederschrift sind unverzüglich schriftlich oder elektronisch zu erheben und der Niederschrift beizufügen.

(3) Die Beauftragte für Chancengleichheit, die Schwerbehindertenvertretung, Mitglieder der Jugend- und Auszubildendenvertretung und Beauftragte von Stufenvertretungen und des Gesamtpersonalrats können in die Niederschrift über den Teil der Sitzung Einsicht nehmen, an dem sie teilgenommen haben. Entsprechende Abschriften können gefertigt werden.

§ 39 Geschäftsordnung

(1) Sonstige Bestimmungen über die Geschäftsführung können in einer Geschäftsordnung getroffen werden, die der Personalrat mit der Mehrheit der Stimmen seiner Mitglieder und in jeder Gruppe mit der Mehrheit der Stimmen der jeweiligen Gruppenmitglieder beschließt.

(2) Hat der Personalrat mindestens fünf Mitglieder, so soll er sicherstellen, dass er an den regelmäßigen Arbeitstagen der für Personalratsbeteiligungen zuständigen Verwaltung der Dienststelle, bei der er eingerichtet ist, für die Einleitung förmlicher Beteiligungsverfahren erreichbar ist. Andere Personalräte sollen die Dienststelle rechtzeitig vorher unterrichten, wenn absehbar ist, dass der Personalrat für mehrere zusammenhängende Arbeitstage nicht erreichbar ist. Personalrat und Dienststelle können für die Dauer der Amtszeit des Personalrats abweichende Vereinbarungen für die Erreichbarkeit treffen.

(3) Die Geschäftsordnung und Änderungen der Geschäftsordnung sind der Dienststelle zur Kenntnis zu geben.

§ 40 Sprechstunden

(1) Der Personalrat kann Sprechstunden während der Arbeitszeit einrichten. Zeit und Ort bestimmt er im Einvernehmen mit dem Leiter der Dienststelle.

(2) Versäumnis von Arbeitszeit wegen des Aufsuchens der Sprechstunde des Personalrats oder sonstiger Inanspruchnahme des Personalrats hat keine Minderung der Besoldung oder des Arbeitsentgelts zur Folge. Soweit der Besuch der Sprechstunde aus dienstlichen Gründen außerhalb der Arbeitszeit

stattfinden muss, ist Beschäftigten Dienstbefreiung in entsprechendem Umfang zu gewähren. Reisekosten, die durch den Besuch der Sprechstunde entstehen, werden in entsprechender Anwendung des Landesreisekostengesetzes erstattet.

§ 41 Kosten

(1) Die durch die Tätigkeit des Personalrats entstehenden notwendigen Kosten trägt die Dienststelle. Mitglieder des Personalrats erhalten bei Reisen, die zur Erfüllung ihrer Aufgaben notwendig sind, Reisekostenvergütungen nach dem Landesreisekostengesetz.

(2) Für die Sitzungen, die Sprechstunden und die laufende Geschäftsführung hat die Dienststelle in erforderlichem Umfang Räume, Geschäftsbedarf, die üblicherweise in der Dienststelle genutzte Informations- und Kommunikationstechnik und Büropersonal zur Verfügung zu stellen.

(3) Dem Personalrat werden in allen Dienststellen geeignete Plätze für Bekanntmachungen und Anschläge zur Verfügung gestellt und er kann erforderliche schriftliche Mitteilungen an die Beschäftigten verteilen. Er kann die Beschäftigten auch über die üblicherweise in der Dienststelle genutzten Informations- und Kommunikationseinrichtungen unterrichten. Die Kosten für erforderliche Informationsmedien des Personalrats trägt die Dienststelle.

§ 42 Verbot der Beitragserhebung

Der Personalrat darf für seine Zwecke von den Beschäftigten keine Beiträge erheben oder annehmen.

Abschnitt 4
Rechtsstellung der Personalratsmitglieder

§ 43 Allgemeines

(1) Die Mitglieder des Personalrats führen ihr Amt unentgeltlich als Ehrenamt.

(2) Versäumnis von Arbeitszeit, die zur ordnungsmäßigen Durchführung der Aufgaben des Personalrats erforderlich ist, hat keine Minderung der Besoldung oder des Arbeitsentgelts zur Folge. Werden Mitglieder des Personalrats durch die Erfüllung ihrer Aufgaben über ihre individuell maßgebliche Arbeitszeit hinaus beansprucht, so ist ihnen Dienstbefreiung in entsprechendem Umfang zu gewähren.

§ 44 Schulungs- und Bildungsmaßnahmen

(1) Die Mitglieder des Personalrats sowie die Ersatzmitglieder, die in absehbarer Zeit in den Personalrat eintreten werden oder regelmäßig zu Sitzungen des Personalrats hinzugezogen werden, sind unter Fortzahlung der Besoldung oder des Arbeitsentgelts für die Teilnahme an Schulungs- und Bildungsveranstaltungen vom Dienst freizustellen, soweit diese Kenntnisse vermitteln, die für die Tätigkeit im Personalrat erforderlich sind; dabei sind die dienst-

lichen Interessen angemessen zu berücksichtigen. § 43 Absatz 2 Satz 2 gilt entsprechend.

(2) Der Vorsitzende des Personalrats sowie einer der stellvertretenden Vorsitzenden haben viermal im Jahr Anspruch auf Besoldungs- oder Entgeltfortzahlung anlässlich der Teilnahme an einer von der zuständigen Gewerkschaft einberufenen Konferenz der Vorsitzenden der Personalräte. Denselben Anspruch haben alle Mitglieder des Personalrats zweimal im Jahr zur Teilnahme an einer gleichen Konferenz. Die persönliche Teilnahme an einer dieser Konferenzen ist durch eine Bescheinigung der zuständigen gewerkschaftlichen Konferenzleitung nachzuweisen. Absatz 1 bleibt unberührt.

§ 45 Freistellung

(1) Mitglieder des Personalrats sind auf Antrag des Personalrats von ihrer dienstlichen Tätigkeit freizustellen, wenn und soweit es nach Umfang und Art der Dienststelle zur ordnungsgemäßen Durchführung ihrer Aufgaben erforderlich ist. Sie sind freizustellen in Personalräten mit

fünf Mitgliedern	für zwölf Arbeitsstunden in der Woche,
sieben Mitgliedern	für 24 Arbeitsstunden in der Woche,
neun Mitgliedern	im Umfang eines Vollzeitbeschäftigten,
elf Mitgliedern	im Umfang von zwei Vollzeitbeschäftigten,
13 Mitgliedern	im Umfang von drei Vollzeitbeschäftigten,
15 Mitgliedern	im Umfang von vier Vollzeitbeschäftigten,
17 Mitgliedern	im Umfang von fünf Vollzeitbeschäftigten,
19 Mitgliedern	im Umfang von sechs Vollzeitbeschäftigten,
21 Mitgliedern	im Umfang von sieben Vollzeitbeschäftigten,
23 Mitgliedern	im Umfang von acht Vollzeitbeschäftigten,
25 Mitgliedern	im Umfang von neun Vollzeitbeschäftigten,
27 Mitgliedern	im Umfang von zehn Vollzeitbeschäftigten.

Eine entsprechende Teilfreistellung mehrerer Mitglieder ist zulässig.

(2) Personalrat und Dienststelle können abweichend von Absatz 1 Satz 2 höhere oder niedrigere Freistellungen für die Dauer der Amtszeit des Personalrats vereinbaren.

(3) Maßgebend für die Ermittlung der Freistellungen ist die Zahl der Mitglieder des Personalrats, welche nach § 10 Absatz 1, 3 und 4 einer zum Zeitpunkt der Antragstellung durchzuführenden Wahl des Personalrats zugrunde zu legen wäre. Würde sich nach der Freistellung die Zahl der Mitglieder des Personalrats im Falle einer Neuwahl um mehr als zwei Mitglieder verringern, ist eine aufgrund der bisherigen Mitgliederzahl bewilligte Freistellung zu verringern. Absatz 2 bleibt unberührt.

(4) Bei der Freistellung sind zunächst die von den Gruppenvertretern gewählten Vorstandsmitglieder, sodann die übrigen Vorstandsmitglieder zu berücksichtigen. Bei weiteren Freistellungen sind die im Personalrat vertretenen Wahlvorschläge nach den Grundsätzen der Verhältniswahl zu berück-

sichtigen; dabei sind die nach Satz 1 freigestellten Vorstandsmitglieder anzurechnen.

§ 46 Benachteiligungsverbot, Berufsbildung freigestellter Mitglieder des Personalrats

(1) Von ihrer dienstlichen Tätigkeit freigestellte Mitglieder des Personalrats dürfen in ihrem beruflichen Werdegang nicht benachteiligt werden.

(2) Von ihrer dienstlichen Tätigkeit freigestellte Mitglieder des Personalrats dürfen von Maßnahmen der Berufsbildung innerhalb und außerhalb der Verwaltung oder des Betriebs nicht ausgeschlossen werden. Innerhalb eines Jahres nach Beendigung der Freistellung eines Personalratsmitglieds ist diesem im Rahmen der Möglichkeiten der Dienststelle Gelegenheit zu geben, eine wegen der Freistellung unterbliebene verwaltungs- oder betriebsübliche Entwicklung nachzuholen. Für Mitglieder des Personalrats, die drei volle aufeinanderfolgende Amtszeiten von ihrer dienstlichen Tätigkeit freigestellt waren, erhöht sich der Zeitraum nach Satz 2 auf zwei Jahre.

§ 47 Schutz des Arbeitsplatzes

(1) Mitglieder des Personalrats dürfen gegen ihren Willen nur versetzt werden, wenn dies auch unter Berücksichtigung der Mitgliedschaft im Personalrat aus wichtigen dienstlichen Gründen unvermeidbar ist. Die Versetzung von Mitgliedern des Personalrats gegen ihren Willen bedarf der Zustimmung des Personalrats. Verweigert der Personalrat seine Zustimmung oder äußert er sich nicht innerhalb von drei Arbeitstagen nach Eingang des Antrags, so kann das Verwaltungsgericht die Zustimmung auf Antrag der Dienststelle ersetzen, wenn die Voraussetzungen des Satzes 1 vorliegen. In dem Verfahren vor dem Verwaltungsgericht ist das Mitglied des Personalrats Beteiligter.

(2) Absatz 1 gilt entsprechend in den Fällen der Abordnung, der Zuweisung, der Personalgestellung und der mit einem Wechsel des Dienstorts verbundenen oder für eine Dauer von mehr als zwei Monaten vorgesehenen Umsetzung in derselben Dienststelle.

(3) Für Auszubildende in öffentlich-rechtlichen Ausbildungsverhältnissen, Beamte im Vorbereitungsdienst und Beschäftigte in einer dem Vorbereitungsdienst entsprechenden Berufsausbildung gelten die Absätze 1 und 2 sowie die §§ 15 und 16 des Kündigungsschutzgesetzes nicht. Die Absätze 1 und 2 gelten ferner nicht bei den dort genannten Personalmaßnahmen dieser Beschäftigten im Anschluss an den Vorbereitungsdienst oder das Ausbildungsverhältnis.

(4) Die außerordentliche Kündigung von Mitgliedern des Personalrats, die in einem Arbeitsverhältnis stehen, bedarf der Zustimmung des Personalrats. Verweigert der Personalrat seine Zustimmung oder äußert er sich nicht innerhalb von drei Arbeitstagen nach Eingang des Antrags, so kann das Verwaltungsgericht die Zustimmung auf Antrag der Dienststelle ersetzen, wenn die außerordentliche Kündigung unter Berücksichtigung aller Umstände gerechtfertigt ist. In dem Verfahren vor dem Verwaltungsgericht ist das Mitglied des Personalrats Beteiligter.

(5) Die Absätze 1, 2 und 4 gelten entsprechend für Ersatzmitglieder, solange sie nach § 27 Absatz 1 in den Personalrat eingetreten sind.

§ 48 Übernahme Auszubildender

(1) Beabsichtigt die Dienststelle, einen Auszubildenden in einem Berufsausbildungsverhältnis nach dem Berufsbildungsgesetz, dem Krankenpflegegesetz oder dem Hebammengesetz, der Mitglied im Personalrat ist, nach erfolgreicher Beendigung des Berufsausbildungsverhältnisses nicht in ein Arbeitsverhältnis auf unbestimmte Zeit zu übernehmen, so hat sie dies drei Monate vor Beendigung des Berufsausbildungsverhältnisses dem Auszubildenden schriftlich mitzuteilen.

(2) Verlangt ein Auszubildender nach Absatz 1 innerhalb der letzten drei Monate vor Beendigung des Berufsausbildungsverhältnisses schriftlich von der Dienststelle die Weiterbeschäftigung, so gilt zwischen dem Auszubildenden und der Dienststelle im Anschluss an das erfolgreiche Berufsausbildungsverhältnis ein Arbeitsverhältnis auf unbestimmte Zeit als begründet.

(3) Die Absätze 1 und 2 gelten auch, wenn das Berufsausbildungsverhältnis vor Ablauf eines Jahres nach Beendigung der Amtszeit des Personalrats erfolgreich endet.

(4) Die Dienststelle kann spätestens bis zum Ablauf von zwei Wochen nach Beendigung des Berufsausbildungsverhältnisses beim Verwaltungsgericht beantragen,

1. festzustellen, dass ein Arbeitsverhältnis nach den Absätzen 2 oder 3 nicht begründet wird, oder
2. das bereits nach den Absätzen 2 oder 3 begründete Arbeitsverhältnis aufzulösen,

wenn Tatsachen vorliegen, aufgrund derer der Dienststelle unter Berücksichtigung aller Umstände die Weiterbeschäftigung nicht zugemutet werden kann. In dem Verfahren vor dem Verwaltungsgericht ist der Personalrat Beteiligter.

(5) Die Absätze 2 bis 4 sind unabhängig davon anzuwenden, ob die Dienststelle ihrer Mitteilungspflicht nach Absatz 1 nachgekommen ist.

Teil 3
Die Personalversammlung

§ 49 Allgemeines

(1) Die Personalversammlung besteht aus den Beschäftigten der Dienststelle.

(2) Kann nach den dienstlichen Verhältnissen, der Eigenart der Dienststelle oder anderen sachlichen Gegebenheiten eine gemeinsame Versammlung aller Beschäftigten nicht stattfinden, so sind Teilversammlungen abzuhalten.

(3) Der Personalrat kann ferner getrennte Versammlungen in bestimmten Verwaltungseinheiten der Dienststelle oder Versammlungen eines bestimmten Personenkreises durchführen.

(4) Auf Beschluss der zuständigen Personalräte kann zur Behandlung gemeinsamer Angelegenheiten eine gemeinsame Personalversammlung mehrerer Dienststellen stattfinden, wenn für sie ein Gesamtpersonalrat gebildet ist oder wenn Dienststellen derselben juristischen Person nach § 1 unter derselben Leitung stehen. Die Personalräte einigen sich zugleich, welcher Vorsitzende eines Personalrats die gemeinsame Personalversammlung leitet.

(5) § 68 Absatz 2 und § 69 Absatz 1 Satz 3 gelten für die Personalversammlung entsprechend.

§ 50 Einberufung der Personalversammlung

(1) Der Personalrat beruft die Personalversammlung ein und legt die Tagesordnung fest. Der Vorsitzende des Personalrats lädt zur Personalversammlung ein und leitet sie.

(2) Der Personalrat ist auf Wunsch des Leiters der Dienststelle oder eines Viertels der wahlberechtigten Beschäftigten verpflichtet, eine Personalversammlung einzuberufen und den Gegenstand, dessen Beratung beantragt ist, auf die Tagesordnung zu setzen.

(3) Auf Antrag einer in der Dienststelle vertretenen Gewerkschaft muss der Personalrat vor Ablauf von drei Wochen nach Eingang des Antrags eine Personalversammlung einberufen, wenn im vorhergegangenen Kalenderjahr keine Personalversammlung und keine Teilversammlung durchgeführt worden sind.

§ 51 Durchführung der Personalversammlung

(1) Personalversammlungen finden während der Arbeitszeit statt, soweit nicht die dienstlichen Verhältnisse eine andere Regelung erfordern. Die Teilnahme an der Personalversammlung hat keine Minderung der Besoldung oder des Arbeitsentgelts zur Folge. Soweit Personalversammlungen aus dienstlichen Gründen außerhalb der Arbeitszeit stattfinden müssen, ist den Teilnehmern Dienstbefreiung in entsprechendem Umfang zu gewähren. § 43 Absatz 2 Satz 2 gilt entsprechend.

(2) Die Kosten, die durch die Teilnahme an Personalversammlungen entstehen, werden in entsprechender Anwendung des Landesreisekostengesetzes erstattet.

§ 52 Angelegenheiten der Personalversammlung

(1) Der Personalrat soll einmal in jedem Kalenderjahr in einer Personalversammlung einen Tätigkeitsbericht erstatten.

(2) Die Personalversammlung kann alle Angelegenheiten behandeln, die die Dienststelle oder ihre Beschäftigten unmittelbar betreffen, insbesondere wirtschaftliche Angelegenheiten, Tarif-, Besoldungs- und Sozialangelegenheiten sowie Fragen der Gleichstellung von Frauen und Männern.

(3) Die Personalversammlung kann dem Personalrat Anträge unterbreiten und zu seinen Beschlüssen Stellung nehmen. In einer gemeinsamen Personalversammlung wird gemeinsam beraten, Anträge und Stellungnahmen an die

Personalräte werden jedoch getrennt von den Beschäftigten der jeweiligen Dienststelle beschlossen.

(4) Der Personalrat unterrichtet die Beschäftigten über die Behandlung der Anträge und den Fortgang der in der Personalversammlung behandelten Angelegenheiten.

§ 53 Nichtöffentlichkeit der Personalversammlung, Teilnahmerechte

(1) Die Personalversammlung ist nicht öffentlich.

(2) An der Personalversammlung können mit beratender Stimme teilnehmen:
1. je ein Beauftragter der in der Dienststelle vertretenen Gewerkschaften,
2. ein Beauftragter der Arbeitgebervereinigung, der die Dienststelle angehört,
3. ein beauftragtes Mitglied der Stufenvertretung,
4. ein Beauftragter der Dienststelle, bei der die Stufenvertretung besteht,
5. ein beauftragtes Mitglied des Gesamtpersonalrats,
6. die Schwerbehindertenvertretung,
7. ein beauftragtes Mitglied der Jugend- und Auszubildendenvertretung.

Der Vorsitzende des Personalrats hat die Einberufung der Personalversammlung den Teilnahmeberechtigten mitzuteilen. Die Teilnahmeberechtigten können Änderungen oder Ergänzungen der Tagesordnung beantragen.

(3) Der Personalrat kann der Personalversammlung vorschlagen, dass Beauftragte nach Absatz 2 Satz 1 Nummer 1 und 2 an der Personalversammlung nicht teilnehmen sollen. Über den Ausschluss entscheidet die Personalversammlung mit der Mehrheit der Stimmen der anwesenden Beschäftigten.

(4) Der Leiter der Dienststelle kann an den Personalversammlungen teilnehmen. An den Personalversammlungen, die auf seinen Wunsch einberufen worden sind oder zu denen er ausdrücklich eingeladen worden ist, hat er teilzunehmen. Er kann einen Vertreter der Arbeitgebervereinigung, der die Dienststelle angehört, hinzuziehen; in diesem Fall kann auch je ein Beauftragter der in der Dienststelle vertretenen Gewerkschaften an der Personalversammlung teilnehmen. Der Leiter der Dienststelle kann sich durch einen Beauftragten in der Personalversammlung vertreten lassen, sofern die Personalversammlung nicht auf seinen Wunsch einberufen worden ist.

Teil 4
Gesamtpersonalrat und Stufenvertretungen, Arbeitsgemeinschaften

§ 54 Gesamtpersonalrat

(1) In den Fällen des § 5 Absatz 3 wird neben den einzelnen Personalräten ein Gesamtpersonalrat gebildet.

(2) Die Mitglieder des Gesamtpersonalrats werden von den Beschäftigten der Dienststellen gewählt, für die der Gesamtpersonalrat gebildet wird. Der Gesamtpersonalrat besteht bei

bis zu 500 in der Regel Beschäftigten	aus sieben Mitgliedern,
501 bis 1000 in der Regel Beschäftigten	aus neun Mitgliedern,
1001 bis 3000 in der Regel Beschäftigten	aus elf Mitgliedern,
3001 bis 5000 in der Regel Beschäftigten	aus 13 Mitgliedern,
5001 bis 7500 in der Regel Beschäftigten	aus 15 Mitgliedern,
7501 bis 10 000 in der Regel Beschäftigten	aus 17 Mitgliedern,
10 001 und mehr in der Regel Beschäftigten	aus 19 Mitgliedern.

(3) Im Gesamtpersonalrat erhält jede Gruppe mindestens einen Vertreter. Besteht der Gesamtpersonalrat aus mehr als neun Mitgliedern, erhält jede Gruppe mindestens zwei Vertreter. § 11 Absatz 5 gilt entsprechend.

(4) Für die Wahl, die Amtszeit und die Geschäftsführung des Gesamtpersonalrats gelten die §§ 8 bis 10 Absatz 2 und 5, § 11 Absatz 1 bis 3, §§ 12 bis 16 Absatz 1, § 17 Absatz 1, 2 und 4, §§ 18 bis 48 mit folgenden Maßgaben entsprechend:

1. Das Wahlrecht kann auch bei Zugehörigkeit zu mehreren Dienststellen, für die der Gesamtpersonalrat gebildet wird, nur einmal ausgeübt werden.
2. An Stelle einer Personalversammlung zur Bestellung des Wahlvorstands übt der Leiter der Dienststelle, bei der der Gesamtpersonalrat errichtet wird, die Befugnis zur Bestellung des Wahlvorstands nach § 16 Absatz 2 und 3 sowie § 17 Absatz 3 aus.
3. Eine beauftragte Person des Personalrats kann an den Sitzungen des Gesamtpersonalrats mit beratender Stimme teilnehmen, wenn Angelegenheiten behandelt werden, die Beschäftigte der Dienststelle betreffen, bei welcher der Personalrat gebildet ist. Die Einladung zu der Sitzung ist dem Personalrat zuzuleiten.

(5) Für die Befugnisse und Pflichten des Gesamtpersonalrats gelten die §§ 68 bis 90 entsprechend.

§ 55 Bezirkspersonalrat und Hauptpersonalrat (Stufenvertretungen)

(1) Für den Geschäftsbereich mehrstufiger Verwaltungen werden Stufenvertretungen gebildet, und zwar bei den Mittelbehörden Bezirkspersonalräte, bei den obersten Dienstbehörden Hauptpersonalräte. Mittelbehörde im Sinne dieses Gesetzes ist die einer obersten Dienstbehörde unmittelbar nachgeordnete Behörde, der andere Dienststellen nachgeordnet sind.

(2) Die Mitglieder des Bezirkspersonalrats werden von den zum Geschäftsbereich der Mittelbehörde, die Mitglieder des Hauptpersonalrats von den zum Geschäftsbereich der obersten Dienstbehörde gehörenden Beschäftigten gewählt. Der Bezirkspersonalrat besteht bei

bis zu 500 in der Regel Beschäftigten	aus drei Mitgliedern,
501 bis 1000 in der Regel Beschäftigten	aus fünf Mitgliedern,
1001 bis 3000 in der Regel Beschäftigten	aus sieben Mitgliedern,
3001 bis 5000 in der Regel Beschäftigten	aus neun Mitgliedern,
5001 und mehr in der Regel Beschäftigten	aus elf Mitgliedern.

Der Hauptpersonalrat besteht bei

bis zu 500 in der Regel Beschäftigten	aus fünf Mitgliedern,
501 bis 1000 in der Regel Beschäftigten	aus sieben Mitgliedern,
1001 bis 2000 in der Regel Beschäftigten	aus neun Mitgliedern,
2001 bis 3000 in der Regel Beschäftigten	aus elf Mitgliedern,
3001 bis 5000 in der Regel Beschäftigten	aus 13 Mitgliedern,
5001 bis 10 000 in der Regel Beschäftigten	aus 15 Mitgliedern,
10 001 bis 20 000 in der Regel Beschäftigten	aus 17 Mitgliedern,
20 001 und mehr in der Regel Beschäftigten	aus 19 Mitgliedern.

(3) Für die Wahl, die Amtszeit und die Geschäftsführung der Stufenvertretungen gelten die §§ 8 bis 10 Absatz 2 und 5, § 11 Absatz 1 bis 3, §§ 12 bis 16 Absatz 1, § 17 Absatz 1, 2 und 4, §§ 18 bis 45 Absatz 1 Satz 1 und Absatz 4, §§ 46 bis 48 und 54 Absatz 3 und 4 Nummer 1 bis 3 mit folgenden Maßgaben entsprechend:

1. § 9 Absatz 2 Satz 1 Nummer 2 bis 4 gilt nur für die leitenden Beschäftigten der Dienststelle, bei der die Stufenvertretung errichtet ist, sowie für die unmittelbaren Mitarbeiter dieser Beschäftigten, die als Personalsachbearbeiter Entscheidungen vorbereiten.
2. Die in § 9 Absatz 2 Satz 1 Nummer 2 bis 4 genannten Personen, die Beschäftigte einer nachgeordneten Dienststelle sind, dürfen als Mitglieder der Stufenvertretung an Personalangelegenheiten der eigenen Dienststelle weder beratend noch entscheidend mitwirken; § 33 Absatz 2 bleibt unberührt.
3. Bei der entsprechenden Anwendung des § 19 tritt an die Stelle der Frist von sechs Arbeitstagen die Frist von drei Wochen.
4. § 32 Absatz 5 gilt mit der Maßgabe, dass beim Bezirkspersonalrat die Bezirksschwerbehindertenvertretung, die für die Dienststelle, bei der der Bezirkspersonalrat gebildet ist, zuständig ist, zu beteiligen ist; dies gilt entsprechend für die Beteiligung der Hauptschwerbehindertenvertretung beim Hauptpersonalrat.
5. § 34 Absatz 3 gilt mit der Maßgabe, dass der Vorsitzende alle Angelegenheiten im schriftlichen oder elektronischen Umlaufverfahren beschließen lassen kann, wenn nicht im Einzelfall ein Drittel der Mitglieder dem schriftlichen oder elektronischen Umlaufverfahren widerspricht.
6. Der für die Reisekostenvergütungen nach § 41 Absatz 1 Satz 2 maßgebende Dienstort ist der Sitz der Dienststelle, der das Mitglied der Stufenvertretung angehört.

(4) Für die Befugnisse und Pflichten der Stufenvertretungen gelten die §§ 68 bis 90 entsprechend.

(5) Die Personalräte oder, wenn solche nicht bestehen, die Leiter der Dienststellen bestellen auf Ersuchen des Bezirks- oder Hauptwahlvorstands die örtlichen Wahlvorstände für die Wahl der Stufenvertretungen. Werden in einer Verwaltung die Personalräte und Stufenvertretungen gleichzeitig gewählt, so führen die bei den Dienststellen bestehenden Wahlvorstände die Wahlen der Stufenvertretungen im Auftrag des Bezirks- oder Hauptwahl-

vorstands durch. Für die Durchführung der Wahl der Stufenvertretungen bei den Landratsämtern ist der Wahlvorstand für die Wahl des Personalrats beim Landratsamt zuständig.

§ 56 Arbeitsgemeinschaften von Personalvertretungen

(1) Personalvertretungen derselben Verwaltungsstufe, desselben Verwaltungszweigs oder mehrerer Verwaltungen und Betriebe juristischer Personen nach § 1 können zur Behandlung gemeinsam betreffender Angelegenheiten eine Arbeitsgemeinschaft bilden, wenn dies der Wahrnehmung der Befugnisse und Pflichten der einzelnen Personalvertretung förderlich ist.

(2) Der Arbeitsgemeinschaft gehören jeweils der Vorsitzende oder ein anderes von der Personalvertretung bestimmtes Mitglied der beteiligten Personalvertretungen an. In begründeten Fällen ist im Einvernehmen mit der Dienststelle der entsendenden Personalvertretung eine Entsendung mehrerer Mitglieder zulässig.

(3) Die Arbeitsgemeinschaft bestimmt aus ihrer Mitte einen Vorsitzenden und Stellvertreter. Sie gibt sich eine Geschäftsordnung. Für die Rechte und Pflichten der Mitglieder von Personalvertretungen in Arbeitsgemeinschaften und für die Geschäftsführung der Arbeitsgemeinschaften gelten § 30 Absatz 1 Satz 1 und 2, § 32 Absatz 1, § 38 Absatz 1, §§ 42, 43, 67 Absatz 1, § 68 Absatz 2, § 69 Absatz 1 Satz 2 und 3 entsprechend. § 41 gilt mit der Maßgabe, dass die durch die Entsendung in die Arbeitsgemeinschaft entstehenden notwendigen Kosten von der Dienststelle der jeweils entsendenden Personalvertretung zu tragen sind.

(4) Abweichend von Absatz 2 Satz 1 können die Personalräte bei den Universitätsklinika eine Arbeitsgemeinschaft bilden, der aus jedem Universitätsklinikum bis zu zwei Mitglieder angehören. Auf Antrag des Personalrats ist bei jedem Universitätsklinikum ein Mitglied für bis zu zehn Arbeitsstunden in der Woche von seiner dienstlichen Tätigkeit für die Wahrnehmung von Aufgaben der Arbeitsgemeinschaft freizustellen. Eine entsprechende Teilfreistellung von zwei Mitgliedern ist zulässig. § 43 Absatz 2 bleibt unberührt.

(5) Die Befugnisse und Aufgaben der Personalvertretungen nach diesem Gesetz bleiben unberührt; die §§ 73 bis 88 finden keine Anwendung.

§ 57 Arbeitsgemeinschaft der Vorsitzenden der Hauptpersonalräte

(1) Die Vorsitzenden der Hauptpersonalräte bei den obersten Landesbehörden bilden die Arbeitsgemeinschaft der Vorsitzenden der Hauptpersonalräte (ARGE-HPR). Besteht bei einer obersten Landesbehörde kein Hauptpersonalrat, ist der Vorsitzende des Personalrats bei der obersten Landesbehörde Mitglied in der Arbeitsgemeinschaft.

(2) An den Sitzungen der Arbeitsgemeinschaft können teilnehmen:

1. ein Vertreter der zu einer Arbeitsgemeinschaft zusammengeschlossenen Schwerbehindertenvertretungen bei den obersten Landesbehörden,
2. die Vorsitzenden der Personalräte der Dienststellen des Landtags von Baden-Württemberg.

(3) Die Arbeitsgemeinschaft ist anzuhören vor Entscheidungen

1. der Landesregierung, welche für die Beschäftigten des Landes in den Geschäftsbereichen der obersten Dienstbehörden unmittelbar belastende Regelungen enthalten,
2. oberster Dienstbehörden, welche auch Beschäftigte in den Geschäftsbereichen anderer oberster Dienstbehörden des Landes betreffen,

soweit die Entscheidungen in Angelegenheiten nach den §§ 74, 75, 81 und 87 mit Ausnahme von Maßnahmen in einzelnen personellen Angelegenheiten der Beteiligung des Personalrats unterliegen würden, wenn sie von einer Dienststelle für ihre Beschäftigten getroffen würden. Satz 1 gilt nicht, wenn nach beamtenrechtlichen Vorschriften die Spitzenorganisationen der zuständigen Gewerkschaften und Berufsverbände zu beteiligen sind. § 56 Absatz 5 gilt entsprechend.

(4) Die federführend zuständige oberste Dienstbehörde hört die Arbeitsgemeinschaft rechtzeitig und umfassend zu der beabsichtigten Maßnahme an. Der Arbeitsgemeinschaft sind die erforderlichen Unterlagen vorzulegen. Auf Verlangen der Arbeitsgemeinschaft ist die beabsichtigte Maßnahme mit ihr zu erörtern. Die Arbeitsgemeinschaft übermittelt ihre Stellungnahme der anhörenden obersten Dienstbehörde innerhalb von drei Wochen, sofern nicht einvernehmlich eine andere Frist vereinbart ist; § 91 Absatz 3 gilt sinngemäß.

(5) Die Arbeitsgemeinschaft kann grundsätzliche Angelegenheiten beraten, die für die Beschäftigten von allgemeiner Bedeutung sind und über den Geschäftsbereich einer obersten Dienstbehörde hinausgehen. Sie kann hierzu Vorschläge machen und Stellungnahmen abgeben. Dies gilt auch dann, wenn nach beamtenrechtlichen Vorschriften die Spitzenorganisationen der zuständigen Gewerkschaften und Berufsverbände zu beteiligen sind. Absatz 4 gilt entsprechend.

(6) § 56 Absatz 3 Satz 1 bis 3 gilt entsprechend. § 41 gilt mit der Maßgabe, dass die oberste Dienstbehörde, deren Geschäftsbereich der Vorsitzende der Arbeitsgemeinschaft angehört, die notwendigen Kosten für die Geschäftsstelle der Arbeitsgemeinschaft trägt.

Teil 5
Ausbildungspersonalrat

§ 58

(1) Für Auszubildende in öffentlich-rechtlichen Ausbildungsverhältnissen, Beamte im Vorbereitungsdienst und für Beschäftigte in dem Vorbereitungsdienst entsprechender Berufsausbildung kann das für die Ordnung der Ausbildung zuständige Ministerium im Einvernehmen mit dem Innenministerium durch Rechtsverordnung bestimmen, dass

1. Ausbildungspersonalräte für eine oder mehrere Dienststellen oder für einzelne Ausbildungsbereiche gebildet werden,
2. die Amtszeit abweichend von § 22 Absatz 1 auf eine kürzere Dauer als fünf Jahre, mindestens aber auf die Dauer von einem Jahr, festgesetzt und ein

von § 22 Absatz 3 Satz 1 abweichender Zeitraum für die regelmäßigen Wahlen festgelegt wird,

3. von Beteiligungsangelegenheiten des Teils 8 Abschnitt 2 abgesehen werden kann, soweit dies mit Rücksicht auf eine sachgemäße Ausbildung oder sonst aus wichtigen Gründen erforderlich und gesetzlich nichts anderes bestimmt ist.

(2) Wahlberechtigt und wählbar zum Ausbildungspersonalrat sind die Auszubildenden in öffentlich-rechtlichen Ausbildungsverhältnissen, die Beamten im Vorbereitungsdienst und die Beschäftigten in dem Vorbereitungsdienst entsprechender Berufsausbildung der Dienststellen oder des Ausbildungsbereichs, für die der Ausbildungspersonalrat gebildet wird.

(3) Für die Wahl, die Amtszeit, die Geschäftsführung, die Rechte, Pflichten und Aufgaben des Ausbildungspersonalrats und seiner Mitglieder gelten § 8 Absatz 1, § 9 Absatz 1 Nummer 1 und Absatz 2 Nummer 1, § 10 Absatz 1, 3 und 5, §§ 11 bis 14 Absatz 1, §§ 15, 16 Absatz 1, § 17 Absatz 1 und 2, §§ 18 bis 23 Absatz 1 Satz 1 Nummer 2 bis 6, Satz 2 und 3, §§ 24 bis 30, 32 Absatz 1 bis 3, 5 bis 8, §§ 33, 34, 38 bis 44, 47 Absatz 1 und 2, §§ 49 bis 53, 68 bis 71 und 73 bis 88 entsprechend. An Stelle einer Personalversammlung zur Bestellung des Wahlvorstands übt der Leiter der Dienststelle, bei der der Ausbildungspersonalrat gebildet ist, die Befugnis zur Bestellung des Wahlvorstands nach § 16 Absatz 2 und 3 sowie § 17 Absatz 3 aus.

(4) Beschäftigte, die zu einem Ausbildungspersonalrat wahlberechtigt sind, besitzen nicht die Wahlberechtigung und die Wählbarkeit zum Personalrat, zum Gesamtpersonalrat, zu den Stufenvertretungen und zur Jugend- und Auszubildendenvertretung.

(5) § 31 findet mit der Maßgabe Anwendung, dass für die Beratung sozialer Angelegenheiten gemeinsame Sitzungen mit dem Personalrat und dem Richterrat und Staatsanwaltsrat der Dienststelle, deren Leiter auch der Leiter der Dienststelle ist, bei der der Ausbildungspersonalrat gebildet ist, stattfinden können.

(6) Eine Beteiligung bei der Gestaltung von Lehrveranstaltungen sowie bei der Auswahl der Lehrpersonen findet nicht statt.

Teil 6
Jugend- und Auszubildendenvertretungen, Jugend- und Auszubildendenversammlung

§ 59 Grundsatz

In Dienststellen, bei denen Personalvertretungen gebildet sind und denen in der Regel mindestens fünf wahlberechtigte Beschäftigte angehören, die das 18. Lebensjahr noch nicht vollendet haben oder die sich in einer beruflichen Ausbildung befinden, werden Jugend- und Auszubildendenvertretungen gebildet.

§ 60 Wahlberechtigung, Wählbarkeit

(1) Wahlberechtigt sind die Beschäftigten im Sinne von § 59, soweit sich aus den §§ 58 und 96 nichts anderes ergibt. § 8 Absatz 1 gilt entsprechend.

(2) Wählbar sind Beschäftigte, die am Wahltag das 26. Lebensjahr noch nicht vollendet haben, soweit sich aus den §§ 58 und 96 nichts anderes ergibt. Die Altersgrenze gilt nicht für Beschäftigte, die sich in einer beruflichen Ausbildung befinden. § 9 Absatz 1 Nummer 1 und Absatz 2 ist entsprechend anzuwenden.

§ 61 Zahl der Mitglieder

(1) Die Jugend- und Auszubildendenvertretung besteht in Dienststellen mit in der Regel

5 bis 20 Beschäftigten im Sinne von § 59	aus einer Person,
21 bis 50 Beschäftigten im Sinne von § 59	aus drei Mitgliedern,
51 bis 200 Beschäftigten im Sinne von § 59	aus fünf Mitgliedern,
mehr als 200 Beschäftigten im Sinne von § 59	aus sieben Mitgliedern.

(2) § 14 gilt entsprechend.

§ 62 Wahlgrundsätze

(1) Der Personalrat bestimmt den Wahlvorstand, den Vorsitzenden und den stellvertretenden Vorsitzenden. § 11 Absatz 1 und 3, § 13 Absatz 1, 3 und 4 Satz 1, Absatz 5, 6 und 8, § 20 Absatz 1 Satz 1 und 2, Absatz 2 und § 21 gelten entsprechend.

(2) Der Wahlvorstand kann bestimmen, dass die Wahl in Dienststellen mit höchstens 20 in der Regel Beschäftigten im Sinne von § 59 in einer Wahlversammlung stattfindet. Er hat dazu spätestens vier Wochen vor Ablauf der Amtszeit einzuberufen. Gewählt wird in geheimer Wahl nach den Grundsätzen der Mehrheitswahl. Der Vorsitzende des Wahlvorstands leitet die Wahlversammlung, führt die Wahl durch und fertigt über das Ergebnis eine Wahlniederschrift.

(3) Die regelmäßigen Wahlen der Jugend- und Auszubildendenvertretung finden im Wechsel

1. zusammen mit den regelmäßigen Wahlen des Personalrats und
2. sonst in der Zeit vom 1. Oktober bis 31. Januar

statt. § 22 Absatz 3 Satz 2 und 3 sowie § 23 Absatz 1 Satz 1 Nummer 2 bis 6 gelten entsprechend.

(4) Die regelmäßige Amtszeit der Jugend- und Auszubildendenvertretung beträgt zwei Jahre und sechs Monate. Sie endet spätestens mit Ablauf des letzten Tages des Zeitraums, in dem die regelmäßigen Wahlen der Jugend- und Auszubildendenvertretung stattfinden. § 22 Absatz 1 Satz 2 und Absatz 2 Satz 1, § 23 Absatz 1 Satz 2 sowie §§ 24 bis 27 gelten entsprechend. Die Mitgliedschaft in der Jugend- und Auszubildendenvertretung erlischt nicht dadurch, dass ein Mitglied im Laufe der Amtszeit das 26. Lebensjahr vollendet oder die Ausbildung beendet.

(5) Besteht die Jugend- und Auszubildendenvertretung aus drei oder mehr Mitgliedern, so wählt sie aus ihrer Mitte einen Vorsitzenden und dessen Stellvertreter.

§ 63 Aufgaben der Jugend- und Auszubildendenvertretung

(1) Die Jugend- und Auszubildendenvertretung hat folgende allgemeine Aufgaben:

1. Maßnahmen, die den Beschäftigten im Sinne von § 59 dienen, insbesondere in Fragen der Berufsbildung und der Übernahme der zu ihrer Berufsausbildung Beschäftigten in ein Arbeits- oder Dienstverhältnis, beim Personalrat zu beantragen,
2. darüber zu wachen, dass die zugunsten der Beschäftigten im Sinne von § 59 geltenden Gesetze, Verordnungen, Tarifverträge, Dienstvereinbarungen, Verwaltungsanordnungen, Unfallverhütungsvorschriften und sonstigen Arbeitsschutzvorschriften durchgeführt werden,
3. Anregungen und Beschwerden von Beschäftigten im Sinne von § 59, insbesondere in Fragen der Berufsbildung, entgegenzunehmen und, falls sie berechtigt erscheinen, beim Personalrat auf eine Erledigung hinzuwirken; die Jugend- und Auszubildendenvertretung hat die betroffenen Beschäftigten im Sinne von § 59 über den Stand und das Ergebnis der Verhandlungen zu informieren,
4. Maßnahmen, die der Gleichstellung von weiblichen und männlichen Beschäftigten im Sinne von § 59 dienen, beim Personalrat zu beantragen,
5. die Eingliederung von Beschäftigten im Sinne von § 59 mit Migrationshintergrund in die Dienststelle sowie das Verständnis zwischen Beschäftigten im Sinne von § 59 unterschiedlicher Herkunft zu fördern und entsprechende Maßnahmen beim Personalrat zu beantragen,
6. Maßnahmen, die dem Umweltschutz, dem Klimaschutz oder der sorgsamen Energienutzung in der Dienststelle dienen, beim Personalrat zu beantragen.

(2) An Vorstellungsgesprächen zur Besetzung von ausgeschriebenen Ausbildungsplätzen kann ein Mitglied der Jugend- und Auszubildendenvertretung teilnehmen. An Personalgesprächen mit entscheidungsbefugten Vertretern der Dienststelle kann auf Verlangen von Beschäftigten im Sinne von § 59 ein Mitglied der Jugend- und Auszubildendenvertretung teilnehmen.

(3) Die Zusammenarbeit der Jugend- und Auszubildendenvertretung mit dem Personalrat bestimmt sich nach § 30 Absatz 1 Satz 3 und 4, Absatz 3, § 32 Absatz 4, § 35 Absatz 3 und 5 Satz 1 Nummer 4, § 36 Absatz 2, § 37 Absatz 1 Satz 1 und § 38 Absatz 3.

(4) Zur Durchführung ihrer Aufgaben ist die Jugend- und Auszubildendenvertretung durch den Personalrat rechtzeitig und umfassend zu unterrichten. Vor Organisationsentscheidungen, die beteiligungspflichtige Maßnahmen zur Folge haben, ist die Jugend- und Auszubildendenvertretung durch den Personalrat frühzeitig und fortlaufend zu unterrichten. Die Jugend- und Auszubildendenvertretung kann verlangen, dass ihr der Personalrat die zur Durchführung ihrer Aufgaben erforderlichen Unterlagen einschließlich der Bewerbungsunterlagen aller Bewerber bei Einstellungen von Beschäftigten

im Sinne von § 59, soweit dem nicht berechtigte Belange der Bewerber entgegenstehen, zur Verfügung stellt.

(5) Die Jugend- und Auszubildendenvertretung kann nach Verständigung des Personalrats Sitzungen abhalten; §§ 19 und 30 Absatz 1 gelten entsprechend. An den Sitzungen der Jugend- und Auszubildendenvertretung kann ein vom Personalrat beauftragtes Personalratsmitglied teilnehmen.

(6) Die Jugend- und Auszubildendenvertretung oder ein von ihr beauftragtes Mitglied hat das Recht, nach vorheriger Unterrichtung des Personalrats und des Leiters der Dienststelle, Arbeits- und Ausbildungsplätze zu begehen, sofern die aufzusuchenden Beschäftigten im Sinne von § 59 zustimmen und zwingende dienstliche Gründe nicht entgegenstehen.

(7) In Dienststellen mit mehr als 50 Beschäftigten im Sinne von § 59 kann die Jugend- und Auszubildendenvertretung Sprechstunden während der Arbeitszeit einrichten. § 40 gilt entsprechend. Ein beauftragtes Mitglied des Personalrats kann beratend teilnehmen.

§ 64 Schutz der Mitglieder der Jugend- und Auszubildendenvertretung

Für die Jugend- und Auszubildendenvertretung gelten die §§ 41 bis 45 Absatz 1 Satz 1, § 46 Absatz 1 und § 69 Absatz 1 Satz 3 entsprechend. § 47 Absatz 1, 2 und 4 sowie § 48 gelten entsprechend mit den Maßgaben, dass die dort aufgeführten Personalmaßnahmen bei Mitgliedern der Jugend- und Auszubildendenvertretung der Zustimmung des Personalrats bedürfen und in dem Verfahren vor dem Verwaltungsgericht auch die Jugend- und Auszubildendenvertretung beteiligt ist. Für Mitglieder des Wahlvorstands und Wahlbewerber gilt § 47 Absatz 1 Satz 1, Absatz 2 sowie Absatz 4 entsprechend.

§ 65 Jugend- und Auszubildendenversammlung

(1) Die Jugend- und Auszubildendenversammlung besteht aus den Beschäftigten im Sinne von § 59. Sie wird vom Vorsitzenden der Jugend- und Auszubildendenvertretung geleitet. Der Personalratsvorsitzende oder ein vom Personalrat beauftragtes anderes Mitglied soll an der Jugend- und Auszubildendenversammlung teilnehmen.

(2) Die Jugend- und Auszubildendenversammlung soll möglichst unmittelbar vor oder nach einer Personalversammlung stattfinden. Auf Antrag eines Viertels der Beschäftigten im Sinne von § 59 ist die Jugend- und Auszubildendenvertretung verpflichtet, innerhalb von vier Wochen eine Jugend- und Auszubildendenversammlung einzuberufen.

(3) Die für die Personalversammlung geltenden Vorschriften sind sinngemäß anzuwenden.

§ 66 Gesamt-Jugend- und Auszubildendenvertretung, Stufen-Jugend- und Auszubildendenvertretung

(1) Bestehen in den Fällen des § 5 Absatz 3 mehrere Jugend- und Auszubildendenvertretungen, so ist neben diesen eine Gesamt-Jugend- und Auszubildendenvertretung zu bilden.

(2) In die Gesamt-Jugend- und Auszubildendenvertretung entsendet jede Jugend- und Auszubildendenvertretung ein Mitglied. Die Benennung hat in der ersten Sitzung nach der Wahl der Jugend- und Auszubildendenvertretung zu erfolgen. Mindestens ein Ersatzmitglied ist zu benennen. § 27 Absatz 1 gilt entsprechend. Die Namen und Anschriften der Mitglieder und der Ersatzmitglieder sind dem Vorsitzenden des Gesamtpersonalrats mitzuteilen.

(3) Für die Gesamt-Jugend- und Auszubildendenvertretung gelten § 62 Absatz 3, §§ 63 und 64 Satz 1 entsprechend. Die Mitglieder der Gesamt-Jugend- und Auszubildendenvertretung sind vom Vorsitzenden des Gesamtpersonalrats innerhalb von vier Wochen nach der Wahl der Jugend- und Auszubildendenvertretung zur konstituierenden Sitzung einzuladen; er leitet die Sitzung bis zur Benennung des Vorsitzenden der Gesamt-Jugend- und Auszubildendenvertretung.

(4) Bei den Bezirkspersonalräten können Bezirks-Jugend- und Auszubildendenvertretungen und bei den Hauptpersonalräten Haupt-Jugend- und Auszubildendenvertretungen gebildet werden. Die Absätze 2 und 3 gelten entsprechend.

Teil 7
Datenschutz

§ 67

(1) Die Personalvertretungen haben bei der Verarbeitung personenbezogener Daten die datenschutzrechtlichen Vorschriften zu beachten und treffen die zu deren Einhaltung erforderlichen ergänzenden Regelungen für ihre Geschäftsführung in eigener Verantwortung. Der Dienststelle sind die getroffenen Maßnahmen auf Verlangen mitzuteilen.

(2) Die Personalvertretungen dürfen personenbezogene Daten speichern, soweit und solange dies zur Erfüllung ihrer Aufgaben erforderlich ist. Nach Abschluss der Maßnahme, an der die Personalvertretung beteiligt war, sind die ihr in diesem Zusammenhang zur Verfügung gestellten personenbezogenen Daten zu löschen und Unterlagen mit personenbezogenen Daten der Dienststelle zurückzugeben.

(3) Unabhängig von Absatz 2 dürfen Personalvertretungen zur Erfüllung ihrer Aufgaben Grunddaten der Beschäftigten speichern. Dazu zählen Namen, Funktion sowie ihre Bewertung, Besoldungs- oder Entgeltgruppe, Geburts-, Einstellungs- und Ernennungsdatum, Rechtsgrundlage und Dauer der Befristung des Arbeitsverhältnisses, Datum der letzten Beförderung, Höher- oder Rückgruppierung, Beurlaubung und Teilzeitbeschäftigung. Die Dienststelle stellt den Personalvertretungen diese Grunddaten auf aktuellem Stand zur Verfügung. Vorher zur Verfügung gestellte Grunddaten sind unverzüglich zu löschen.

(4) Personenbezogene Daten in Niederschriften sind spätestens am Ende des achten Jahres ab der Speicherung zu löschen.

Teil 8
Beteiligung des Personalrats

Abschnitt 1
Allgemeines

§ 68 Zusammenarbeit zwischen Dienststelle und Personalvertretung

(1) Der Leiter der Dienststelle oder sein Beauftragter und die Personalvertretung treten mindestens einmal im Vierteljahr zu gemeinschaftlichen Besprechungen zusammen. In ihnen soll auch die Gestaltung des Dienstbetriebs behandelt werden, insbesondere alle Vorgänge, die die Beschäftigten wesentlich berühren. Der Leiter der Dienststelle und die Personalvertretung können einvernehmlich zweimal im Jahr von den gemeinschaftlichen Besprechungen absehen, wenn wirtschaftliche Angelegenheiten im Wirtschaftsausschuss ausreichend behandelt worden sind. Sofern in der Dienststelle kein Wirtschaftsausschuss besteht, soll die Dienststelle die Personalvertretung in den gemeinschaftlichen Besprechungen mindestens zweimal im Jahr über die von einem Wirtschaftsausschuss zu behandelnden Angelegenheiten unterrichten. Sie haben über strittige Fragen mit dem ernsten Willen zur Einigung zu verhandeln und Vorschläge für die Beilegung von Meinungsverschiedenheiten zu machen. Zu den gemeinschaftlichen Besprechungen sind beratend hinzuzuziehen:

1. die Schwerbehindertenvertretung,
2. ein Mitglied der Jugend- und Auszubildendenvertretung, das von dieser benannt wird, wenn Angelegenheiten behandelt werden, die besonders Beschäftigte im Sinne von § 59 betreffen,
3. die Beauftragte für Chancengleichheit, wenn Angelegenheiten behandelt werden, die besonders die Gleichstellung von Frauen und Männern betreffen.

(2) Dienststelle und Personalvertretung haben alles zu unterlassen, was geeignet ist, die Arbeit und den Frieden der Dienststelle zu beeinträchtigen. Insbesondere dürfen Dienststelle und Personalvertretung keine Maßnahmen des Arbeitskampfs gegeneinander durchführen. Arbeitskämpfe tariffähiger Parteien werden hierdurch nicht berührt.

(3) Außenstehende Stellen dürfen erst angerufen werden, wenn eine Einigung in der Dienststelle nicht erzielt worden ist.

§ 69 Allgemeine Grundsätze für die Behandlung der Beschäftigten

(1) Dienststelle und Personalvertretung haben darüber zu wachen, dass alle Angehörigen der Dienststelle nach Recht und Billigkeit behandelt werden, insbesondere, dass jede Benachteiligung von Personen aus rassistischen Gründen oder wegen ihrer ethnischen Herkunft, ihrer Abstammung oder sonstigen Herkunft, ihrer Nationalität, ihrer Religion oder Weltanschauung, ihrer Behinderung, ihres Alters, ihrer politischen oder gewerkschaftlichen Betätigung oder Einstellung oder wegen ihres Geschlechts oder ihrer sexuellen Identität unterbleibt. Dabei müssen sie sich so verhalten, dass das

Vertrauen der Beschäftigten in die Objektivität und Neutralität ihrer Amtsführung nicht beeinträchtigt wird. Der Leiter der Dienststelle und die Personalvertretung haben jede parteipolitische Betätigung in der Dienststelle zu unterlassen; die Behandlung von Tarif-, Besoldungs- und Sozialangelegenheiten wird hierdurch nicht berührt.

(2) Soweit sich Beschäftigte, die Aufgaben nach diesem Gesetz wahrnehmen, auch in der Dienststelle für ihre Gewerkschaft betätigen, gilt Absatz 1 Satz 2 und 3 entsprechend.

(3) Die Personalvertretung hat sich für die Wahrung der Vereinigungsfreiheit der Beschäftigten einzusetzen.

§ 70 Allgemeine Aufgaben der Personalvertretung

(1) Die Personalvertretung hat folgende allgemeine Aufgaben:

1. Maßnahmen zu beantragen, die der Dienststelle und ihren Angehörigen oder im Rahmen der Aufgabenerledigung der Dienststelle der Förderung des Gemeinwohls dienen,
2. darüber zu wachen, dass die zugunsten der Beschäftigten geltenden Gesetze, Verordnungen, Tarifverträge, Dienstvereinbarungen, Verwaltungsanordnungen, Unfallverhütungsvorschriften und sonstigen Arbeitsschutzvorschriften durchgeführt werden und Anforderungen an die Barrierefreiheit nachgekommen wird,
3. auf die Verhütung von Unfall- und Gesundheitsgefahren zu achten, die für den Arbeitsschutz zuständigen Behörden, die Träger der gesetzlichen Unfallversicherung und die übrigen in Betracht kommenden Stellen durch Anregungen, Beratung und Auskunft bei der Bekämpfung von Unfall- und Gesundheitsgefahren zu unterstützen und sich für den Arbeitsschutz einzusetzen,
4. Anregungen und Beschwerden von Beschäftigten und der Jugend- und Auszubildendenvertretung entgegenzunehmen und, falls sie berechtigt erscheinen, durch Verhandlung mit dem Leiter der Dienststelle auf ihre Erledigung hinzuwirken; der Personalrat hat die betroffenen Beteiligten über das Ergebnis der Verhandlungen zu unterrichten,
5. im Zusammenwirken mit der Schwerbehindertenvertretung die Eingliederung und berufliche Entwicklung schwerbehinderter Beschäftigter und sonstiger Hilfsbedürftiger, insbesondere älterer Personen, in die Dienststelle zu fördern und für eine ihren Fähigkeiten und Kenntnissen entsprechende Beschäftigung zu sorgen,
6. an der Weiterentwicklung der interkulturellen Kompetenz der Verwaltung mitzuwirken und die Eingliederung von Beschäftigten mit Migrationshintergrund in die Dienststelle sowie das Verständnis zwischen Beschäftigten unterschiedlicher Herkunft zu fördern,
7. mit der Jugend- und Auszubildendenvertretung zur Förderung der Belange der Beschäftigten im Sinne von § 59 eng zusammenzuarbeiten,
8. Einrichtungen und Angebote der Dienststelle zur Kinderbetreuung anzuregen und vorzuschlagen,

9. Wahrung der Interessen der Beschäftigten in Telearbeit sowie auf einem sonstigen Arbeitsplatz außerhalb der Dienststelle,
10. Maßnahmen zu beantragen, die der Gleichstellung von Frauen und Männern dienen,
11. Maßnahmen zu beantragen, die dem Umweltschutz, dem Klimaschutz oder der sorgsamen Energienutzung in der Dienststelle dienen.

(2) Reicht die Personalvertretung schriftlich Anträge oder Vorschläge nach Absatz 1 ein, soll der Leiter der Dienststelle innerhalb von drei Wochen schriftlich oder elektronisch Stellung nehmen oder, wenn die Einhaltung der Frist nicht möglich ist, einen schriftlichen oder elektronischen Zwischenbescheid erteilen. Die Ablehnung schriftlicher oder elektronischer Anträge und Vorschläge hat der Leiter der Dienststelle schriftlich oder elektronisch zu begründen.

§ 71 Unterrichtungs- und Teilnahmerechte der Personalvertretung, Arbeitsplatzschutzangelegenheiten

(1) Die Personalvertretung ist zur Durchführung ihrer Aufgaben rechtzeitig und umfassend zu unterrichten. Ihr sind die hierfür erforderlichen Unterlagen vorzulegen. Personalaktendaten dürfen nur mit Einwilligung des Beschäftigten und nur von den von ihm bestimmten Mitgliedern der Personalvertretung eingesehen werden.

(2) Vor Organisationsentscheidungen, die beteiligungspflichtige Maßnahmen zur Folge haben, ist die Personalvertretung frühzeitig und fortlaufend zu unterrichten. An Arbeitsgruppen, die der Vorbereitung derartiger Entscheidungen dienen, können Mitglieder der Personalvertretung beratend teilnehmen.

(3) Bei Einstellungen von Beschäftigten sind der Personalvertretung auf Verlangen die Bewerbungsunterlagen aller Bewerber vorzulegen, soweit dem nicht berechtigte Belange der Bewerber entgegenstehen. An Vorstellungs- oder Eignungsgesprächen, welche die Dienststelle im Rahmen geregelter oder auf Übung beruhender Auswahlverfahren zur Auswahl unter mehreren Bewerbern durchführt oder durchführen lässt, kann ein Mitglied der Personalvertretung, das von dieser benannt ist, teilnehmen.

(4) An Personalgesprächen mit entscheidungsbefugten Vertretern der Dienststelle sowie an Beurteilungsgesprächen im Sinne von § 51 Absatz 2 Satz 1 des Landesbeamtengesetzes kann auf Verlangen des Beschäftigten ein Mitglied der Personalvertretung teilnehmen. An allgemeinen Besprechungen zur Abstimmung einheitlicher Beurteilungsmaßstäbe vor regelmäßigen Beurteilungen im Sinne von § 51 Absatz 1 des Landesbeamtengesetzes kann ein Mitglied der Personalvertretung, das von dieser benannt ist, teilnehmen. Die Gesamtergebnisse regelmäßiger Beurteilungen im Sinne von § 51 des Landesbeamtengesetzes sind der Personalvertretung anonymisiert mitzuteilen. Dienstliche Beurteilungen sind auf Verlangen des betroffenen Beschäftigten der Personalvertretung zur Kenntnis zu geben.

(5) Bei Prüfungen, die eine Dienststelle für Beschäftigte ihres Bereichs abnimmt, ist einem Mitglied der für diesen Bereich zuständigen Personalvertretung, das von dieser benannt ist, die Anwesenheit zu gestatten. Dies gilt nicht für die Beratung.

(6) Der Vorsitzende oder ein beauftragtes Mitglied der Personalvertretung hat jederzeit das Recht, nach vorheriger Unterrichtung des Leiters der Dienststelle, die Dienststelle zu begehen und, sofern die Beschäftigten zustimmen, diese an ihrem Arbeitsplatz aufzusuchen, wenn zwingende dienstliche Gründe nicht entgegenstehen.

(7) Die Dienststelle und die für den Arbeitsschutz zuständigen Behörden, die Träger der gesetzlichen Unfallversicherung und die übrigen in Betracht kommenden Stellen sind verpflichtet, bei allen im Zusammenhang mit dem Arbeitsschutz oder der Unfallverhütung stehenden Besichtigungen und Fragen und bei Unfalluntersuchungen die Personalvertretung oder die von ihr bestimmten Mitglieder der Personalvertretung derjenigen Dienststelle hinzuzuziehen, in der die Besichtigung oder Untersuchung stattfindet. Die Dienststelle hat der Personalvertretung unverzüglich die den Arbeitsschutz oder die Unfallverhütung betreffenden Auflagen und Anordnungen der in Satz 1 genannten Stellen mitzuteilen. An den Besprechungen der Dienststelle mit den Sicherheitsbeauftragten nach § 22 Absatz 2 des Siebten Buches Sozialgesetzbuch nehmen von der Personalvertretung beauftragte Mitglieder der Personalvertretung teil. Die Personalvertretung erhält die Niederschriften über die Untersuchungen, Besichtigungen und Besprechungen, zu denen sie nach den Sätzen 1 und 3 hinzuzuziehen ist. Die Dienststelle hat der Personalvertretung eine Durchschrift der nach § 193 Absatz 5 Satz 1 des Siebten Buches Sozialgesetzbuch von der Personalvertretung mit zu unterschreibenden Unfallanzeige oder des nach beamtenrechtlichen Vorschriften zu erstattenden Berichts auszuhändigen.

§ 72 Wirtschaftsausschuss

(1) In Dienststellen ab einer Größe der Personalvertretung von mindestens sieben Mitgliedern soll auf Antrag der Personalvertretung ein Wirtschaftsausschuss gebildet werden. Der Wirtschaftsausschuss hat die Aufgabe, wirtschaftliche Angelegenheiten der Dienststelle zu beraten und die Personalvertretung zu unterrichten. Die Befugnisse und Aufgaben der Personalvertretungen nach diesem Gesetz bleiben unberührt.

(2) Die Dienststelle hat den Wirtschaftsausschuss rechtzeitig und umfassend über die wirtschaftlichen Angelegenheiten unter Vorlage der erforderlichen Unterlagen zu unterrichten, soweit dadurch nicht die Dienst- oder Betriebs- und Geschäftsgeheimnisse gefährdet werden, sowie die sich daraus ergebenden Auswirkungen auf die Personalplanung darzustellen.

(3) Zu den wirtschaftlichen Angelegenheiten im Sinne von Absatz 1 gehören insbesondere

1. die wirtschaftliche und finanzielle Lage der Dienststelle,
2. Veränderungen der Produktpläne,
3. beabsichtigte Investitionen,

4. beabsichtigte Partnerschaften mit Privaten,
5. die Stellung der Dienststelle in der Gesamtdienststelle,
6. beabsichtigte Rationalisierungsmaßnahmen,
7. Einführung neuer Arbeits- und Managementmethoden,
8. Fragen des Umweltschutzes, des Klimaschutzes oder der sorgsamen Energienutzung in der Dienststelle,
9. Verlegung von Dienststellen oder Dienststellenteilen,
10. Auflösung, Neugründung, Zusammenlegung oder Teilung der Dienststelle oder von Dienststellenteilen,
11. Zusammenarbeit mit anderen Dienststellen,
12. sonstige Vorgänge und Vorhaben, welche das wirtschaftliche Leben der Dienststelle und die Interessen der Beschäftigten der Dienststelle wesentlich berühren können.

(4) Der Wirtschaftsausschuss besteht aus mindestens drei und höchstens sieben Mitgliedern, die der Dienststelle angehören müssen, darunter mindestens einem Mitglied der Personalvertretung. Ersatzmitglieder können bestellt werden. Die Mitglieder des Wirtschaftsausschusses sollen die zur Erfüllung ihrer Aufgaben erforderliche fachliche und persönliche Eignung besitzen. Sie werden im Einvernehmen mit der Personalvertretung für die Dauer ihrer Amtszeit von der Dienststelle bestellt und können jederzeit abberufen werden. Der Vorsitzende der Personalvertretung beruft die Mitglieder des Wirtschaftsausschusses zur konstituierenden Sitzung ein und leitet die Sitzung, bis der Wirtschaftsausschuss aus seiner Mitte einen Vorsitzenden gewählt hat. § 43 Absatz 2 gilt für die Mitglieder des Wirtschaftsausschusses entsprechend.

(5) Der Wirtschaftsausschuss soll einmal im Vierteljahr zusammentreten.

(6) Der Leiter der Dienststelle oder eine von ihm beauftragte Person nimmt an den Sitzungen des Wirtschaftsausschusses teil; weitere sachkundige Beschäftigte können hinzugezogen werden. An den Sitzungen des Wirtschaftsausschusses können darüber hinaus beratend teilnehmen:

1. die Schwerbehindertenvertretung,
2. ein Mitglied der Jugend- und Auszubildendenvertretung, das von dieser benannt wird, wenn Angelegenheiten behandelt werden, die besonders Beschäftigte im Sinne von § 59 betreffen,
3. die Beauftragte für Chancengleichheit, wenn Angelegenheiten behandelt werden, die besonders die Gleichstellung von Frauen und Männern betreffen.

Abschnitt 2
Mitbestimmung, Mitwirkung und Anhörung

§ 73 Mitbestimmung

(1) Soweit eine Maßnahme der Mitbestimmung des Personalrats unterliegt, kann sie nur mit seiner Zustimmung getroffen werden. Eine Maßnahme im Sinne von Satz 1 liegt bereits dann vor, wenn durch eine Handlung eine mitbestimmungspflichtige Maßnahme vorweggenommen oder festgelegt wird.

(2) Der Personalrat kann seine Zustimmung zu Maßnahmen in zuvor festgelegten Einzelfällen oder für zuvor festgelegte Fallgruppen von Maßnahmen vorab erteilen. Die Bestimmung der Maßnahmen erfolgt für die Dauer der Amtszeit des Personalrats in der Geschäftsordnung; die Bestimmung kann jederzeit geändert oder widerrufen werden. Die Fälle, in denen die Vorabzustimmung in Anspruch genommen worden ist, sind dem Personalrat jeweils in der nächsten Sitzung bekanntzugeben.

§ 74 Angelegenheiten der uneingeschränkten Mitbestimmung

(1) Der Personalrat hat mitzubestimmen über die

1. Gewährung von Unterstützungen, Vorschüssen, Darlehen und entsprechenden sozialen Zuwendungen,
2. allgemeine Festsetzung der Nutzungsbedingungen für Wohnungen, über die die Beschäftigungsdienststelle verfügt oder für die die Beschäftigungsdienststelle ein Vorschlagsrecht hat,
3. Zuweisung von Wohnungen nach Nummer 2,
4. Kündigung von Wohnungen nach Nummer 2,
5. Aufstellung des Urlaubsplans,
6. Festsetzung der zeitlichen Lage des Erholungsurlaubs für einzelne Beschäftigte, wenn zwischen dem Leiter der Dienststelle und den beteiligten Beschäftigten kein Einverständnis erzielt wird.

(2) Der Personalrat hat, soweit eine gesetzliche oder tarifliche Regelung nicht besteht, mitzubestimmen über

1. Regelungen der Ordnung in der Dienststelle und des Verhaltens der Beschäftigten,
2. Beginn und Ende der täglichen Arbeitszeit und der Pausen sowie die Verteilung der Arbeitszeit auf die einzelnen Wochentage,
3. Einführung, Anwendung, wesentliche Änderung und Aufhebung von Arbeitszeitmodellen,
4. Anordnung von Mehrarbeit oder Überstunden, Bereitschaftsdienst und Rufbereitschaft,
5. Fragen der Gestaltung des Entgelts innerhalb der Dienststelle für Arbeitnehmer, insbesondere durch Aufstellung von Entgeltgrundsätzen, die Einführung und Anwendung von neuen Entgeltmethoden und deren Änderung sowie die Festsetzung der Akkord- und Prämiensätze und vergleichbarer leistungsbezogener Entgelte, sowie entsprechende Regelungen innerhalb der Dienststelle für Beamte,
6. Errichtung, Verwaltung, wesentliche Änderung und Auflösung von Sozialeinrichtungen ohne Rücksicht auf ihre Rechtsform,
7. Maßnahmen zur Verhütung von Dienst- und Arbeitsunfällen, Berufskrankheiten und sonstigen Gesundheitsschädigungen sowie von Gesundheitsgefährdungen,
8. Maßnahmen des behördlichen oder betrieblichen Gesundheitsmanagements einschließlich vorbereitender und präventiver Maßnahmen, allgemeine Fragen des behördlichen oder betrieblichen Eingliederungs-

managements, Maßnahmen aufgrund von Feststellungen aus Gefährdungsanalysen,
9. Aufstellung von Sozialplänen einschließlich Plänen für Umschulungen zum Ausgleich oder zur Milderung von wirtschaftlichen Nachteilen, die den Beschäftigten infolge von Rationalisierungsmaßnahmen entstehen,
10. Grundsätze über die Bewertung von anerkannten Vorschlägen im Rahmen des behördlichen oder betrieblichen Vorschlagswesens.

(3) Muss für Gruppen von Beschäftigten die tägliche Arbeitszeit nach Erfordernissen, die die Dienststelle nicht voraussehen kann, unregelmäßig und kurzfristig festgesetzt werden, so beschränkt sich die Mitbestimmung nach Absatz 2 Nummer 2 und 4 auf die Grundsätze für die Aufstellung der Dienstpläne.

§ 75 Angelegenheiten der eingeschränkten Mitbestimmung

(1) Der Personalrat hat mitzubestimmen in Personalangelegenheiten der Beschäftigten, die voraussichtlich länger als zwei Monate Beschäftigte sein werden, bei

1. Begründung des Beamtenverhältnisses, mit Ausnahme der Fälle, in denen das Beamtenverhältnis auf Widerruf nach Ablegung oder dem endgültigen Nichtbestehen der für die Laufbahn vorgeschriebenen Prüfung aufgrund von Rechtsvorschriften endet,
2. Einstellung von Arbeitnehmern, Übertragung der auszuübenden Tätigkeit bei der Einstellung, Nebenabreden zum Arbeitsvertrag, Zeit- oder Zweckbefristung des Arbeitsverhältnisses,
3. Ein-, Höher-, Um- oder Rückgruppierung einschließlich Stufenzuordnung sowie Verkürzung und Verlängerung der Stufenlaufzeit nach Entgeltgrundsätzen, Bestimmung der Fallgruppe innerhalb einer Entgeltgruppe, soweit jeweils tarifvertraglich nichts anderes bestimmt ist, übertariflicher Eingruppierung,
4. Beförderung, horizontalem Laufbahnwechsel,
5. Zulassung zum Aufstieg einschließlich der Zulassung zur Eignungsfeststellung für den Aufstieg,
6. zwei Monate überschreitender Übertragung von Dienstaufgaben eines Amtes mit höherem oder niedrigerem Grundgehalt,
7. zwei Monate überschreitender Übertragung einer Tätigkeit, die
   a) den Tätigkeitsmerkmalen einer höheren oder niedrigeren Entgeltgruppe entspricht als die bisherige Tätigkeit,
   b) einen Anspruch auf Zahlung einer Zulage auslöst, sowie Widerruf einer solchen Übertragung,
8. zwei Monate überschreitender Übertragung einer anderen Tätigkeit,
9. erneuter Übertragung von Dienstaufgaben eines Amtes oder der auszuübenden Tätigkeit nach Rückkehr aus der Beurlaubung von längerer Dauer,
10. wesentlicher Änderung des Arbeitsvertrags, ausgenommen der Änderung der arbeitsvertraglich vereinbarten Arbeitszeit,

11. Umsetzung innerhalb der Dienststelle, wenn sie mit einem Wechsel des Dienstorts verbunden ist,
12. ordentlicher Kündigung durch die Dienststelle.

(2) Der Personalrat der abgebenden Dienststelle und, soweit dort bestehend, der Personalrat der aufnehmenden Dienststelle haben in Personalangelegenheiten jeweils mitzubestimmen bei

1. Versetzung von Beschäftigten, die voraussichtlich länger als zwei Monate Beschäftigte sein werden, zu einer anderen Dienststelle,
2. Abordnung für die Dauer von mehr als zwei Monaten, mit Ausnahme der Abordnung von Beamten für die Erfüllung von Aufgaben nach dem Landesdisziplinargesetz,
3. Zuweisung für die Dauer von mehr als zwei Monaten,
4. Personalgestellung für die Dauer von mehr als zwei Monaten,
5. Abordnung auch für die Dauer von weniger als zwei Monaten, sofern sie sich unmittelbar an eine vorangegangene Abordnung anschließt; entsprechendes gilt für die Zuweisung oder Personalgestellung.

(3) Der Personalrat bestimmt in Personalangelegenheiten der Beschäftigten nur auf deren Antrag mit bei

1. Verlängerung der Probezeit,
2. Änderung der arbeitsvertraglich vereinbarten Arbeitszeit für die Dauer von mehr als zwei Monaten,
3. Anordnungen gegenüber Beschäftigten, welche die Freiheit in der Wahl der Wohnung beschränken,
4. Ablehnung eines Antrags auf Telearbeit oder auf Einrichtung eines Arbeitsplatzes außerhalb der Dienststelle, sofern diese Arbeitsform tarifvertraglich oder durch Dienstvereinbarung besteht,
5. Versagung oder Widerruf der Genehmigung einer Nebentätigkeit, Erteilung von Auflagen zu Nebentätigkeitsgenehmigungen, Untersagung einer Nebentätigkeit,
6. Ablehnung eines Antrags auf Teilzeitbeschäftigung oder Urlaub ohne Dienstbezüge oder Arbeitsentgelt, Widerruf der Bewilligung,
7. Ablehnung eines Antrags auf Altersteilzeit,
8. Herabsetzung der Anwärterbezüge oder Unterhaltsbeihilfe,
9. Geltendmachung von Ersatzansprüchen gegen Beschäftigte,
10. Entlassung von Beamten auf Probe oder auf Widerruf, wenn sie die Entlassung nicht selbst beantragt haben,
11. Abschluss von Aufhebungs- oder Beendigungsverträgen, wenn der Arbeitnehmer die Auflösung des Arbeitsverhältnisses nicht selbst beantragt hat; entsprechendes gilt für die Beendigung von öffentlich-rechtlichen Ausbildungsverhältnissen,
12. Ablehnung des Antrags auf vorzeitige Versetzung in den Ruhestand oder vorzeitiger Versetzung in den Ruhestand, wenn der Beamte die Versetzung nicht selbst beantragt hat,
13. Feststellung der begrenzten Dienstfähigkeit, wenn der Beamte die Feststellung nicht selbst beantragt hat,

14. Ablehnung des Antrags auf Hinausschiebung des Eintritts in den Ruhestand wegen Erreichens der Altersgrenze.

(4) Der Personalrat hat, soweit eine gesetzliche oder tarifliche Regelung nicht besteht, mitzubestimmen über

1. Bestellung und Abberufung von
   a) Vertrauens- und Betriebsärzten,
   b) behördlichen Datenschutzbeauftragten,
   c) Fachkräften für Arbeitssicherheit, Sicherheitsbeauftragten, Beauftragten für biologische Sicherheit, Fachkräften und Beauftragten für den Strahlenschutz,
   d) Hygienebeauftragten,
   e) Beauftragten des Arbeitgebers für schwerbehinderte Menschen,
2. Widerruf der Bestellung der Beauftragten für Chancengleichheit oder ihrer Stellvertreterin,
3. Inhalt von Personalfragebögen, mit Ausnahme von solchen im Rahmen der Rechnungsprüfung, Inhalt von Fragebögen für Mitarbeiterbefragungen,
4. Beurteilungsrichtlinien,
5. Inhalt und Verwendung von Formulararbeitsverträgen,
6. Erlass von Richtlinien über die personelle Auswahl
   a) bei Einstellungen,
   b) bei Versetzungen,
   c) bei Höher-, Rück- oder Umgruppierungen,
   d) bei Kündigungen,
   e) für Beförderungen und horizontalen Laufbahnwechsel nach Absatz 1 Nummer 4,
   f) bei beförderungsähnlichen Übertragungen anderer Tätigkeiten und Übertragungen von Tätigkeiten, die einen Anspruch auf Zahlung einer Zulage auslösen,
   g) für die Zulassung zum Aufstieg einschließlich Zulassung zur Eignungsfeststellung für den Aufstieg,
7. Erlass von Richtlinien über Ausnahmen von der Ausschreibung von Dienstposten für Beamte und Aufstellung von allgemeinen Grundsätzen über die Durchführung von Stellenausschreibungen für Arbeitnehmer einschließlich Inhalt, Ort und Dauer,
8. Absehen von der Ausschreibung eines Dienstpostens für Beamte, der nach gesetzlichen Vorschriften, einer Richtlinie nach Nummer 7 oder einer Dienstvereinbarung auszuschreiben wäre,
9. allgemeine Fragen zur Durchführung der beruflichen Ausbildung mit Ausnahme der Gestaltung von Lehrveranstaltungen
   a) bei Arbeitnehmern einschließlich der Bestellung und Abberufung der Ausbilder und Ausbildungsleiter bei Ausbildungen im Sinne des Berufsbildungsgesetzes, des Krankenpflegegesetzes und des Hebammengesetzes,

b) der Beamten einschließlich der Bestellung und Abberufung der Ausbilder und Ausbildungsleiter,
c) von Studierenden der Dualen Hochschule, von Studierenden, die ein nach einer Studienordnung vorgeschriebenes Praktikum leisten, oder von Volontären,

10. allgemeine Fragen der beruflichen Fortbildung, Weiterbildung, Umschulung, Einführung in die Aufgaben einer anderen Laufbahn und Qualifizierungsmaßnahmen im Rahmen der Personalentwicklung,
11. Einführung und Anwendung technischer Einrichtungen, die dazu geeignet sind, das Verhalten und die Leistung der Beschäftigten zu überwachen,
12. Gestaltung der Arbeitsplätze,
13. Einführung, Anwendung oder wesentliche Änderung oder wesentliche Erweiterung technischer Einrichtungen und Verfahren der automatisierten Verarbeitung personenbezogener Daten der Beschäftigten, mit Ausnahme der Einführung und Anwendung automatisierter Verfahren für amtliche Statistiken beim Statistischen Landesamt, soweit diese von Dienststellen außerhalb des Geltungsbereichs dieses Gesetzes erstellt und unter dortiger Mitbestimmung der Personalvertretung freigegeben worden sind,
14. Maßnahmen, die zur Hebung der Arbeitsleistung und Erleichterung des Arbeitsablaufs geeignet sind, sowie deren wesentliche Änderung oder wesentliche Ausweitung,
15. Einführung grundsätzlich neuer Arbeitsmethoden, wesentliche Änderung oder wesentliche Ausweitung bestehender Arbeitsmethoden,
16. Einführung, wesentliche Änderung oder wesentliche Ausweitung der Informations- und Kommunikationsnetze,
17. Einführung grundsätzlich neuer Formen der Arbeitsorganisation und wesentliche Änderungen der Arbeitsorganisation,
18. Anordnung von Urlaubssperren aus arbeitsorganisatorischen Gründen,
19. Erstellung und Anpassung des Chancengleichheitsplans.

(5) Es gelten nicht

1. Absätze 1 bis 3 Nummer 1 bis 3, 5 bis 7, 10, 12, 14 für
   a) Beamtenstellen und Beamte der Besoldungsgruppe A 16 und höher, bei den obersten Dienstbehörden des Landes der Besoldungsgruppe B 3 und höher sowie jeweils für entsprechende Arbeitnehmerstellen und Arbeitnehmer,
   b) Landräte, Bürgermeister und Beigeordnete,
   c) leitende Beschäftigte öffentlich-rechtlicher Kreditinstitute; welche Beschäftigten leitende Beschäftigte öffentlich-rechtlicher Kreditinstitute sind, entscheidet die zuständige oberste Aufsichtsbehörde,
2. Absatz 1 Nummer 1 für die Begründung des Beamtenverhältnisses bei
   a) Polizeiobermeistern und Polizeioberkommissaren und Kriminaloberkommissaren,
   b) Lehrern an allgemeinbildenden und beruflichen Schulen,
3. Absatz 1 Nummer 11 und Absatz 2 für nicht beamtete Lehrer.

(6) An die Stelle der Mitbestimmung tritt, soweit in Absatz 5 nichts anderes bestimmt ist, die Mitwirkung

1. in den Fällen der Absätze 1, 2 und 3 Nummer 2, 3, 5 bis 7 und 14 bei
   a) Leitern von Dienststellen im Sinne dieses Gesetzes,
   b) Rektoren an Grund-, Haupt-, Werkreal-, Real- und Gemeinschaftsschulen sowie entsprechenden sonderpädagogischen Bildungs- und Beratungszentren,
   c) Abteilungsleitern bei den Regierungspräsidien, Landesoberbehörden und höheren Sonderbehörden,
   d) den Ersten Landesbeamten bei den Landratsämtern,
2. in den Fällen des Absatzes 1 Nummer 11 und des Absatzes 2 bei
   a) Beamten des allgemeinen Vollzugsdienstes und des Werkdienstes bei den Justizvollzugseinrichtungen,
   b) Polizeibeamten,
   c) Beschäftigten des Landesamts für Verfassungsschutz.

(7) Wird trotz anderslautender Empfehlung der Einigungsstelle nach § 78 Absatz 4 eine ordentliche Kündigung ausgesprochen, ist dem Arbeitnehmer mit der Kündigung eine Abschrift der Empfehlung der Einigungsstelle zuzuleiten. Hat der Arbeitnehmer im Falle des Satzes 1 nach dem Kündigungsschutzgesetz Klage auf Feststellung erhoben, dass das Arbeitsverhältnis durch die Kündigung nicht aufgelöst ist, so muss die Dienststelle auf Verlangen des Arbeitnehmers diesen nach Ablauf der Kündigungsfrist bis zum rechtskräftigen Abschluss des Rechtsstreits bei unveränderten Arbeitsbedingungen weiterbeschäftigen. Auf Antrag der Dienststelle kann das Arbeitsgericht sie durch einstweilige Verfügung von der Verpflichtung zur Weiterbeschäftigung nach Satz 2 entbinden, wenn

1. die Klage des Arbeitnehmers keine hinreichende Aussicht auf Erfolg bietet oder mutwillig erscheint oder
2. die Weiterbeschäftigung des Arbeitnehmers zu einer unzumutbaren wirtschaftlichen Belastung der Dienststelle führen würde oder
3. die Verweigerung der Zustimmung des Personalrats offensichtlich unbegründet war.

(8) Tritt nach einer Rechtsvorschrift im Falle der ordentlichen Kündigung des Arbeitnehmers durch die Dienststelle an die Stelle der Mitbestimmung die Mitwirkung, so ist dem Arbeitnehmer mit der Kündigung eine Abschrift der Stellungnahme des Personalrats zuzuleiten, sofern der Personalrat nach § 82 Absatz 4 Satz 1 Einwendungen gegen die Kündigung erhoben hat, es sei denn, dass die Stufenvertretung nach Verhandlung nach § 83 Absatz 1 Satz 4 und 5 die Einwendungen nicht aufrechterhalten hat. Bis zur endgültigen Entscheidung der übergeordneten Dienststelle nach § 83 Absatz 1 Satz 4 und 5 oder der obersten Dienstbehörde nach § 83 Absatz 2 oder des nach § 89 Absatz 1 zuständigen Organs kann die Kündigung nicht ausgesprochen werden. Absatz 7 Satz 2 und 3 sowie § 76 Absatz 2 gelten entsprechend.

§ 76 Einleitung, Verfahren der Mitbestimmung

(1) Die Dienststelle unterrichtet den Personalrat von der beabsichtigten Maßnahme und beantragt seine Zustimmung.

(2) Der Personalrat bestimmt, soweit in § 75 Absatz 5 und 6 nichts anderes bestimmt ist, nur mit

1. in den Personalangelegenheiten nach § 75 Absatz 1 und 2 der
   a) in § 9 Absatz 2 Satz 1 Nummern 2 und 3 bezeichneten Beschäftigten,
   b) der Beamten auf Zeit,
   c) der Beschäftigten mit überwiegend wissenschaftlicher oder künstlerischer Tätigkeit,
2. in den Angelegenheiten des § 74 Absatz 1 Nummer 1 und 4,

wenn die betroffenen Beschäftigten es beantragen. § 75 Absatz 3 bleibt unberührt.

(3) In den Fällen von Absatz 2 sowie von § 75 Absatz 3 sind die Beschäftigten von der beabsichtigten Maßnahme rechtzeitig vorher in Kenntnis zu setzen; gleichzeitig sind sie auf ihr Antragsrecht hinzuweisen.

(4) In den Angelegenheiten nach § 74 Absatz 1 Nummer 1 und 4 bestimmt auf Verlangen der betroffenen Beschäftigten nur der Vorstand mit.

(5) Der Personalrat kann verlangen, dass die Dienststelle die beabsichtigte Maßnahme begründet.

(6) Der Beschluss des Personalrats über die beantragte Zustimmung ist der Dienststelle innerhalb von drei Wochen mitzuteilen. In dringenden Fällen kann die Dienststelle diese Frist auf eine Woche abkürzen. Personalrat und Dienststelle können für die Dauer der Amtszeit des Personalrats abweichende Fristen vereinbaren.

(7) Die Dienststelle kann die Fristen im Einzelfall verlängern oder in begründeten Fällen im Einvernehmen mit dem Personalrat abkürzen.

(8) Aufgrund eines Beschlusses des Vorstands kann der Vorsitzende des Personalrats bei der Dienststelle im Einzelfall eine längere Frist beantragen. Dabei ist die Dauer der Fristverlängerung zu benennen und ihre Erforderlichkeit zu begründen. Soweit keine andere Frist bewilligt wird, verlängert sich die Frist um drei Arbeitstage. Entscheidet die Dienststelle nicht innerhalb von drei Arbeitstagen nach Zugang über den Antrag, gilt die Fristverlängerung im beantragten Umfang als bewilligt. Der Antrag kann nicht wiederholt werden.

(9) Die Maßnahme gilt als gebilligt, wenn nicht der Personalrat innerhalb der geltenden Frist die Zustimmung unter Angabe der Gründe schriftlich oder elektronisch verweigert oder die angeführten Gründe offenkundig keinen unmittelbaren Bezug zu den Mitbestimmungsangelegenheiten haben. Soweit dabei Beschwerden oder Behauptungen tatsächlicher Art vorgetragen werden, die für einzelne Beschäftigte ungünstig sind oder ihnen nachteilig werden können, hat die Dienststelle diesen Beschäftigten Gelegenheit zur Äußerung zu geben; die Äußerung ist aktenkundig zu machen.

(10) Kommt bei Arbeitnehmern in den Fällen des § 75 Absatz 3 Nummer 2 über die beantragte Verringerung der arbeitsvertraglich vereinbarten Arbeitszeit und in den Fällen des § 75 Absatz 3 Nummer 6 über die beantragte Teilzeitbeschäftigung eine Einigung nicht zustande, entscheidet die Dienststelle endgültig; die §§ 77 und 78 finden keine Anwendung.

§ 77 Stufenverfahren der Mitbestimmung

(1) Kommt eine Einigung nicht zustande, so kann die Dienststelle oder der Personalrat die Angelegenheit binnen drei Wochen auf dem Dienstweg der übergeordneten Dienststelle, bei der eine Stufenvertretung besteht, vorlegen. Legt die Dienststelle die Angelegenheit der übergeordneten Dienststelle vor, so teilt sie dies dem Personalrat unter Angabe der Gründe mit.

(2) Die übergeordnete Dienststelle hat die Angelegenheit der bei ihr gebildeten Stufenvertretung innerhalb von fünf Wochen vorzulegen. § 76 Absatz 1 und 5 bis 9 gilt entsprechend.

(3) Können sich die übergeordnete Dienststelle und die Stufenvertretung nicht einigen, so kann die übergeordnete Dienststelle oder die Stufenvertretung die Angelegenheit binnen drei Wochen der obersten Dienstbehörde vorlegen. Absatz 1 Satz 2 und Absatz 2 Satz 2 gelten entsprechend.

§ 78 Einigungsstellenverfahren

(1) Ergibt sich zwischen der obersten Dienstbehörde und der bei ihr bestehenden zuständigen Personalvertretung keine Einigung, so kann jede Seite die Einigungsstelle anrufen.

(2) In den Fällen des § 74 entscheidet die Einigungsstelle endgültig. Ihr Beschluss bindet die Beteiligten, soweit er eine Entscheidung im Sinne von § 79 Absatz 5 enthält. Die oberste Dienstbehörde kann einen Beschluss der Einigungsstelle, der im Einzelfall wegen seiner Auswirkungen auf das Gemeinwesen wesentlicher Bestandteil der Regierungsverantwortung ist, unverzüglich nach seiner Zustellung der Landesregierung zur endgültigen Entscheidung vorlegen. Der Einigungsstelle und der bei der obersten Dienstbehörde bestehenden zuständigen Personalvertretung ist Gelegenheit zu geben, innerhalb von zwei Wochen zu der Vorlage an die Landesregierung Stellung zu nehmen. Eine Stellungnahme ist der Landesregierung zur Kenntnis zu bringen. Die Entscheidung der Landesregierung ist den Beteiligten durch die oberste Dienstbehörde bekanntzugeben.

(3) An die Stelle der Landesregierung tritt in Angelegenheiten der Dienststellen des Landtags von Baden-Württemberg der Präsident des Landtags und in Angelegenheiten des Rechnungshofs Baden-Württemberg der Präsident des Rechnungshofs.

(4) In den Fällen des § 75 beschließt die Einigungsstelle, wenn sie sich nicht der Auffassung der obersten Dienstbehörde anschließt, eine Empfehlung an diese. Die oberste Dienstbehörde entscheidet sodann endgültig. Die Entscheidung ist zu begründen und der Einigungsstelle und den beteiligten Personalvertretungen bekanntzugeben.

§ 79 Einigungsstelle

(1) Die Einigungsstelle wird, soweit sich aus Absatz 2 nichts Abweichendes ergibt, von Fall zu Fall bei der obersten Dienstbehörde gebildet. Sie besteht aus je drei Beisitzern, die von der obersten Dienstbehörde und der bei ihr bestehenden zuständigen Personalvertretung bestellt werden, und einer unparteiischen Person für den Vorsitz, auf die sich beide Seiten einigen. Die Beisitzer sowie die Person für den Vorsitz sind innerhalb von zwei Wochen nach Anrufung der Einigungsstelle zu bestellen. Die Person für den Vorsitz muss die Befähigung zum Richteramt besitzen oder die Voraussetzungen des § 110 Satz 1 des Deutschen Richtergesetzes erfüllen. Kommt eine Einigung über die Person für den Vorsitz nicht zustande, so bestellt sie der Präsident des Verwaltungsgerichtshofs. Unter den Beisitzern, die von der Personalvertretung bestellt werden, muss sich je ein Beamter und ein Arbeitnehmer befinden, es sei denn, die Angelegenheit betrifft lediglich die Beamten oder die Arbeitnehmer.

(2) Aufgrund einer Dienstvereinbarung kann die Einigungsstelle auf Dauer, längstens bis zum Ablauf der Amtszeit der zuständigen Personalvertretung gebildet werden. Absatz 1 gilt mit der Maßgabe entsprechend, dass zwischen der obersten Dienstbehörde und der zuständigen Personalvertretung Einigung über die unparteiische Person für den Vorsitz für die vereinbarte Amtszeit erzielt wird.

(3) Die Verhandlung der Einigungsstelle ist nicht öffentlich. Der obersten Dienstbehörde und der zuständigen Personalvertretung ist Gelegenheit zur mündlichen Äußerung zu geben. Im Einvernehmen mit den Beteiligten kann die Äußerung schriftlich erfolgen.

(4) Die Einigungsstelle soll binnen zwei Monaten nach der Anrufung durch einen Beteiligten entscheiden. Die Einigungsstelle ist beschlussfähig, wenn die Person für den Vorsitz und mindestens drei Beisitzer anwesend sind. Bestellt eine Seite innerhalb der in Absatz 1 Satz 3 genannten Frist keine Beisitzer oder bleiben Beisitzer trotz rechtzeitiger Einladung der Sitzung fern, so entscheiden die Person für den Vorsitz und die erschienenen Beisitzer allein.

(5) Die Einigungsstelle entscheidet durch Beschluss. Sie kann den Anträgen der Beteiligten auch teilweise entsprechen. Der Beschluss wird mit einfacher Stimmenmehrheit gefasst; bei Stimmengleichheit entscheidet die Stimme der Person für den Vorsitz. Er muss sich im Rahmen der geltenden Rechtsvorschriften, insbesondere des Haushaltsgesetzes, halten. Der Beschluss ist den Beteiligten zuzustellen.

§ 80 Mitwirkung

Soweit der Personalrat an Entscheidungen mitwirkt, ist ihm die beabsichtigte Maßnahme rechtzeitig bekanntzugeben und auf Verlangen mit ihm zu erörtern.

§ 81 Angelegenheiten der Mitwirkung

(1) Der Personalrat wirkt mit bei

1. Vorbereitung von Verwaltungsanordnungen einer Dienststelle für die innerdienstlichen, sozialen oder persönlichen Angelegenheiten der Beschäftigten ihres Geschäftsbereichs,
2. Auflösung, Einschränkung, Erweiterung, Verlegung oder Zusammenlegung von Dienststellen oder wesentlichen Teilen von ihnen,
3. nicht nur vorübergehender Übertragung wesentlicher Arbeiten oder wesentlicher Aufgaben, die bisher üblicherweise durch Beschäftigte der Dienststelle wahrgenommen werden, durch Vergabe oder Privatisierung,
4. Einrichtung von Telearbeitsplätzen oder sonstigen Arbeitsplätzen außerhalb der Dienststelle,
5. Auswahl der Beschäftigten zur Teilnahme an Maßnahmen der Berufsausbildung, an Fortbildungs- sowie Weiterbildungsveranstaltungen, an Qualifizierungsmaßnahmen im Rahmen der Personalentwicklung,
6. Grundsätzen der Personalplanung,
7. Arbeitsorganisation einschließlich der Planungs- und Gestaltungsmittel und der Zahl der einzusetzenden Beschäftigten, mit Ausnahme der Erstellung von Stundenplänen an allgemeinbildenden und beruflichen Schulen,
8. Grundsätzen der Arbeitsplatz- oder Dienstpostenbewertung.

(2) Der Personalrat wirkt auf Antrag der Beschäftigten mit bei

1. Erlass von Disziplinarverfügungen oder schriftlichen Missbilligungen gegen Beamte,
2. Erteilung schriftlicher Abmahnungen gegen Arbeitnehmer.

§ 75 Absatz 5 Nummer 1 gilt entsprechend.

§ 82 Einleitung, Verfahren der Mitwirkung

(1) Die Dienststelle unterrichtet den Personalrat über die beabsichtigte Maßnahme.

(2) In den Fällen des § 81 Absatz 2 gilt § 76 Absatz 3 entsprechend, § 83 findet keine Anwendung.

(3) Der Personalrat kann verlangen, dass die Dienststelle die beabsichtigte Maßnahme begründet.

(4) Äußert sich der Personalrat nicht innerhalb von drei Wochen, hält er bei Erörterung seine Einwendungen oder Vorschläge nicht aufrecht oder haben sie offenkundig keinen unmittelbaren Bezug zu den Mitwirkungsangelegenheiten, so gilt die beabsichtigte Maßnahme als gebilligt. § 76 Absatz 6 Satz 2 und 3, Absatz 7 und 8 gilt entsprechend.

(5) Erhebt der Personalrat Einwendungen, so hat er der Dienststelle die Gründe mitzuteilen. § 76 Absatz 9 Satz 2 gilt entsprechend.

(6) Entspricht die Dienststelle den Einwendungen des Personalrats nicht oder nicht in vollem Umfang, so teilt sie dem Personalrat ihre Entscheidung unter Angabe der Gründe schriftlich oder elektronisch mit.

§ 83 Stufenverfahren der Mitwirkung

(1) Der Personalrat einer nachgeordneten Dienststelle kann die Angelegenheit binnen drei Wochen nach Zugang der Mitteilung der Dienststelle, dass Einwendungen nicht oder nicht in vollem Umfang berücksichtigt werden, auf dem Dienstweg der übergeordneten Dienststelle, bei der eine Stufenvertretung besteht, mit dem Antrag auf Entscheidung vorlegen. Der Personalrat leitet der Dienststelle eine Abschrift des Antrags zu. Die übergeordnete Dienststelle hat die Angelegenheit der Stufenvertretung innerhalb von fünf Wochen vorzulegen. Die übergeordnete Dienststelle entscheidet nach Verhandlung mit der Stufenvertretung. § 82 Absatz 1 und 3 bis 6 gilt entsprechend.

(2) Die Stufenvertretung kann die Angelegenheit binnen drei Wochen der obersten Dienstbehörde vorlegen. Absatz 1 Satz 2, 4 und 5 gilt entsprechend.

(3) Ist ein Antrag nach Absatz 1 oder 2 gestellt, so ist die beabsichtigte Maßnahme bis zur Entscheidung der angerufenen Dienststelle auszusetzen.

§ 84 Antrag des Personalrats

(1) Der Personalrat kann eine Maßnahme, die nach § 74 Absatz 1 Nummer 2, 5 und 6, Absatz 2 und 3, § 75 Absatz 4 und § 81 Absatz 1 seiner Mitbestimmung oder Mitwirkung unterliegt, schriftlich oder elektronisch beim Leiter der Dienststelle beantragen; der Antrag ist zu begründen. § 70 Absatz 2 Satz 1 gilt entsprechend.

(2) Entspricht der Leiter der Dienststelle dem Antrag nicht oder nicht in vollem Umfang, so teilt er dem Personalrat die Entscheidung unter Angabe der Gründe schriftlich oder elektronisch mit. Das weitere Verfahren bestimmt sich nach der Art der beantragten Maßnahme und dem dafür vorgesehenen Verfahren nach den §§ 77 bis 79 und 83.

(3) § 70 Absatz 1 bleibt unberührt.

§ 85 Dienstvereinbarungen

(1) Dienstvereinbarungen sind in allen Angelegenheiten der Mitbestimmung nach § 74 Absatz 1 Nummer 2, 5 und 6, Absatz 2 und 3, § 75 Absatz 4 und Mitwirkung nach § 81 Absatz 1 zulässig, soweit eine gesetzliche oder tarifliche Regelung nicht besteht. Sie sind ferner zulässig, soweit dieses Gesetz oder tarifvertragliche Vereinbarungen Dienstvereinbarungen vorsehen.

(2) Arbeitsentgelte und sonstige Arbeitsbedingungen, die durch Tarif geregelt sind oder üblicherweise geregelt werden, können nicht Gegenstand einer Dienstvereinbarung sein. Dies gilt nicht, wenn tarifvertragliche Vereinbarungen den Abschluss ergänzender Dienstvereinbarungen ausdrücklich zulassen.

(3) Dienstvereinbarungen werden durch Dienststelle und Personalrat gemeinsam beschlossen, sind schriftlich niederzulegen, von beiden Seiten zu unterzeichnen und in geeigneter Weise bekanntzumachen.

(4) Dienstvereinbarungen, die für einen größeren Bereich gelten, gehen Dienstvereinbarungen für einen kleineren Bereich vor.

(5) Sofern nichts anderes vereinbart ist, können Dienstvereinbarungen von beiden Seiten jederzeit mit einer Frist von drei Monaten gekündigt werden.

(6) In Angelegenheiten der uneingeschränkten Mitbestimmung nach § 74 Absatz 1 Nummer 2, 5 und 6 sowie Absatz 2 und 3 kann die Weitergeltung einer gekündigten oder abgelaufenen Dienstvereinbarung über eine bestimmte Dauer vereinbart werden. Ist keine Vereinbarung über die Dauer der Weitergeltung getroffen, endet die Weitergeltung mit Ablauf der Amtszeit des Personalrats, der zum Zeitpunkt der Kündigung oder des Auslaufens der Dienstvereinbarung amtiert hat.

(7) Weitergeltende Regelungen einer gekündigten oder abgelaufenen Dienstvereinbarung können jederzeit ganz oder teilweise aufgehoben werden, soweit diese Regelungen wegen ihrer Auswirkungen auf das Gemeinwesen die Regierungsverantwortung wesentlich berühren. § 78 Absatz 2 Satz 3 bis 6 und Absatz 3 gilt entsprechend.

§ 86 Anhörung des Personalrats

Soweit der Personalrat anzuhören ist, ist ihm die Angelegenheit rechtzeitig bekanntzugeben und ausreichend Gelegenheit zur Äußerung zu geben.

§ 87 Angelegenheiten der Anhörung

(1) Der Personalrat ist anzuhören

1. bei Personalplanungen,
2. bei Personalanforderungen zum Haushaltsvoranschlag vor der Weiterleitung; gibt der Personalrat einer nachgeordneten Dienststelle zu den Personalanforderungen eine Stellungnahme ab, so ist diese mit den Personalanforderungen der übergeordneten Dienststelle vorzulegen,
3. bei Raumbedarfsanforderungen für Neu-, Um- und Erweiterungsbauten von Diensträumen vor der Weiterleitung; Nummer 2 Halbsatz 2 gilt entsprechend,
4. bei Bauplanungsprojekten und Anmietungen,
5. bei räumlicher Auslagerung von Arbeit aus der Dienststelle,
6. bei Festlegung von Verfahren und Methoden von Wirtschaftlichkeits- und Organisationsuntersuchungen, mit Ausnahme von solchen im Rahmen der Rechnungsprüfung,
7. bei der Auswahl und Beauftragung von Gutachten für Wirtschaftlichkeits- und Organisationsuntersuchungen nach Nummer 6,
8. beim Abschluss von Arbeitnehmerüberlassungs- oder Arbeitnehmergestellungsverträgen,
9. vor Kündigungen von Arbeitsverhältnissen während der Probezeit, bei fristlosen Entlassungen und außerordentlichen Kündigungen.

(2) In den Fällen des Absatzes 1 Nummer 1 bis 8 gilt § 70 Absatz 2 mit der Maßgabe, dass anstelle der Schriftform auch die mündliche Unterrichtung in einer Sitzung des Personalrats erfolgen kann.

(3) In den Fällen des Absatzes 1 Nummer 9 hat die Dienststelle die beabsichtigte Maßnahme zu begründen. Hat der Personalrat Bedenken, so

hat er sie unter Angabe der Gründe der Dienststelle unverzüglich, spätestens jedoch innerhalb von drei Arbeitstagen schriftlich oder elektronisch mitzuteilen. § 75 Absatz 5 Nummer 1 gilt entsprechend.

§ 88 Durchführung von Entscheidungen, vorläufige Regelungen

(1) Entscheidungen, an denen der Personalrat beteiligt war, führt die Dienststelle durch, es sei denn, dass im Einzelfall etwas anderes vereinbart ist.

(2) Wird eine Maßnahme, welcher der Personalrat zugestimmt hat, die durch den Personalrat als gebilligt gilt oder die auf Antrag des Personalrats zustande gekommen ist, von der Dienststelle nicht oder nicht in angemessener Zeit durchgeführt, unterrichtet diese den Personalrat unter Angabe der Gründe.

(3) Der Personalrat darf nicht durch einseitige Handlungen in den Dienstbetrieb eingreifen.

(4) Die Dienststelle kann bei Maßnahmen, die der Natur der Sache nach keinen Aufschub dulden, bis zur endgültigen Entscheidung vorläufige Regelungen treffen. Sie hat dem Personalrat die vorläufige Regelung mitzuteilen und zu begründen und unverzüglich das Verfahren

1. in Mitbestimmungsangelegenheiten nach §§ 76 bis 78 Absatz 1,
2. in Mitwirkungsangelegenheiten nach §§ 82 und 83

einzuleiten oder fortzusetzen.

§ 89 Zuständigkeit in nicht gestuften Verwaltungen

(1) In Gemeinden und Gemeindeverbänden sowie sonstigen Körperschaften, Anstalten und Stiftungen des öffentlichen Rechts tritt in Verfahren nach den § 77 Absatz 3, §§ 78, 79 Absatz 1 Satz 2 und Absatz 3 sowie § 83 Absatz 2 an die Stelle

1. der obersten Dienstbehörde das in ihrer Verfassung vorgesehene oberste Organ oder ein Ausschuss dieses Organs oder, wenn ein solches nicht vorhanden ist, die Aufsichtsbehörde; in Zweifelsfällen bestimmt die zuständige oberste Landesbehörde die anzurufende Stelle,
2. der Stufenvertretung der Personalrat,
3. der Landesregierung das Organ nach Nummer 1.

Besteht ein Gesamtpersonalrat, ist dieser zu hören.

(2) Stehen soziale oder personelle Angelegenheiten der Beschäftigten, über die zwischen dem Personalrat und der Dienststelle keine Einigung besteht, in der Sitzung des Hauptorgans einer Gemeinde, eines Gemeindeverbandes, eines Zweckverbandes oder eines anderen öffentlich-rechtlichen Verbandes kommunaler Gebietskörperschaften zur Beratung an, so ist der Vorsitzende des Personalrats zur Darlegung der Auffassung des Personalrats in nicht öffentlicher Sitzung zu laden. Das Gleiche gilt für Ausschüsse der Hauptorgane oder für vergleichbare Gremien, die aufgrund ihrer Satzung oder Verfassung als Beschlussorgan vorgesehen sind.

§ 90 Verhältnis zu anderen Beteiligungsrechten

Die Personalvertretungen werden bei Maßnahmen, bei deren Vorbereitung nach § 53 des Beamtenstatusgesetzes und § 89 des Landesbeamtengesetzes die Spitzenorganisationen der zuständigen Gewerkschaften zu beteiligen sind, sowie beim Erlass von Rechtsverordnungen und Satzungen nicht beteiligt.

Teil 9
Zuständigkeit des Personalrats, des Gesamtpersonalrats und der Stufenvertretungen

§ 91

(1) Der Personalrat wird an den Maßnahmen beteiligt, die die Dienststelle, bei der er gebildet ist, für ihre Beschäftigten trifft.

(2) In Angelegenheiten, in denen die Dienststelle nicht zur Entscheidung befugt ist, ist an Stelle des Personalrats die bei der zuständigen Dienststelle gebildete Stufenvertretung zu beteiligen.

(3) Vor einem Beschluss in Angelegenheiten, die einzelne Beschäftigte oder Dienststellen betreffen, gibt die Stufenvertretung dem Personalrat Gelegenheit zur Äußerung. In diesem Fall erhöhen sich die Beteiligungsfristen auf fünf Wochen; § 76 Absatz 6 Satz 2 findet Anwendung. § 76 Absatz 6 Satz 3 sowie Absatz 7 und 8 gilt entsprechend.

(4) Werden im Geschäftsbereich mehrstufiger Verwaltungen personelle oder soziale Maßnahmen von einer Dienststelle getroffen, bei der keine für eine Beteiligung zu diesen Maßnahmen zuständige Personalvertretung vorgesehen ist, so ist die Stufenvertretung bei der nächsthöheren Dienststelle, zu deren Geschäftsbereich die entscheidende Dienststelle und die von der Entscheidung Betroffenen gehören, zu beteiligen.

(5) Soweit der Ministerpräsident Maßnahmen für Beschäftigte des Geschäftsbereichs einer anderen obersten Dienstbehörde als des Staatsministeriums trifft, die der Beteiligung der Personalvertretung unterliegen, wird die zuständige Personalvertretung beim Vorschlag der obersten Dienstbehörde an den Ministerpräsidenten beteiligt.

(6) Bei Einzelmaßnahmen, in denen die Entscheidung von einer Dienststelle getroffen wird, die zum Geschäftsbereich einer anderen obersten Dienstbehörde gehört als die, auf die sich die Maßnahme erstreckt, ist der Personalrat der Dienststelle, auf deren Beschäftigte sich die Maßnahme erstreckt, zu beteiligen. Erstreckt sich die Einzelmaßnahme auf mehrere Dienststellen, ist der Personalrat jeder dieser Dienststellen zu beteiligen. Erstreckt sich eine Maßnahme auf Dienststellen mehrerer oberster Dienstbehörden, wird bei der obersten Dienstbehörde, zu der die hauptnutzende Stelle gehört, eine gemeinsame Einigungsstelle gebildet.

(7) Ist eine Dienststelle neu errichtet und ist bei ihr ein Personalrat noch nicht gebildet worden, ist auf die Dauer von längstens sechs Monaten die bei der übergeordneten Dienststelle gebildete Stufenvertretung zu beteiligen.

(8) Besteht ein Gesamtpersonalrat, so ist dieser zu beteiligen, wenn die Maßnahme über den Bereich einer Dienststelle hinausgeht. Soweit der Gesamtpersonalrat zuständig ist, ist er an Stelle der Personalräte der Dienststellen zu beteiligen. Vor einem Beschluss in Angelegenheiten, die einzelne Beschäftigte oder Dienststellen betreffen, gibt der Gesamtpersonalrat dem Personalrat Gelegenheit zur Äußerung. Absatz 3 Satz 2 und 3 gilt entsprechend.

Teil 10
Gerichtliche Entscheidungen

§ 92

(1) Die Verwaltungsgerichte entscheiden außer in den Fällen der §§ 21, 24, 47 Absatz 1 und 4, § 48 Absatz 4 sowie § 64 Satz 2 über

1. Wahlberechtigung und Wählbarkeit,
2. Wahl, Amtszeit und Zusammensetzung der Personalvertretungen und der in § 59 genannten Vertretungen,
3. Zuständigkeit und Geschäftsführung der Personalvertretungen,
4. Bestehen oder Nichtbestehen von Dienstvereinbarungen.

(2) Die Vorschriften des Arbeitsgerichtsgesetzes über das Beschlussverfahren gelten entsprechend.

§ 93

(1) Für die nach diesem Gesetz zu treffenden Entscheidungen sind bei den Verwaltungsgerichten Fachkammern und beim Verwaltungsgerichtshof ein Fachsenat zu bilden.

(2) Die Fachkammer besteht aus einem Vorsitzenden und ehrenamtlichen Richtern, der Fachsenat aus dem Vorsitzenden, Richtern und ehrenamtlichen Richtern. Die ehrenamtlichen Richter müssen Beschäftigte des Landes oder einer der Aufsicht des Landes unterstehenden Körperschaft, Anstalt oder Stiftung des öffentlichen Rechts sein. Sie werden je zur Hälfte von

1. den unter den Beschäftigten vertretenen Gewerkschaften und
2. den obersten Landesbehörden oder den von diesen bestimmten Stellen und den kommunalen Landesverbänden

vorgeschlagen und vom Justizministerium berufen. Für die Berufung und Stellung der Beisitzer und ihre Heranziehung zu den Sitzungen gelten die Vorschriften des Arbeitsgerichtsgesetzes über Arbeitsrichter und Landesarbeitsrichter entsprechend.

(3) Die Fachkammer wird tätig in der Besetzung mit einem Vorsitzenden und je zwei nach Absatz 2 Satz 3 Nummer 1 und 2 vorgeschlagenen und berufenen ehrenamtlichen Richtern. Unter den in Absatz 2 Satz 3 Nummer 1 bezeichneten ehrenamtlichen Richtern muss sich je ein Beamter und ein Arbeitnehmer befinden.

(4) Der Fachsenat wird tätig in der Besetzung mit einem Vorsitzenden, zwei Richtern und je einem nach Absatz 2 Satz 3 Nummer 1 und 2 vorgeschlagenen und berufenen ehrenamtlichen Richter. Einer der ehrenamtlichen Richter muss Beamter und einer Arbeitnehmer sein.

Teil 11
Vorschriften für die Behandlung von Verschlusssachen

§ 94

(1) Soweit eine Angelegenheit, an der eine Personalvertretung zu beteiligen ist, als Verschlusssache mindestens des Geheimhaltungsgrads „VS – VERTRAULICH" eingestuft ist, tritt an die Stelle der Personalvertretung ein Ausschuss. Dem Ausschuss gehört höchstens je ein in entsprechender Anwendung des § 28 Absatz 1 gewählter Vertreter der im Personalrat vertretenen Gruppen an. Die Mitglieder des Ausschusses müssen nach den dafür geltenden Bestimmungen ermächtigt sein, Kenntnis von Verschlusssachen des in Betracht kommenden Geheimhaltungsgrads zu erhalten. Personalvertretungen bei Dienststellen, die Mittelbehörden nachgeordnet sind, bilden keinen Ausschuss; an ihre Stelle tritt der Ausschuss des Bezirkspersonalrats.

(2) Wird der zuständige Ausschuss nicht rechtzeitig gebildet, ist der Ausschuss der bei der Dienststelle bestehenden Stufenvertretung oder, wenn dieser nicht rechtzeitig gebildet wird, der Ausschuss der bei der obersten Dienstbehörde bestehenden Stufenvertretung zu beteiligen.

(3) Die Einigungsstelle besteht in den in Absatz 1 Satz 1 bezeichneten Fällen aus je einem Beisitzer, der von der obersten Dienstbehörde und der nach § 78 Absatz 1 zuletzt beteiligten Personalvertretung bestellt wird, und einem unparteiischen Vorsitzenden, die nach den dafür geltenden Bestimmungen ermächtigt sind, von Verschlusssachen des in Betracht kommenden Geheimhaltungsgrads Kenntnis zu erhalten. § 78 Absatz 2 und 3, § 79 Absatz 1 Satz 1 bis 5, Absatz 2 bis 5 und § 89 Absatz 1 Satz 1 Nummer 1 gelten entsprechend.

(4) § 32 Absatz 4 bis 6 und § 91 Absatz 3 sowie die Vorschriften über die Beteiligung der Gewerkschaften und Arbeitgebervereinigungen in § 32 Absatz 3 und § 37 Absatz 1 sind nicht anzuwenden. Angelegenheiten, die als Verschlusssache mindestens des Geheimhaltungsgrads „VS – VERTRAULICH" eingestuft sind, werden in der Personalversammlung nicht behandelt.

(5) Die oberste Dienstbehörde kann anordnen, dass in den Fällen des Absatzes 1 Satz 1 dem Ausschuss und der Einigungsstelle Unterlagen nicht vorgelegt und Auskünfte nicht erteilt werden dürfen, soweit dies zur Vermeidung von Nachteilen für das Wohl der Bundesrepublik Deutschland oder eines ihrer Länder oder auf Grund internationaler Verpflichtungen geboten ist. Im Verfahren nach § 92 sind die gesetzlichen Voraussetzungen für die Anordnung glaubhaft zu machen.

Teil 12
Besondere Vorschriften für die Justizverwaltung

§ 95

Für den Geschäftsbereich eines Oberlandesgerichts und der in seinem Bezirk bestehenden Staatsanwaltschaften wird eine gemeinsame Stufenvertretung (Bezirkspersonalrat beim Oberlandesgericht) gebildet.

Teil 13
Besondere Vorschriften für die Polizei und für das Landesamt für Verfassungsschutz

§ 96 Polizei

(1) § 5 Absatz 3 findet auf das Polizeipräsidium Einsatz, das Präsidium Technik, Logistik, Service der Polizei und auf die Hochschule für Polizei Baden-Württemberg nur mit der Maßgabe Anwendung, dass Außenstellen, Nebenstellen und Teile der Dienststelle räumlich weit von der Hauptdienststelle entfernt liegen. Im Übrigen findet § 5 Absatz 3 auf Polizeidienststellen keine Anwendung.

(2) Die Beschäftigten der Polizeidienststellen und Einrichtungen für den Polizeivollzugsdienst wählen einen Hauptpersonalrat der Polizei beim Innenministerium. Dieser kann gemeinsam mit dem beim Innenministerium gebildeten allgemeinen Hauptpersonalrat beraten, soweit beide Hauptpersonalräte zu beteiligen sind; eine gemeinsame Beschlussfassung findet jedoch nicht statt.

(3) Polizeibeamte im Vorbereitungs- oder Ausbildungsdienst, die am Wahltag das 18. Lebensjahr vollendet haben, besitzen nicht die Wahlberechtigung und Wählbarkeit zur Jugend- und Auszubildendenvertretung.

(4) Werden im Geschäftsbereich der Polizei Maßnahmen von einer dem Innenministerium nachgeordneten Polizeidienststelle oder Einrichtung für den Polizeivollzugsdienst getroffen, die sich auf Beschäftigte anderer Polizeidienststellen oder Einrichtungen für den Polizeivollzugsdienst erstrecken, wird der Hauptpersonalrat der Polizei beteiligt. § 91 Absatz 1 und 4 findet keine Anwendung.

§ 97 Landesamt für Verfassungsschutz

Für das Landesamt für Verfassungsschutz gilt dieses Gesetz mit folgenden Abweichungen:

1. Der Leiter des Landesamts für Verfassungsschutz kann nach Anhörung des Personalrats bestimmen, dass Beschäftigte, bei denen dies wegen ihrer dienstlichen Aufgaben dringend geboten ist, nicht an Personalversammlungen teilnehmen.

2. Die Vorschriften über eine Beteiligung von Vertretern oder Beauftragten der Gewerkschaften und Arbeitgebervereinigungen (§ 32 Absatz 3, § 37 Absatz 1, § 53) sind nicht anzuwenden.
3. Bei der Beteiligung der Stufenvertretung und der Einigungsstelle sind Angelegenheiten, die lediglich Beschäftigte des Landesamts für Verfassungsschutz betreffen, wie Verschlusssachen des Geheimhaltungsgrads „VS – VERTRAULICH" zu behandeln, soweit nicht die zuständige Stelle etwas anderes bestimmt.

Teil 14
Besondere Vorschriften für Dienststellen, die bildenden, wissenschaftlichen und künstlerischen Zwecken dienen

§ 98 Personalvertretungen im Schulbereich

(1) Für Grund-, Haupt-, Werkreal-, Real-, Gemeinschafts- und entsprechende sonderpädagogische Bildungs- und Beratungszentren sowie Schulkindergärten mit Ausnahme der sonderpädagogische Bildungs- und Beratungszentren mit Internat und der diesen angegliederten Schulkindergärten werden besondere Personalräte bei den unteren Schulaufsichtsbehörden gebildet. Für Lehrer an Schulen besonderer Art sowie an Schulen, die in einen Verbund von Schularten oder einen Schulversuch einbezogen sind, kann das Kultusministerium eine hiervon abweichende Regelung treffen, sofern an der Schule auch Lehrer der in Absatz 2 Satz 1 Nummer 2 oder 3 aufgeführten Schularten unterrichten. § 5 Absatz 3 findet keine Anwendung.

(2) Die beamteten und nichtbeamteten Lehrer der
1. Grund-, Haupt-, Werkreal-, Real-, Gemeinschafts- und entsprechenden sonderpädagogischen Bildungs- und Beratungszentren sowie Schulkindergärten,
2. Gymnasien und Kollegs,
3. beruflichen Schulen einschließlich der beruflichen Gymnasien

wählen je besondere Stufenvertretungen bei den oberen Schulaufsichtsbehörden und beim Kultusministerium. Absatz 1 Satz 2 gilt entsprechend. Die besonderen Stufenvertretungen können gemeinsam und zusammen mit der bei der Dienststelle gebildeten allgemeinen Stufenvertretung beraten, soweit alle jeweils gemeinsam beratenden Stufenvertretungen zu beteiligen sind; eine gemeinsame Beschlussfassung mehrerer Stufenvertretungen findet jedoch nicht statt.

(3) In Angelegenheiten der in Ausbildung zu einem Lehrerberuf stehenden Beschäftigten, in denen die Dienststelle nicht zur Entscheidung befugt ist, werden die entsprechenden Lehrerstufenvertretungen beteiligt.

(4) Das sonstige pädagogisch tätige Personal ist Lehrern im Sinne dieser Vorschrift gleichgestellt.

(5) Werden im Geschäftsbereich des Kultusministeriums Maßnahmen vom Zentrum für Schulqualität und Lehrerbildung oder vom Institut für Bildungsanalysen Baden-Württemberg getroffen, die sich auf Beschäftigte anderer Dienststellen erstrecken, wird der zuständige Hauptpersonalrat beteiligt. § 91 Absatz 1 und 4 finden keine Anwendung.

§ 99 Besondere Vorschriften für Lehre und Forschung

(1) Dieses Gesetz gilt nicht für

1. Hochschullehrer und Hochschullehrer am KIT, vor Inkrafttreten des Landeshochschulgesetzes vom 1. Januar 2005 eingestellte Hochschuldozenten, Gastprofessoren, Oberassistenten, Oberingenieure, wissenschaftliche und künstlerische Assistenten sowie Akademische Mitarbeiter und Akademische Mitarbeiter am KIT, denen jeweils Aufgaben in Forschung und Lehre zur selbstständigen Wahrnehmung übertragen sind, ferner Lehrbeauftragte an Hochschulen,
2. die in Lehre und Forschung tätigen habilitierten Personen sowie solche Personen, die die Einstellungsvoraussetzungen als Professor erfüllen, an Forschungsstätten, die nicht wissenschaftliche Hochschulen sind; das KIT ist keine solche Forschungsstätte.

(2) § 75 Absatz 1 Nummer 2 und 3 findet keine Anwendung auf Beschäftigte, die als

1. Akademische Mitarbeiter an Hochschulen, soweit sie nicht unter Absatz 1 Nummer 1 fallen,
2. nicht habilitierte Akademische Mitarbeiter an Forschungsstätten, die nicht wissenschaftliche Hochschulen sind,
3. Akademische Mitarbeiter am KIT, soweit sie nicht unter Absatz 1 Nummer 1 fallen,
   a) als Doktoranden angenommen sind oder nach Abschluss der Promotion bis zu einer Dauer von drei Jahren jeweils zur Förderung der eigenen wissenschaftlichen Qualifizierung oder
   b) erstmalig

in einem befristeten Arbeitsverhältnis eingestellt werden sollen.

(3) Bei wissenschaftlichen und künstlerischen Hilfskräften an Hochschulen im Sinne von § 57 Satz 1 des Landeshochschulgesetzes sowie bei studentischen Hilfskräften an Hochschulen im Sinne von § 57 Satz 2 des Landeshochschulgesetzes tritt an die Stelle der Mitbestimmung die Mitwirkung, in den Personalangelegenheiten nach § 75 Absatz 1 Nummer 1, 2, 3 für alle Regelungsfälle, ausgenommen die Fallgruppenbestimmung, Nummer 4, 6, 7 Buchstabe a und Nummer 11, Absatz 2 und 3 Nummer 2, 3, 5 bis 7 und 14 jedoch nur, wenn sie die Beteiligung des Personalrats beantragen. Bei Personalangelegenheiten dieser Beschäftigten nach § 75 Absatz 1 Nummer 3 für den Regelungsfall der Fallgruppenbestimmung, Nummer 5, 7 Buchstabe b und Nummer 8 sowie Absatz 3 Nummer 1 ist der Personalrat nur zu beteiligen, wenn sie es beantragen.

(4) Die Studienakademien der Dualen Hochschule sind Dienststellen im Sinne des § 5 Absatz 3. Der Gesamtpersonalrat bei der Dualen Hochschule führt die Bezeichnung „Hochschulpersonalrat". § 91 Absatz 8 Satz 1 und 2 gilt mit der Maßgabe, dass der Hochschulpersonalrat auch bei Maßnahmen zu beteiligen ist, die von den zentralen Organen der Hochschule getroffen werden.

§ 100 Besondere Vorschriften für Beschäftigte an Hochschulen mit Aufgaben an einem Universitätsklinikum

Akademische Mitarbeiter an Hochschulen, soweit sie nicht unter § 99 Absatz 1 Nummer 1 fallen, und nicht habilitierte Akademische Mitarbeiter an Forschungsstätten, die nicht wissenschaftliche Hochschulen sind, sowie Beschäftigte an Hochschulen im Sinne von § 99 Absatz 3, die Aufgaben im Universitätsklinikum erfüllen, gelten auch als Beschäftigte des Universitätsklinikums; entsprechende Beschäftigte sind auch Arbeitnehmer an Hochschulen, die nach § 12 Absatz 1 Satz 4 des Universitätsklinika-Gesetzes vom 24. November 1997 (GBl. S. 474) nicht auf das Universitätsklinikum übergeleitet wurden und ihre Dienste beim Universitätsklinikum erbringen. Die Beschäftigteneigenschaft bei der Hochschule bleibt unberührt. In Personalangelegenheiten der in Satz 1 genannten Beschäftigten gibt die zuständige Personalvertretung dem Personalrat des Universitätsklinikums Gelegenheit zur Äußerung. In diesem Fall erhöhen sich die Beteiligungsfristen auf fünf Wochen; § 76 Absatz 6 Satz 2 findet Anwendung. § 76 Absatz 6 Satz 3 sowie Absatz 7 und 8 gilt entsprechend. § 91 Absatz 3 Satz 1 bleibt unberührt.

§ 100a Besondere Vorschriften für Universitätsklinika

(1) Abweichend von § 10 Absatz 3 besteht der Personalrat an einem Universitätsklinikum mit in der Regel

12 501 bis 15 000 Beschäftigten aus 29 Mitgliedern,

15 001 bis 17 500 Beschäftigten aus 31 Mitgliedern.

Bei 17 501 und mehr Beschäftigten erhöht sich die Anzahl der Personalratsmitglieder entsprechend. § 10 Absatz 4 gilt entsprechend.

(2) Bei einem Universitätsklinikum mit mehr als 27 Personalratsmitgliedern erhöhen sich die Freistellungen abweichend von § 45 Absatz 1 Satz 2 für je zwei weitere Mitglieder jeweils um eine zusätzliche Freistellung im Umfang eines Vollzeitbeschäftigten.

(3) Bei einem Universitätsklinikum kann der Personalrat ergänzend zu § 28 Absatz 2 Satz 1 aus seiner Mitte mit der Mehrheit der Stimmen aller Mitglieder zusätzlich drei weitere Mitglieder in den Vorstand wählen.

(4) Abweichend von § 61 Absatz 1 besteht die Jugend- und Auszubildendenvertretung bei einem Universitätsklinikum mit 201 bis 400 in der Regel Beschäftigten im Sinne von § 59 aus sieben Mitgliedern, mit 401 bis 1000 in der Regel Beschäftigten im Sinne von § 59 aus neun Mitgliedern, mit mehr als 1000 in der Regel Beschäftigten im Sinne von § 59 aus elf Mitgliedern.

§ 101 Besondere Vorschriften für das Karlsruher Institut für Technologie

Für das KIT gilt dieses Gesetz nach Maßgabe der folgenden Vorschriften:

1. Im KIT sind
   a) die Einrichtungen, Institute und sonstigen Stellen des KIT in Garmisch-Patenkirchen,
   b) die Einrichtungen, Institute und sonstigen Stellen des KIT im Übrigen

   jeweils eine Dienststelle im Sinne von § 5 Absatz 3. § 56 Absatz 4 findet entsprechende Anwendung. Leiter der Dienststellen ist der Vorstandsvorsitzende des KIT.
2. Der Personalrat bei der Dienststelle nach Nummer 1 Buchstabe b besteht aus 37 Mitgliedern.
3. Abweichend von § 28 Absatz 2 Satz 1 wählt der Personalrat neun weitere Mitglieder in den Vorstand.
4. Auf Antrag des Personalrats sind bis zu 13 Mitglieder des Personalrats bei der Dienststelle nach Nummer 1 Buchstabe b von ihrer dienstlichen Tätigkeit freizustellen.
5. Der Personalrat kann bis zu vier Mal in jedem Kalenderjahr eine Personalversammlung einberufen.
6. Die Jugend- und Auszubildendenvertretung bei der Dienststelle nach Nummer 1 Buchstabe b besteht aus 13 Mitgliedern; sie kann bis zu viermal in jedem Kalenderjahr eine Jugend- und Auszubildendenversammlung einberufen.
7. Der Leiter der Dienststelle oder sein Beauftragter und die Personalvertretungen treten mindestens einmal im Monat zu gemeinschaftlichen Besprechungen zusammen.
8. a) Vor der Vorlage einer Angelegenheit nach § 77 oder § 83 ist ein Schlichtungsversuch zu unternehmen, der abgesehen von Verfahren nach § 76 Absatz 6 Satz 2 oder § 82 Absatz 4 Satz 2 auf Antrag des Personalrats oder der Dienststelle vor einer Schlichtungsstelle erfolgt. Ein Antrag hemmt die Frist nach § 77 Absatz 1 Satz 1 oder § 83 Absatz 1 Satz 1.
   b) In Angelegenheiten nach § 74 Absatz 1 Nummer 6, § 75 Absatz 1 Nummer 1 bis 8, 11 und 12, Absatz 2, Absatz 3 Nummer 1 bis 3, 5 bis 7, 9, 10, 12 und 14, § 81 Absatz 1 Nummer 5 und Absatz 2 wird eine ständige Schlichtungsstelle eingerichtet. Das Nähere zur Bildung der Schlichtungsstelle, zum Verfahren und zu Einigungsvorschlägen der Schlichtungsstelle ist durch eine Dienstvereinbarung zu regeln. Einigen sich die Personalvertretungen und die Dienststelle nicht auf eine Dienstvereinbarung, trifft nach entsprechender Anwendung des Verfahrens nach § 77 das Wissenschaftsministerium endgültig die Bestimmungen.
9. In den Personalangelegenheiten nach § 75 Absatz 1 Nummern 1, 4, 6 bis 8 und 11, Absatz 2 und Absatz 3 Nummer 2, 3, 5 bis 7 und 14 der Akademischen Mitarbeiter am KIT im Sinne von § 99 Absatz 2 Nummer 3 wird, auch in Verfahren nach § 76 Absatz 6 Satz 2 und § 82 Absatz 4 Satz 2, an Stelle der Vorlage nach § 77 oder § 83 das Verfahren nach Nummer 8 durchgeführt, auch ohne dass es eines Antrags des Akademi-

schen Mitarbeiters am KIT bedarf. In diesen Fällen kann durch Dienstvereinbarung ein von § 76 Absatz 1, 5 bis 9, §§ 80 und 82 Absatz 4 bis 6 abweichendes Verfahren vereinbart werden.

10. Arbeitnehmer des Landes am KIT gelten auch als Beschäftigte des KIT. In deren Angelegenheiten gibt der Hauptpersonalrat beim Wissenschaftsministerium dem Personalrat des KIT Gelegenheit zur Äußerung.
11. Der Personalrat kann von Fall zu Fall beschließen, dass ein Mitglied des Hauptpersonalrats beim Wissenschaftsministerium berechtigt ist, mit beratender Stimme an den Sitzungen des Personalrats teilzunehmen. Ebenso kann ein Mitglied des Hauptpersonalrats beim Wissenschaftsministerium sowie ein Vertreter des Wissenschaftsministeriums an den Personalversammlungen teilnehmen.

§ 102 Besondere Vorschriften für die Führungsakademie Baden-Württemberg

Die bei der Führungsakademie Baden-Württemberg tätigen Landesbeamten gelten auch als Beschäftigte des Staatsministeriums. Die Beschäftigteneigenschaft bei der Führungsakademie bleibt unberührt. § 100 Satz 3 bis 5 gilt entsprechend.

§ 103 Besondere Vorschriften für Theater und Orchester

§ 74 Absatz 1 Nummer 5, 6, Absatz 2 Nummer 2, 4 und 5, § 75 Absatz 1 Nummer 1 bis 8, 11 und 12, Absatz 2, Absatz 3 Nummer 1 bis 3, 5 bis 7, 10, 12 und 14, Absatz 4 Nummer 12, 14 und 15, § 81 Absatz 1 Nummer 2 und 7, Absatz 2 sowie § 87 Absatz 1 Nummer 2 und 9 gelten nicht für künstlerische Mitglieder von Theatern und Orchestern.

Teil 15
Besondere Vorschriften für die Forstverwaltung

§ 104 Beschäftigte der Abteilung Forstdirektion der Regierungspräsidien

Die Beschäftigten der Abteilung Forstdirektion der Regierungspräsidien sind Beschäftigte in den Geschäftsbereichen des Innenministeriums und des Ministeriums Ländlicher Raum.

Teil 16
Südwestrundfunk

§ 105 Allgemeines

Dieses Gesetz gilt für den Südwestrundfunk nach Maßgabe der folgenden Vorschriften.

§ 106 Dienststellen

(1) Beim Südwestrundfunk wird an jedem der drei Sitze eine Dienststelle im Sinne dieses Gesetzes gebildet:

1. Der Dienststelle in Baden-Baden sind alle Beschäftigten zugeordnet, die überwiegend am Sitz in Baden-Baden und außerhalb des Sendegebiets des Südwestrundfunks tätig sind.
2. Der Dienststelle in Stuttgart sind alle sonstigen Beschäftigten zugeordnet, die überwiegend in Baden-Württemberg tätig sind.
3. Der Dienststelle in Mainz sind alle Beschäftigten zugeordnet, die überwiegend in Rheinland-Pfalz tätig sind.

(2) § 5 Absatz 3 findet keine Anwendung.

(3) Leiter der Dienststellen ist der Intendant. Er entscheidet in allen Fällen, in denen nach diesem Gesetz der Leiter der Dienststelle, die übergeordnete Dienststelle und die oberste Dienstbehörde zur Entscheidung befugt sind.

§ 107 Beschäftigte

Beschäftigte des Südwestrundfunks im Sinne dieses Gesetzes sind

1. die durch Arbeitsvertrag unbefristet oder auf Zeit fest angestellten Personen einschließlich die zu ihrer Berufsausbildung durch Ausbildungsvertrag Beschäftigten,
2. arbeitnehmerähnliche Personen nach § 12a des Tarifvertragsgesetzes.

Beschäftigte im Sinne dieses Gesetzes sind nicht die Mitglieder der Geschäftsleitung.

§ 108 Wählbarkeit

§ 9 gilt mit der Maßgabe, dass auch die Leiter der Außenstudios und Korrespondentenbüros nicht wählbar sind.

§ 109 Kosten

§ 41 Absatz 1 Satz 2 findet mit der Maßgabe Anwendung, dass an die Stelle des Landesreisekostengesetzes die Reisekostenordnung des Südwestrundfunks tritt und die Reisekostenvergütungen nach der Reisekostenstufe, die für Abteilungsleiter des Südwestrundfunks gilt, zu bemessen sind.

§ 110 Besondere Gruppen von Beschäftigten

(1) Bei Beschäftigten, deren Funktion nicht mehr von den Merkmalen des Gehaltstarifs des Südwestrundfunks erfasst ist und deren Gehalt über der höchsten Tarifgruppe liegt, wird der Personalrat in den Fällen der § 74 Absatz 1 Nummer 1 bis 4 und 6, Absatz 2 Nummer 1, 9 und 10, § 75 Absatz 1 Nummer 2, 3, 7, 8 und 11, Absatz 2 Nummer 1 bis 3, Absatz 3 Nummer 2, 3, 5 bis 7 und 9, Absatz 4 Nummer 3 bis 6 Buchstabe a und Nummer 11 bis 13 und § 81 Absatz 2 Satz 1 Nummer 2 nicht beteiligt.

(2) Bei im Programmbereich Beschäftigten der höchsten Gehaltsgruppe des Tarifvertrages des Südwestrundfunks tritt in den Fällen des § 75 Absatz 1 Nummer 2, 3, 7 Buchstabe a und Nummer 11, Absatz 2 Nummer 1 bis 3 und Absatz 3 Nummer 2, 3, 5 bis 7 an die Stelle der Mitbestimmung des Personalrats die Mitwirkung.

(3) Bei Beschäftigten nach § 107 Satz 1 Nummer 1 mit überwiegend wissenschaftlicher oder künstlerischer Tätigkeit sowie bei Beschäftigten, die maßgeblich und verantwortlich an der Programmgestaltung beteiligt sind, bestimmt der Personalrat in den Fällen des § 75 Absatz 1 Nummer 2, 3, 7 Buchstabe a und Nummer 11, Absatz 2 Nummer 1 bis 3 und Absatz 3 Nummer 2, 3, 5 bis 7 nur mit, wenn sie dies beantragen; sie sind von der beabsichtigten Maßnahme rechtzeitig vorher in Kenntnis zu setzen und gleichzeitig auf ihr Antragsrecht hinzuweisen. Bei Beschäftigten nach § 107 Satz 1 Nummer 2 findet § 75 Absatz 1 bis 3 keine Anwendung, soweit sie unmittelbar an der Programmgestaltung mitwirken.

§ 111 Einigungsstelle

Kommt zwischen Dienststelle und Personalrat eine Einigung nicht zustande, kann von jeder Seite die Einigungsstelle angerufen werden; die §§ 77, 78 Absatz 1 und § 89 Absatz 1 finden keine Anwendung.

§ 112 Gesamtpersonalrat

(1) Beim Südwestrundfunk wird ein Gesamtpersonalrat gebildet, der aus elf Mitgliedern besteht. Er ist zuständig für die Behandlung von Angelegenheiten, die mehrere Dienststellen gemeinsam betreffen und nicht von den einzelnen Personalräten innerhalb ihrer Dienststelle geregelt werden können. Soweit der Gesamtpersonalrat zuständig ist, ist er anstelle der Personalräte der Dienststellen zu beteiligen.

(2) Kommt eine Einigung mit dem Gesamtpersonalrat nicht zustande, gilt § 111 entsprechend.

Teil 17
Schlussvorschriften

§ 113 Übergangspersonalrat, Regelungen für Umbildungen von Dienststellen

(1) Werden Dienststellen im Sinne von § 5 Absatz 1 vollständig in eine andere Dienststelle eingegliedert oder zu einer neuen Dienststelle zusammengeschlossen, wird ein Übergangspersonalrat gebildet. Ihm gehören an:

1. bei einer Eingliederung

   der Personalrat der aufnehmenden Dienststelle, die Vorstände und die nicht einem Vorstand angehörenden stellvertretenden Vorsitzenden der Personalräte der eingegliederten Dienststellen,
2. bei einem Zusammenschluss

   die Vorstände und die nicht einem Vorstand angehörenden stellvertretenden Vorsitzenden der Personalräte der zusammengeschlossenen Dienststellen.

Besteht ein Gesamtpersonalrat, treten in den Übergangspersonalrat statt der Mitglieder des Personalrats die entsprechenden Mitglieder des Gesamtpersonalrats ein. Das lebensälteste Mitglied des Übergangspersonalrats nimmt die Aufgaben nach § 19 wahr. Ersatzmitglieder sind die nicht eingetretenen Mitglieder und Ersatzmitglieder jeweils für die Mitglieder aus ihrem bisherigen Personalrat. Bei einer Eingliederung tritt der Übergangspersonalrat an die Stelle des Personalrats oder, wenn ein solcher besteht, des Gesamtpersonalrats der aufnehmenden Dienststelle. Im Übrigen gelten für den Übergangspersonalrat die Vorschriften dieses Gesetzes für Personalräte entsprechend.

(2) Die Amtszeit des Übergangspersonalrats endet mit der Neuwahl eines Personalrats, spätestens mit Ablauf eines Jahres von dem Tag an gerechnet, an dem er gebildet worden ist. Die Amtszeit wird über ein Jahr hinaus verlängert, wenn binnen weiterer fünf Monate regelmäßige Personalratswahlen stattfinden. § 23 Absatz 1 Satz 1 Nummer 1 findet keine Anwendung.

(3) Wird aus Teilen des Geschäftsbereichs eines Ministeriums oder mehrerer Ministerien ein Ministerium neu gebildet, ist bis zur Wahl eines Personalrats, längstens jedoch auf die Dauer von sechs Monaten nach der Bekanntmachung der Landesregierung über die Abgrenzung der Geschäftsbereiche der Ministerien, der Personalrat bei dem Ministerium zu beteiligen, aus welchem die meisten Beschäftigten zu dem neu gebildeten Ministerium übergegangen sind. Bei gleicher Anzahl übergegangener Beschäftigter oder in Zweifelsfällen bestimmen die Ministerien, welche die maßgeblichen Geschäftsbereiche abgegeben haben, einvernehmlich den zu beteiligenden Personalrat; die Personalräte sind vor der Bestimmung anzuhören. Befinden sich unter den übergegangenen Beschäftigten des neu gebildeten Ministeriums Beschäftigte, die unmittelbar vor der Bildung des neuen Ministeriums Mitglied in einem Personalrat waren, treten diese Beschäftigten bei der Behandlung von Angelegenheiten des neu gebildeten Ministeriums zu dem zu beteiligenden Personalrat mit Stimmrecht hinzu.

(4) Bei Umbildungen von Dienststellen nach Absatz 1 bilden die bisherigen Jugend- und Auszubildendenvertretungen eine Übergangs-Jugend- und Auszubildendenvertretung. Absatz 1 Satz 3 bis 7 und Absatz 2 und 3 gelten entsprechend.

(5) Die Ministerien werden ermächtigt, für ihren Geschäftsbereich und die von ihnen beaufsichtigten Körperschaften, Anstalten und Stiftungen des öffentlichen Rechts im Benehmen mit dem Innenministerium durch Rechtsverordnung Vorschriften zu erlassen, welche die Personalvertretung und ihre Wahl insoweit sicherstellen oder erleichtern, als dies erforderlich ist, um Erschwernisse auszugleichen, die bei der Neubildung, Eingliederung oder Auflösung von Dienststellen entstehen, wenn andere als die in Absatz 1 genannten Umbildungen vorgenommen oder zugleich Übergangsbestimmungen für Stufenvertretungen in demselben Geschäftsbereich getroffen werden. Ist kein Ministerium zuständig, erlässt das Innenministerium die Rechtsverordnung. Es können dabei insbesondere Bestimmungen getroffen werden über

1. die Bildung von Übergangspersonalvertretungen, höchstens mit einer Amtszeit entsprechend Absatz 2,
2. die vorübergehende Fortführung der Geschäfte durch nicht weiterbestehende Personalvertretungen für längstens sechs Monate,

3. die Zuordnung von Mitgliedern von Personalvertretungen nicht weiterbestehender oder umgebildeter Dienststellen zu anderen Personalvertretungen,
4. die Voraussetzungen und den Zeitpunkt für die Neuwahl der Personalvertretungen,
5. die Änderung der Amtszeit der Personalvertretungen bis zu höchstens einem Jahr,
6. die Bestellung von Wahlvorständen.

§ 114 Wahlordnung, Verwaltungsvorschriften

(1) Zur Regelung der in den §§ 8 bis 20, 22, 23, 54, 55 und 58 bis 62 bezeichneten Wahlen erlässt die Landesregierung durch Rechtsverordnung Vorschriften über

1. die Vorbereitung der Wahl, insbesondere die Aufstellung der Wählerlisten und die Errechnung der Vertreterzahl,
2. die Frist für die Einsichtnahme in die Wählerlisten und die Erhebung von Einsprüchen,
3. die Vorschlagslisten und die Frist für ihre Einreichung,
4. das Wahlausschreiben und die Fristen für seine Bekanntmachung,
5. die Stimmabgabe,
6. die Feststellung des Wahlergebnisses und die Fristen für seine Bekanntmachung,
7. die Aufbewahrung der Wahlakten,
8. die Nutzung elektronischer Informations- und Kommunikationstechnik, insbesondere für Bekanntmachungen des Wahlvorstands, die Vorbereitung der Wahl und die Ermittlung und Feststellung des Wahlergebnisses.

(2) Absatz 1 gilt entsprechend für die Vorabstimmungen nach § 12 Absatz 1 und § 13 Absatz 2.

(3) Die zur Ausführung dieses Gesetzes erforderlichen Verwaltungsvorschriften erlässt das zuständige Ministerium im Einvernehmen mit dem Innenministerium.

§ 115 Religionsgemeinschaften

Dieses Gesetz findet keine Anwendung auf Religionsgemeinschaften und ihre karitativen und erzieherischen Einrichtungen, die kraft Satzung Teil einer Religionsgemeinschaft sind, ohne Rücksicht auf ihre Rechtsform; ihnen bleibt die selbstständige Ordnung eines Personalvertretungsrechts überlassen.

§ 116 Inkrafttreten

(1) Dieses Gesetz tritt am 1. August 1958 in Kraft mit Ausnahme des § 87, der erst am 1. November 1958 in Kraft tritt.[1]) Bis dahin sind für die nach diesem

---

1) Diese Vorschrift betrifft das Inkrafttreten des Gesetzes in der ursprünglichen Fassung vom 30. Juni 1958 (GBl. S. 175)

Gesetz zu treffenden Entscheidungen die bestehenden Verwaltungsgerichte und Verwaltungsgerichtshöfe nach den zurzeit geltenden verwaltungsgerichtlichen Verfahrensvorschriften zuständig.

(2) Nicht abgedruckt.

Stichwortverzeichnis

11